〔元〕脱脱 等撰

點校本
二十四史
修訂本

金史

第五册
卷五九至卷七六

中華書局

2020 年 2 月第 1 版　　2024 年 6 月第 2 次印刷
ISBN 978-7-101-14218-1

金史卷五十九

表第一

宗室表〔一〕

古者太史掌敍邦國之世次，辨其姓氏，别其昭穆，尚矣。金人初起完顔十二部，其後皆以部爲氏，史臣記録有稱「宗室」者，有稱完顔者。稱完顔者亦有二焉，有同姓完顔，蓋疎族，若石土門、迪古乃是也；有異姓完顔，蓋部人，若歡都是也。大定以前稱「宗室」，明昌以後避睿宗諱稱「内族」，其實一而已，書名不書氏，其制如此。宣宗詔宗室皆稱完顔，不復識别焉。大定、泰和之間，袒免以上親皆有屬籍，以敍授官，大功以上，薨卒輟朝，親親之道行焉。貞祐以後，譜牒散失，大概僅存，不可殫悉，今掇其可次第者著于篇。其上無所係、下無所承者，不能盡録也。

斡魯			匡本名撒速。八世孫。太師、尚書令〔二〕。	

右始祖子，與德帝凡二人。

輩魯		胡率	劾者特進。	

右德帝子，與安帝凡三人〔三〕。

信德				
謝庫德		拔達儀同三司。		
謝夷保	盆納開府儀同三司。			
謝里忽				

右安帝子，與獻祖凡五人。婆盧火稱安帝五代孫，不稱誰子，不可以世，置之卷末。

朴都				
阿保寒				
敵酷				
敵古迺				
撒里輦				
撒葛周				

右獻祖子，與昭祖凡七人。

烏骨出	辭不失阿買勃極烈。	〔四〕	宗亨寧州刺史。	
			宗賢尚書左丞相。	
跋黑	〔五〕	昂本名奔睹。太保、兼都元帥。	崇浩右丞相、兼都元帥〔六〕。	〔七〕

跋里黑				
斡里安				
胡失荅				

右昭祖子，與景祖凡六人。什古稱昭祖曾孫〔八〕，崇成稱昭祖玄孫，不稱誰子，不可以世，置之卷末。

劾者韓國公。	撒改國論忽魯勃極烈、金源郡王。	宗翰本名粘没曷。太保、領三省事、晉國王。	〔九〕	秉德〔一〇〕左丞相。
				斜哥
		扎保迪特進。		
		宗憲尚書右丞相。		
	斡魯西南路都統、〔一一〕金源郡王。	撒八銀青光祿大夫。	賽里	

勃孫 沂國公。	昱 本名蒲家奴。大司空。			阿魯
勃真保 代國公。				
麻頗 虞國公。	謾都本 金紫光祿大夫。			
	謾睹〔一二〕			
〔一三〕	賽也	宗尹 平章政事。	〔一四〕	
		宗寧 平章政事。	京 韓州刺史。	
阿离合懣〔一五〕	晏 本名斡論。太尉、左丞相。	惡里乃		
		宗道 河南路統軍使。		
謾都訶 阿捨勃極烈、鄭國公。	謀里也 工部尚書。			

右景祖子，與世祖、肅宗、穆宗凡九人。冶訶、魯補稱係出景祖〔一六〕，不稱誰子，不可以世，置之卷末。

斡帶 魏王。		〔一七〕		
杲 本名斜也。諳班勃極烈、遼王。	宗義 本名孛吉。平章政事。			
	蒲馬 龍虎衛上將軍。			
	孛論出 龍虎衛上將軍。			
	阿魯 龍虎衛上將軍。			
	偎喝 龍虎衛上將軍。			
	阿虎里 襲猛安。			

斡賽鄭王。	宗永震武軍節度使。			
斡者魯王。	神土懣驃騎上將軍。	璋〔一八〕本名胡麻愈。御史大夫。		
烏故乃漢王。				
闍母魯王。	宗敍參知政事。			
查剌沂王〔一九〕。				
昂本名烏特。平章政事、鄆王。	鄭家益都尹。	承暉右丞相。	〔二〇〕	
	鶻壽耶魯瓦羣牧使。			

右世祖子，與康宗、太祖、太宗凡十一人。

耨酷款温國公。				

蒲魯虎崇國公。				

右肅宗子二人。

勗〔二一〕本名烏也。太師、領三省事。	宗秀刑部尚書。			
撻懶左副元帥。	〔二二〕			
蒲察齊國公。				
蒲里迭崇國公。				
撒祝銀青光禄大夫。				

右穆宗子五人。胡八魯稱穆宗孫，不稱誰子，不可以世，置之卷末。

謀良虎	余里也		蒲帶上京路提刑使〔二三〕。	

	蒲魯虎 襲猛安。	桓端 金紫光祿大夫〔二四〕。	臯頻	
	按荅海〔二五〕太子太保、金源郡王。	〔二六〕		
	燕京			
	阿鄰 兵部尚書。			
同刮茁 昭武大將軍。				
隈可 龍虎衛上將軍。				

右康宗子三人。史載常春、胡里剌、胡剌、鶻魯、荼扎、怕八、訛出皆稱謀良虎孫，不稱誰子，不可以世。

宗幹 太師、領三省事、遼王。	充 左丞相、代王。	檀奴 歸德軍節度使。		

						宗望本名斡里不。左副元帥、宋王。			宗弼本名兀朮。太師、領三省事、梁王。
			兗太尉、領三省事。	襄輔國上將軍。	袞西京留守。	齊	京〔二七〕西京留守。	文大名尹、荊王。	亨〔二八〕廣寧尹、韓王。
永元本名元奴。	耶補同知濟南尹。	阿里白輔國上將軍。	阿合同知定武軍節度使。	和尚應國公。		齩住襲猛安。			

	烏烈豐王。	宗傑趙王。		宗雋右丞相、陳王。	訛魯瀋王。	訛魯朵豳王。	宗強衛王。			宗敏左丞相、曹王〔三一〕。
羊蹄〔二九〕		奭會寧牧、鄧王。					爽本名阿鄰。太子太傅、榮王。〔三〇〕	可喜兵部尚書。	阿瑣濟南尹。	褒舒國公。
		阿懶	撻懶							

	阿里罕密國公。			
習泥烈紀王。				
寧吉息王。				
燕孫莒王。				
斡忽鄴王。				

右太祖子，與景宣、睿宗凡十六人。遼王宗幹子與海陵五人。

宗盤太師、領三省事、宋王。	〔三二〕			
宗固左丞相、豳王〔三三〕。	〔三四〕			
宗雅代王。				
阿魯補虞王。				

斛沙虎滕王。				
宗懿薛王。				
宗本左丞相〔三五〕、原王。	阿里虎〔三六〕			
鶻懶翼王。				
宗美豐王。				
神土門鄆王。				
斛孛束霍王。				
斡烈蔡王。				
宗哲畢王。				
宗順徐王。				

右太宗子十四人。史載北京留守卞、平陽尹稟皆太宗孫，不稱誰子，不可以世。

元 本名常勝。胙王。〔三七〕				
查剌 安武軍節度使。				

右景宣子，與熙宗凡三人。

濟安 皇太子。				
道濟 魏王。				

右熙宗子二人。

光英 皇太子。				
元壽 崇王。				
矧思阿不 宿王。				
廣陽 滕王。				

右海陵子四人。

吾里補齊王。				

右睿宗子，與世宗凡二人。

永中鎬王。	瑜石古乃〔三八〕。			
	璋神土門。			
	玘阿思懣。			
	瑑阿离合懣。			
孰輦趙王。				
斜魯越王。				
永功越王。	璐福孫。奉國上將軍。			
	璹壽孫。密國公。	〔三九〕		
	琳粘沒曷。			

永成豫王。	瑋仁壽。			
	瑭仁安。			
永升夔王。	琟歡睹。			
永蹈鄭王。	按春			
	阿辛			
永德曹王〔四〇〕。	琰斡論。			

右世宗子，與顯宗、衛紹王凡十人。

琮承慶鄆王。				
瓌歡睹瀛王。				
瓚阿鄰霍王。				
琦吾里補瀛王。				
玠謀良虎温王。				

右顯宗子，與章宗、宣宗凡七人。

洪裕絳王。				
洪靖阿虎懶。荆王。				
洪熙斡魯不。榮王。				
洪衍撒改。英王。				
洪輝訛論。壽王。				
忒鄰葛王。				

右章宗子，凡六人。

從恪皇太子。				
琚猛安。				
瑄按出。				
璪按辰。				

右衛紹王子，史稱六子，可以名見者四人。

守忠皇太子，謚莊獻。	鏗皇太孫，謚沖懷。			
玄齡				
守純荆王。	訛可曹王。			
	孛德鞏王。			

右宣宗子，與末帝凡四人〔四一〕。他書載守純子三人，可以名見者二人。

阿古迺始祖兄。	不知世次	撻不也遼太尉。	胡十門驃騎衛上將軍。	鉤室
	不知世次	合住遼領辰、復二州。	蒲速越遼中正節度使。	
			余里也〔四二〕曹州防禦使。	

	保活里始祖弟。				婆盧火安帝五代孫。泰州都統。	胡特孛山婆盧火族兄弟。	什古昭祖曾孫。東京留守。
	四世孫滓不乃				婆速	杲本名撒离喝。行臺尚書左丞相。	阿魯帶參知政事。
	石土門〔四四〕金源郡王。		阿斯懣	迪古乃同中書門下平章事。	吾扎忽〔四五〕	宗安御史大夫。	襄尚書左丞相。〔四六〕
布輝〔四三〕順天軍節度使。	習失特進。	思敬平章政事。					

崇成 昭祖玄孫。武衛軍都指揮使。				
冶訶 係出景祖。銀青光禄大夫。	阿魯補 元帥右將軍〔四七〕。			
	骨赧 天德軍節度使。	喜哥		
	訛古乃 西南路招討使。			
	撒荅	蒲查 西南路招討使〔四八〕。		
阿魯補 係出景祖。行臺左丞相〔四九〕。	烏帶 尚書左丞相。〔五〇〕			
	方 簽書樞密院事。			
胡八魯 穆宗孫。寧州刺史。	齊 利涉軍節度使。			

拔离速〔五一〕宗室子。元帥左監軍。				
	銀术可 拔离族子。〔五二〕同中書門下平章事。	縠英〔五三〕平章政事。		
	麻吉 銀术可弟。銀青光祿大夫。	沃側 西北路招討使。		
宗賢 本名阿魯。太祖從姪。婆速路兵馬都總管。				

右諸宗室可譜者凡十一族，雖稱係出某帝，而不能世次，不譜于各帝之下，所以慎也。

校勘記

〔一〕表第一宗室表　原作「宗室表第一」，據殿本、局本及本書志、傳例改。

〔二〕匡本名撒速八世孫太師尚書令　「太師」，本書卷九九徒單鎰傳載，大安初，完顏匡爲「太尉」。又本書卷九八完顏匡傳，「匡奏乞以所遷三官讓其兄奉御賽一」，完顏匡兄賽一，表失載。

〔三〕右德帝子與安帝凡三人　「三人」，局本作「二人」，疑是。按，本表安帝與輩魯只二人，本書卷六五始祖以下諸子輩魯傳載，「德帝思皇后生安帝，季曰輩魯」。

〔四〕辭不失下一格　按，本書卷七〇習不失傳，「子鶻沙虎，國初有功，天會間，爲真定留守。子撻不也」。同卷宗亨傳，「本名撻不也」。辭不失即習不失。則此處當有「鶻沙虎真定留守」七字。

〔五〕跋黑下一格　殿本作「斜斡」。按，本書卷八四奔睹傳，「昂本名奔睹，景祖弟孛黑之孫，斜斡之子」，孛黑即跋黑。則此處當有「斜斡」二字。

〔六〕崇浩右丞相兼都元帥　「崇浩」，即「宗浩」，避金睿宗諱所改。按，本書卷一二章宗紀四，泰和七年正月「丙申，以左丞相崇浩兼都元帥」；卷六二交聘表下、卷九三宗浩傳亦載宗浩爲「左丞相」，此處作「右丞相」，疑誤。

〔七〕崇浩下一格　按，本書卷九三宗浩傳載，「訃聞，上震悼，輟朝，命其子宿直將軍天下奴奔赴喪所」。則此處失載「天下奴」。

〔八〕什古稱昭祖曾孫　「什古」，原作「付古」，據南監本、北監本、殿本、局本改。按，本表下文云「什古昭祖曾孫」。本書卷九四襄傳稱「什古迺」，係同名異譯。

〔九〕宗翰下一格　本書卷一二九佞幸蕭裕傳與卷一三二逆臣秉德傳載，海陵殺宗翰子孫三十餘人。宋俘記載，真珠大王設野母爲宗翰長子，寶山大王斜保爲宗翰次子，表皆失載。

〔一〇〕秉德　本書卷一三二逆臣秉德傳載有「其弟特里、糺里」及「撒改曾孫盆買」。表皆失載。
按，秉德傳謂海陵殺秉德及「其弟特里、糺里，及宗翰子孫，死者三十餘人，宗翰之後遂絶」，
「大定六年，世宗憫宗翰無後，詔以猛安謀克還撒改曾孫盆買」，則盆買當係宗翰兄弟之後
嗣，亦即秉德之再從兄弟。

〔一一〕斡魯西南路都統　「西南路都統」，局本作「行西南西北兩路都統事」。按，本書卷七一斡魯傳，
「及宗翰等伐宋，斡魯行西南、西北兩路都統事」。

〔一二〕謾睹　按，本書卷六五始祖以下諸子謾都訶傳附蠻覩傳：「蠻覩，襲父麻頗猛安。蠻覩卒，子
掃合襲。掃合卒，子撒合輦襲。撒合輦卒，子惟鎔襲。惟鎔本名没烈，（中略）遷邳州經略
使，卒。」掃合、撒合輦、惟鎔表皆失載。

〔一三〕賽也上一格　按，本書卷七三阿离合懣傳，「子賽也、斡論。賽也子宗尹」；又同卷晏傳，「晏本
名斡論，景祖之孫，阿离合懣次子也」。則後二欄「阿离合懣」四字當移至此格。又阿离合懣
傳有「其子蒲里迭」，晏傳有「晏兄子鶻魯補」，表皆失載。

〔一四〕宗尹下一格　按，本書卷七三宗尹傳，「宗尹乞令子銀术可襲其猛安」。則此處當有銀术可之
名，表失載。

〔一五〕阿离合懣　此四字當在前二欄「賽也」之上。參見本卷校勘記〔一三〕。

〔一六〕治訶魯補稱係出景祖　按，本卷末治訶之後有「阿魯補係出景祖。行臺左丞相」。本書卷八〇阿离補傳載，「阿离補，宗室子，系出景祖」，皇統六年「爲行臺左丞相」，「子言、方」。又卷一三二逆臣烏帶傳載，「言本名烏帶，行臺左丞相阿魯補子也」。可知「魯補」上脱「阿」字。

〔一七〕斡帶下二格　按，本書卷五海陵紀有「魏王斡帶之孫活里甲」，卷七六宗義傳同。表失載。

〔一八〕璋　按，本書卷八四杲傳有「魯王斡者孫耶魯」，當在此欄與璋平行，表失載。

〔一九〕查剌沂王　按，本書卷四熙宗紀載，天眷二年七月「甲午，咸州詳穩沂王暈坐與宗磐謀反，伏誅」。疑暈是漢名，查剌是其本名。

〔二〇〕承暉下一格　按，本書卷一〇一承暉傳，「以從兄子永懷爲後」，「詔以永懷爲器物局直長。永懷子撒速爲奉御」。永懷與撒速，表皆失載。

〔二一〕勗　按，本書卷六六始祖以下諸子勗傳，勗「本名烏野，穆宗第五子」。則當列撒柷之後。

〔二二〕撻懶下一格　按，本書卷七七撻懶傳，「撻懶二子斡帶、烏達補」。表皆失載。

〔二三〕蒲帶上京路提刑使　按，本書卷七三宗雄傳載「宗雄孫蒲帶」，「蒲帶爲北京臨潢提刑使」，與此異。

〔二四〕桓端金紫光禄大夫　按，本書卷七三宗雄傳，「初，蒲魯虎襲猛安。蒲魯虎卒，贈金紫光禄大夫，子桓端襲之，官至金吾衞上將軍」。所記桓端終官與此異。

〔二五〕按荅海　按，本書卷七三按荅海傳稱其爲「宗雄次子也」，不應排於此處。又宗雄傳按荅海列名蒲魯虎後，依文例蒲魯虎應居長，則蒲魯虎、余里也位次亦當有誤。

〔二六〕按荅海下一格　本書卷六三后妃傳上海陵后徒單氏傳附海陵諸嬖傳載有「宗室安達海之子乙剌補」，表失載。

〔二七〕京　此處位次有誤。按，本書卷七四宗望傳附子京傳，「京本名忽魯」，大定「十二年，兄德州防禦使文謀反」；同卷文傳，「是時，弟京得罪」。則文爲兄京爲弟，表誤。

〔二八〕亨　按，大金國志卷一七大定十七年記「完顏兀术子偉」，卷一九承安元年記「偉乃忠烈王兀术之次子也」。偉本表失載。

〔二九〕羊蹄　按，本書卷七七亨傳載，「正隆六年，海陵遣使殺諸宗室，於是殺亨妃徒單氏、次妃大氏及子羊蹄等三人」。則羊蹄當在前一行亨下一格。

〔三〇〕爽下一格　按，本書卷六九太祖諸子宗强傳附爽傳，「爽有疾，詔除其子符寶祗候思列爲忠順軍節度副使」。思列當在此格，表失載。

〔三一〕宗敏左丞相曹王　「左丞相曹王」，局本作「太保領東京行臺尚書省事」。按，本書卷六九太祖諸子宗敏傳，「宗敏，本名阿魯補」，熙宗皇統年間「再進太保，領三省事，兼左副元帥，領行臺尚書省事，封曹國王」。官職與此異。

〔三二〕宗盤下一格　按，本書卷六三后妃傳上海陵后徒單氏傳附海陵諸嬖傳有「宗盤子阿虎迭」。表失載。

〔三三〕宗固左丞相豳王　按，本書卷四熙宗紀，皇統六年四月，「以同判大宗正事宗固爲太保、右丞相兼中書令」，七年「九月，太保、右丞相宗固薨」。卷七六太宗諸子宗固傳，皇統六年，宗固「爲太保、右丞相兼中書令」。則「左丞相」或是「右丞相」之誤。

〔三四〕宗固下一格　按，本書卷五海陵紀「天德三年五月」條下有「宗固子胡里剌、胡失打」。卷六三后妃傳上海陵后徒單氏傳附海陵諸嬖傳載海陵欲納「宗固子胡里剌妻、胡失來妻」。卷七六太宗諸子宗本傳載，「京，宗固子，本名胡石賚」。「胡失打」、「胡失來」、「胡石賚」當是一人，其漢名爲「京」。胡里剌、京當在此欄平行，表皆失載。

〔三五〕宗本左丞相　按，本書卷七六太宗諸子宗本傳，「皇統九年，爲右丞相兼中書令，進太保，領三省事。海陵篡立，進太傅，領三省事」。官職與此異。

〔三六〕阿里虎　按，本書卷七六太宗諸子宗本傳載有「長子鎖里虎」，鎖里虎即阿里虎。卷五海陵紀載，天德三年五月，「納宗本子莎魯啜」妻。卷六三后妃傳上海陵后徒單氏傳附海陵諸嬖傳亦有「宗本子莎魯剌妻」。莎魯啜、莎魯剌爲一人，殆阿里虎之弟，表失載。

〔三七〕元下一格　按，本書卷六九胙王元傳載，「元子育，本名合住，大定二十七年，自南京副留守遷大宗正丞，兼勸農副使」。育當在此格，表失載。

〔三八〕瑜石古乃　局本「石古乃」上有「本名」二字。據本書卷八五世宗諸子永中傳，石古乃爲瑜本名。按文例，應加「本名」二字。下文多處出現此種情況，不再一一出校。

〔三九〕璹下一格　按，本書卷八五世宗諸子永功傳附璹傳記「第五子守禧，字慶之」，表失載。

〔四〇〕永德曹王　按，本書卷八五世宗諸子永德傳，永德先後進封薛王、瀋王、豳王、潞王，未見曹王。此處疑有誤。

〔四一〕與末帝凡四人　「末帝」，即哀宗。參見本書卷五六校勘記〔二〇〕。

〔四二〕余里也　按，本書卷六六宗室合住傳載，「子蒲速越，襲父職，再遷靜江、中正軍節度使，（中略）子余里也與胡十門同時歸朝，（中略）以功遷真定府路安撫使兼曹州防禦使」。據此，「余里也」當在「蒲速越」之下，表誤。

〔四三〕布輝　按，本書卷六六宗室合住傳載，余里也「長子布輝，（中略）襲其父猛安，（中略）累遷順天軍節度使」。據此，「布輝」當在「余里也」之下，表誤。

〔四四〕石土門　本書卷七〇石土門傳載有「其子蟬蠢」，表失載。

〔四五〕吾扎忽　按，本書卷七一婆盧火傳載，「子剖叔，襲猛安，天眷二年，爲泰州副都統，子斡帶，廣威將軍。婆速，官特進，子吾扎忽」。剖叔應即婆速，而斡帶與吾扎忽爲兄弟，表失載。

〔四六〕襄下一格　按，本書卷一一一思烈傳載，「內族思烈，南陽郡王襄之子也。（中略）天興元年，汴京被圍，哀宗以思烈權參知政事，行省事于鄧州，（中略）罷思烈行省之職，以守中京」。卷一七哀宗紀上天興元年五月及七月所載略同。思烈表失載。

〔四七〕阿魯補元帥右將軍　「右將軍」，局本作「右監軍」。按，本書卷六八冶訶傳附子阿魯補傳稱其皇統五年改元帥右監軍。卷五五百官志一載，都元帥府「元帥右監軍一員，正三品」，無元帥右將軍。則「右將軍」乃「右監軍」之誤。又阿魯補傳載，天會初，阿魯補「復從其兄虞劃，率兵三千攻乾州，虞劃道病卒，代領其衆」。虞劃表失載。

〔四八〕西南路招討使　按，本書卷六八蒲查傳，「歷婆速路兵馬都總管，西北路招討使，卒」。與此異。

〔四九〕阿魯補係出景祖行臺左丞相　「阿魯補」，本書卷八〇阿离補傳作「阿离補」、卷三太宗紀作「阿盧補」。「行臺左丞相」，卷八〇阿离補傳、卷一三二逆臣烏帶傳同，卷四熙宗紀皇統六年三月壬申、四月戊午作「行臺右丞相」。又阿离補傳載，「詔以兄猛安沙离質親管謀克之餘户，以阿离補爲世襲謀克」。沙离質表失載。

〔五〇〕烏帶下一格　按，本書卷一三二逆臣烏帶傳有「其子兀荅補」，「大定六年，「以阿魯補謀克授兀荅補，終同知大興尹」。子瑭，本名烏也阿補，以曾祖阿魯補功，充筆硯袛候」。兀荅補、瑭表皆失載。

〔五一〕拔离速　按，本書卷七二拔离速傳載，「拔离速，銀术可弟」；同卷麻吉傳載，「麻吉，銀术可之母弟也」。拔离速當與銀术可、麻吉平列。表誤。

〔五二〕銀术可拔离族子　按，本書卷七二銀术可傳載，「銀术可，宗室子」。銀术可、麻吉、拔离速爲兄弟，「拔离族子」當作「拔离速兄」。表列銀术可、麻吉於拔离速後，且低一格，誤。參見前條校勘記。

〔五三〕瑴英　按，本書卷七二瑴英傳載「瑴英姪阿魯瓦」，表失載。

金史卷六十

表第二

交聘表上

天下之勢，曷有常哉。金人日尋干戈，撫制諸部，保其疆圉，以求逞志於遼也，豈一日哉。及太祖再乘勝，已即帝位，遼乃招之使降，是猶龍蒸虎變，欲誰何而止之。厥後使者八九往反，終不能定約束，何者，取天下者不徇小節，成筭既定矣，終不爲卑辭厚禮而輟攻。

遼人過計，宋人亦過計，海上之書曰：「克遼之後，五代時陷入契丹漢地願畀下邑。」此何計之過也。血刃相向百戰而得之，卑辭厚幣以求之，難得而易與人，豈人之情哉。宋之失計有三，撤三關故塞不能固燕山塞，汴京城下之盟竭公私之帑以約質，立梁楚而不力戰而江左稱臣。金人豈愛宋人而爲和哉！策既失矣，名既屈矣，假使高宗立歸德，不得河北，可保河南、山東；不然，亦不失爲晉元帝，其孰能亡之。金不能奄有四海，而宋人以尊稱與之，是誰强之邪。

金人出于高麗，始通好爲敵國，後稱臣。夏國始稱臣，末年爲兄弟，於其國自爲帝。宋於金初或以臣禮稱「表」，終以姪禮往復稱「書」。故識其通好與間有兵爭之歲，其盛衰大指可觀也已。使者或書本階，或用借授，兩國各因舊史，不必强同云。

	宋	夏	高麗
始通好。			穆宗時，高麗醫者自完顏部歸，謂高麗人曰：「女直居黑水部族日强，兵益精悍，年穀屢稔。」高麗王聞之，乃遣使來通好。
太祖收國元年			

二年			閏正月〔一〕，高麗遣使來賀捷，且請保州。太祖曰：「爾自取之。」高麗遣蒲馬請保州〔二〕，詔諭高麗曰：「保州近爾邊境，聽爾自取。」
天輔元年	十二月，宋遣登州防禦使馬政來聘〔三〕，請石晉時陷入契丹漢地。		
二年	正月，遣散覩報聘于宋〔四〕，所請之地與宋夾攻得者有之，本朝自取，不在分割之議。		十二月，遣孛堇术孛以勝遼報諭高麗〔五〕，仍賜馬一疋。
三年	六月，宋遣馬政及其子宏		

	來聘〔六〕。		
四年	四月，宋復遣趙良嗣以書來議燕京、西京之地〔七〕。		詔使習顯以獲遼國州郡諭高麗〔八〕。高麗使謂習顯曰：「此與先父國王之書。」習顯就館，即依舊禮接見，而以表來賀，并貢方物。
五年			
六年		六月，夏遣李良輔率兵三萬救遼，斡魯、婁室敗之于野谷。	
七年	正月，宋復遣趙良嗣來議燕京、西京地，答書如初約，合攻隨得者有之，今自我		

得，理應有報。趙良嗣言，奉命若得燕京即納銀、絹二十萬匹〔九〕、綾二萬匹，以代燕地之租稅。

二月，宋復遣趙良嗣來定議，加歲幣代燕地租稅，并議畫疆、遣使、置榷場、復請西京等事。癸卯，遣孛堇銀朮可、鐸剌報聘于宋，許以武、應、朔、蔚、奉聖、歸化、儒、嬀等州，其於西北一帶接連山川及州縣，不在許與之限〔一〇〕。戊申，詔平州官與宋使一同分割所與燕京

		太宗天會元年
宋	六州之地〔一二〕。三月，宋使盧益、趙良嗣、馬宏以誓書來。四月，復誓書于宋。五月甲寅，南京留守張覺以南京叛入于宋。	十一月，割武、朔二州與宋。是月庚午，宗望敗張覺于南京城東，覺夜遁奔于宋。十二月，遣孛堇李靖告哀于宋。
夏		宗望至陰山，以便宜與夏國議和，許以割地。
高麗		十二月，高隨、斜野奉使高麗，至境上，接待之禮不遜，隨等不敢往。太宗曰：「高麗世臣於遼，當以事遼之禮事我。而我國有新喪，遼主未獲，勿遽强之。」命隨等還。

二年	四月，宋始遣太常少卿連南夫等來弔。以高朮僕古等充遺留國信使〔一二〕，高興輔、劉興嗣充告即位國信使如宋。八月，以孛菫烏爪乃、李用弓爲賀宋生日使。十月戊午，宋使賀天清節。十二月，孛菫高居慶、大理卿丘忠爲賀宋正旦使〔一三〕。	正月，夏人奉誓表，請以事遼之禮稱藩。三月，夏使把里公亮等來上誓表。閏三月，遣王阿海、楊天吉賜誓詔于夏。十月，夏使謝賜誓詔。戊午，夏使賀天清節。	
三年	正月癸酉朔，宋使賀正旦。辛丑〔一四〕，宋龍圖閣直學士許亢宗等賀即位。	正月癸酉朔，夏使賀正旦。乙未，夏使奉表致奠于和陵〔一六〕。	

	六月，遣李用和等以滅遼告慶于宋[一五]。七月，以耶律固等爲報謝宋國使。十月壬子，宋使賀天清節。是月，詔諸將伐宋。十二月，宋給事中李鄴等奉金百鋌，請復修好。是月甲辰，宗望敗宋兵于白河，遂取燕山州縣。	十月壬子，夏使賀天清節。	
四年	正月己巳，宗望諸軍渡河，使吳孝民入汴，問宋取首謀平山者。癸酉，諸軍圍汴。甲戌，宋知樞密院事李棁	正月丁卯朔，夏使賀正旦。十月丁未，夏使賀天清節。	六月，高麗使奉表稱藩，優詔答之，仍以保州地賜[一七]。七月，遣高伯淑、烏至忠使

等奉書謝罪，且請修好。丙子，宗望許宋修好，約質，割三鎮地，增歲幣，載書稱伯姪。戊寅，宋以康王構、少宰張邦昌爲質。辛巳，宋使沈晦等賚所上誓書、三鎮地圖，至軍中。癸未，諸軍解圍。二月丁酉朔，夜，宋姚平仲以兵四十萬襲宗望軍。己亥，復進兵圍汴。辛丑，宋遣資政殿學士宇文虛中以書來，辯姚平仲兵非出宋主意。改肅王樞爲質，遣康王構歸。壬子，宗望渡河，以

高麗。十月丁未，高麗賀天清節。十一月，遣高隨等爲賜高麗生日使。

	滑州、濬州與宋。 七月戊子，宋以蠟書陰搆右都監耶律余篤、蕭仲恭獻其書。 八月，諸軍復伐宋，元帥府遣楊天吉、王汭以書責宋。 十一月丙戌，宗望軍至汴。 閏月壬辰朔，宗望敗宋兵于汴城下。癸巳，宗翰至汴。 辛酉，宋帝詣宗翰、宗望軍，舍青城。 十二月癸亥，以表降，是日歸于汴城。		
五年	正月庚子，宋帝復至青城。	正月辛卯朔，夏使賀正旦。	正月辛卯朔，高麗使賀正

	二月丁卯，宋上皇至青城。是月，降宋二帝爲庶人。四月，執宋二帝以歸。五月庚寅朔，宋康王構即位于歸德。十二月丙寅，宗輔伐宋。	十月辛未，夏使賀天清節。	旦。八月，以耶律居謹、張淮爲宣慶高麗使〔一八〕。十月辛未，高麗使賀天清節。
六年	正月，宋康王奔揚州。七月乙巳，宋康王貶號稱臣，遣使奉表。十月，宗翰、宗輔會軍于濮。	正月丙戌朔，夏使賀正旦。十月丙寅，夏使賀天清節。	正月丙戌朔，高麗使賀正旦。十月丙寅，高麗使賀天清節。
七年	十月丁酉〔一九〕，宋壽春安撫使馬世元以城降。十一月壬戌，宗弼渡江。丁卯，宋知江寧府陳邦光以	正月庚辰朔〔二〇〕，夏使賀正旦。十月庚寅，夏使賀天清節。	正月庚辰朔，高麗使賀正旦。十月庚寅，高麗使賀天清節。

	城降。 十二月丁亥，宗弼克杭州。 阿里、蒲盧渾追宋康王于明州，宋康王入于海。		
八年		正月甲辰朔，夏使賀正旦。 十月甲申，夏使賀天清節。	正月甲辰朔，高麗使賀正旦。 十月甲申，高麗使賀天清節。
九年		正月己亥朔，夏使賀正旦。 十月戊寅，夏使賀天清節。	正月己亥朔，高麗使賀正旦。 二月乙亥，高麗使上表，乞免索保州亡入邊户事。 十月戊寅，高麗使賀天清節。

十年		正月癸巳朔，夏使賀正旦。十月壬寅，夏使賀天清節。	正月癸巳朔，高麗使賀正旦。十月壬寅，高麗使賀天清節。
十一年		正月丁巳朔，夏使賀正旦。十月丙申，夏使賀天清節。	正月丁巳朔，高麗使賀正旦。十月丙申，高麗使賀天清節。
十二年		正月辛亥朔，夏使賀正旦。十月庚寅，夏使賀天清節。	正月辛亥朔，高麗使賀正旦。十月庚寅，高麗使賀天清節。
十三年　熙宗天會		正月，遣使如夏報哀。	正月，遣使如高麗報哀。三月己卯，高麗使祭奠弔

			尉。四月戊午，高麗使賀登寶位。
十四年		正月己巳朔，夏使賀正旦。乙酉，夏使賀萬壽節。	正月己巳朔，高麗使賀正旦。乙酉，高麗使賀萬壽節。十月甲寅，以乾文閣待制吳激爲賜高麗生日使。
十五年		正月癸亥朔，夏使賀正旦。己卯，夏使賀萬壽節。	正月癸亥朔，高麗使賀正旦。己卯，高麗使賀萬壽節。
天眷元年	八月，以河南地賜宋。右司侍郎張通古等詔諭江南。	正月戊子朔，夏使賀正旦。甲辰，夏使賀萬壽節。	正月戊子朔，高麗使賀正旦。甲辰，高麗使賀萬壽節。十二月甲戌，高麗使入貢。
二年	四月己卯，宋遣其端明殿學士韓肖胄等奉表〔三〕，	正月壬午朔，夏使賀正旦。戊戌，夏使賀萬壽節。	正月壬午朔，高麗使賀正旦。戊戌，高麗使賀萬壽節。

	謝賜河南地。九月壬寅，宋端明殿學士王倫、保信軍節度使藍公佐奉表乞歸父喪〔三二〕。	十月癸酉，夏國王李乾順薨，子仁孝嗣位，遣使來告喪。	
三年	四月癸亥，宋禮部尚書莫將等來迎護梓宮。五月己卯，詔復取河南、陝西。十二月乙亥，復伐宋淮南。	正月丁丑朔，夏使賀正旦。癸巳，夏使賀萬壽節。九月，夏使謝賻贈，復謝封册。	正月丁丑朔，高麗使賀正旦。癸巳，高麗使賀萬壽節。
皇統元年	二月，宗弼克廬州。九月，宗弼渡淮，宋乞罷兵〔三三〕，宗弼以便宜與宋畫淮爲界。	正月辛丑朔，夏使賀正旦。壬寅，夏使請上尊號。丁巳，夏使賀萬壽節。	正月辛丑朔，高麗使賀正旦。壬寅，高麗使請上尊號。丁巳，高麗使賀萬壽節。十一月己酉，高麗使賀尊號。

二年	二月辛卯，宋端明殿學士何鑄、容州觀察使曹勛來進誓表。三月丙辰，遣光禄大夫、左宣徽使劉筈册宋康王爲宋帝，以故天水郡王等三喪及宋帝母韋氏歸于宋。五月乙卯，遣使賜宋誓詔。八月丁卯，詔遣宋使朱弁、張邵、洪皓等歸。十二月庚午，宋使上表，謝歸三喪及母韋氏。	正月乙未朔，夏使賀正旦。辛亥，夏使賀萬壽節。	正月乙未朔，高麗使賀正旦。乙巳，詔加高麗國王王楷開府儀同三司、上柱國。辛亥，高麗使賀萬壽節。十二月乙丑，高麗使謝賜封册。
三年	正月己丑朔，宋使賀正旦。乙巳，宋使賀萬壽節。	正月己丑朔，夏使賀正旦。乙巳，夏使賀萬壽節。	正月己丑朔，高麗使賀正旦。乙巳，高麗使賀萬壽節。

四年	正月癸丑朔[二四]，宋使賀正旦。己巳，宋使賀萬壽節。	正月癸丑朔，夏使賀正旦。己巳，夏使賀萬壽節。	正月癸丑朔，高麗使賀正旦。己巳，高麗使賀萬壽節。
五年	正月丁未朔，宋使賀正旦。癸亥，宋使賀萬壽節。	正月丁未朔，夏使賀正旦。癸亥，夏使賀萬壽節。四月庚辰，以右衛將軍撒海、兵部郎中耶律福爲橫賜夏國使。	正月丁未朔，高麗使賀正旦。癸亥，高麗使賀萬壽節。
六年	正月辛未朔，宋使賀正旦。丁亥，宋使賀萬壽節。	正月辛未朔，夏使賀正旦。丁亥，夏使賀萬壽節。	正月辛未朔，高麗使賀正旦。丁亥，高麗使賀萬壽節。五月壬申，高麗國王王楷薨，子晛嗣位，遣使來報喪。六月乙丑，遣使祭弔高麗。
七年	正月乙丑朔，宋使賀正旦。辛巳，宋使賀萬壽節。	正月乙丑朔，夏使賀正旦。[二五]辛巳，夏使賀萬壽節。	正月乙丑朔，高麗使賀正旦。辛巳，高麗使賀萬壽節。

			三月戊寅，高麗使來謝弔祭。
八年	正月庚申朔，宋使賀正旦。丙子，宋使賀萬壽節。	正月庚申朔，夏使賀正旦〔三六〕。丙子，夏使賀萬壽節。	正月庚申朔，高麗使賀正旦。丙子，高麗使賀萬壽節。六月，高麗使謝賜封册。
九年	正月甲申朔，宋使賀正旦。庚子，宋使賀萬壽節。	正月甲申朔，夏使賀正旦。庚子，夏使賀萬壽節。	正月甲申朔，高麗使賀正旦。庚子，高麗使賀萬壽節。
海陵天德元年	十二月，宋賀正旦使至廣寧，遣人諭以廢立之事，於中路遣還。	十二月，夏賀正旦使至廣寧，遣人諭以廢立之事，於中路遣還。	十二月，高麗賀正旦使至廣寧，遣人諭以廢立之事，於中路遣還。
二年	正月辛巳，以名諱告諭宋。是月，遣侍衛親軍步軍都指揮使完顏思恭〔三七〕、翰林直學士翟永固爲報諭	正月辛巳，以名諱告諭夏。再遣使報諭夏國。七月戊戌，夏御史中丞雜辣公濟、中書舍人李崇德	正月辛巳，以名諱告諭高麗。再遣使報諭高麗。三月丙戌，高麗遣知樞密院事文公裕、殿中監朴純

	三年
宋國使。二月甲子，以兵部尚書完顏元宜、修起居注高懷貞爲賀宋生日使〔二八〕。三月丙戌〔二九〕，宋參知政事余唐弼〔三〇〕、保信軍節度使鄭藻賀即位。余唐弼等回，以天水郡王玉帶歸于宋主。	正月癸酉朔，宋使賀正旦。三月庚寅，以翰林學士中奉大夫劉長言、少府監耶律五哥爲賀宋生日使。六月，宋使奉表祈請山陵
賀登寶位。再遣開封尹蘇執義、祕書監王舉賀受尊號。	正月癸酉朔，夏使賀正旦。九月甲子，夏使上表，請不去尊號。以經武將軍修起居注蕭彭哥爲夏生日使。
沖賀登寶位。	正月癸酉朔，高麗使賀正旦。九月，以東京路兵馬都總管府判官蕭子敏爲高麗生日使。

		四年
宋	地，不許。十月，以右副點檢不朮魯阿海、翰林侍講學士蕭永祺爲賀宋正旦使。	正月丁酉朔，宋使賀正旦。壬子，宋使賀生辰。三月，刑部尚書田秀穎、東上閤門使大斌爲賀宋生日使。十月甲申，以太子詹事張用直、左司郎中温都斡帶爲賀宋正旦使。十二月辛未，以張用直卒，改遣汴京路都轉運使左
夏		正月丁酉朔，夏使賀正旦。壬子，夏使賀生辰。九月，吏部郎中蕭中立爲夏生日使。
高麗		正月丁酉朔，高麗使賀正旦。壬子，高麗使賀生辰。九月，都水使者完顏麻潑爲高麗生日使。

	瀛爲賀宋正旦使。		
貞元元年	正月辛卯，以皇弟兗薨，不視朝，命有司受宋貢獻。四月，以右宣徽使紇石烈撒合輦、廣威將軍兵部郎中蕭簡爲賀宋生日使。十一月，以户部尚書蔡松年、右司郎中婁室爲賀宋正旦使。	正月辛卯，以皇弟兗薨，不視朝，命有司受夏貢獻。九月丁亥朔，以翰林待制謀良虎爲夏生日使。	正月辛卯，以皇弟兗薨，不視朝，命有司受高麗貢獻。九月，以吏部郎中窊合山充高麗生日使。
二年	正月甲寅朔，以疾不視朝，賜宋使就館燕〔三〕。己巳，宋使賀生辰。四月辛卯，工部尚書耶律安禮、吏部侍郎許霖爲賀	正月甲寅朔，以疾不視朝，賜夏使就館燕。己巳，夏使賀生辰。三月戊辰，夏使王公佐賀遷都。	正月甲寅朔，以疾不視朝，賜高麗使就館燕。己巳，高麗使賀生辰。六月己亥，高麗使謝横賜。十一月戊辰，高麗使謝賜

	宋生日使。十月，以刑部侍郎白彥恭爲賀宋正旦使。十二月丁未，宋使貢方物。	九月辛亥朔，夏使謝恩，且請市儒、釋書。十二月丁未，夏使貢方物。	生日。十二月丁未，高麗使貢方物。
三年	正月己酉朔，宋使賀正旦。甲子，宋使賀生辰。三月庚午，以左司郎中李通、同知南京路都轉運司事耶律隆爲賀宋生日使。十月己亥，翰林學士承旨耶律歸一爲賀宋正旦使。	正月己酉朔，夏使賀正旦。甲子，夏使賀生辰。五月癸亥，夏使謝恩。	正月己酉朔，高麗使賀正旦。甲子，高麗使賀生辰。
正隆元年	正月癸卯朔，宋使賀正旦。戊午，宋使賀生辰。三月庚申，以左宣徽使敬	正月癸卯朔，夏使賀正旦。戊午，夏使賀生辰。	正月癸卯朔，高麗使賀正旦。戊午，高麗使賀生辰。

年		二年
宋	嗣暉、大理卿蕭中立爲賀宋生日使。十一月己巳朔，以右司郎中梁銶、左將軍耶律湛爲賀宋正旦使〔三二〕。	正月戊辰朔，宋使賀正旦。癸未，宋使賀生辰。六月，以禮部尚書耶律守素、刑部侍郎許竑爲賀宋生日使〔三三〕。十一月，侍衛親軍馬步軍副都指揮使高助不古、户部侍郎阿勒根窊産爲賀宋正旦使。
夏		正月戊辰朔，夏使賀正旦。癸未，夏使賀生辰。四月，宿直將軍温敦斡喝爲橫賜夏國使。九月乙丑，以宿直將軍僕散烏里黑爲夏生日使。
高麗		正月戊辰朔，高麗使賀正旦。癸未，高麗使賀生辰。三月丙寅朔，高麗使賀受尊號。四月，以簽書宣徽院事張喆爲橫賜高麗使。

三年	正月壬戌朔，宋使孫道夫賀正旦。丁丑，宋使賀生辰。三月辛巳，以兵部尚書蕭恭、太府監魏子平爲賀宋生日使。十一月辛酉，以工部尚書蘇保衡、吏部侍郎阿典和實澸爲賀宋正旦使。	正月壬戌朔，夏使賀正旦。丙寅，夏奏告使還，命左宣徽使敬嗣暉諭之云云。丁丑，夏使賀生辰。九月庚午，以宿直將軍阿魯保爲夏生日使。	正月壬戌朔，高麗使賀正旦。丁丑，高麗使賀生辰。九月丁丑，以教坊提點高存福爲高麗生日使。
四年	正月丙辰朔，宋使賀正旦。辛未，宋使賀生辰。四月，遣資德大夫祕書監王可道、朝散大夫左司郎中王蔚爲賀宋生日使。七月甲辰，宋使上表，謝賜	正月丙辰朔，夏使賀正旦。辛未，夏使賀生辰。三月丙辰朔，遣兵部尚書蕭恭經畫夏國邊界。九月，昭毅大將軍宿直將軍加古撻懶爲夏生日使。	正月丙辰朔，高麗使賀正旦。辛未，高麗使賀生辰。九月，遣宣武將軍翰林待制完顏達紀爲高麗生日使。

	五年
戒諭。十一月甲辰，以翰林侍講學士施宜生、宿州防禦使耶律闢里剌爲賀宋正旦使。十二月乙卯，宋使來告其母韋氏哀。乙丑，以左副點檢大懷忠、大興少尹耨盌溫都謙爲宋弔祭使。	正月庚辰朔，宋使賀正旦。乙未，宋使賀生辰。二月壬子，宋參知政事賀允中等爲韋后遺獻使。四月，宋使葉義問等來謝
	正月庚辰，夏使賀正旦。乙未，夏使賀生辰。
	正月庚辰朔，高麗使賀正旦。乙未，高麗使賀生辰。

	（續前）	六年
宋	弔祭。十一月，以濟南尹僕散烏者、翰林直學士韓汝嘉爲賀宋正旦使。	正月甲戌朔，宋使賀正旦。己丑，宋使賀生辰。四月，以簽書樞密院事高景山爲賀宋生日使。九月，以三十二總管兵伐宋。甲午，發南京。十月丁未，渡淮。癸亥，次和州。宋人陷德順州。十一月，上駐軍江北，遣武平總管阿鄰先渡至南岸，
夏		正月甲戌朔，夏使賀正旦。己丑，夏使賀生辰。
高麗		正月甲戌朔，高麗使賀正旦。己丑，高麗使賀生辰。八月，遣太常博士張崇爲高麗生日使。

失利。上進兵揚州。甲午，會師瓜洲渡。乙未，遇弒。

校勘記

〔一〕閏正月　「閏」字原脱，據局本補。按，本書卷二太祖紀，收國二年閏正月，「高麗遣使來賀捷，且求保州。詔許自取之」。

〔二〕（收國二年）高麗遣蒲馬請保州　按，高麗史卷一四睿宗世家，十一年（金收國二年）八月「庚辰，金將撒喝攻遼來遠、抱州，二城幾陷。（中略）王乃遣使如金請曰：『抱州本吾舊地，願以見還。』金主謂使者曰：『爾其自取之。』」當即此事。本書卷二太祖紀則繫高麗遣使來請保州事於天輔元年八月。

〔三〕（天輔元年）十二月宋遣登州防禦使馬政來聘　按，會編卷二，宋政和八年（金天輔二年）閏九月「二十七日丙子，馬政等至女真所居阿芝川淶流河」。據此，「十二月」當作「閏九月」，此條應移入下欄。

〔四〕（天輔二年）正月遣散覩報聘于宋　「正月」，疑當作「十月」。按，會編卷二，宋政和八年閏九月二十七日丙子，馬政等至阿芝川淶流河，女真共議數日，遣使與馬政等赴宋，則其出發是天輔二年十月事。又據會編卷三，宋重和二年（金天輔三年）正月，是馬政與李善慶、小散多一行抵宋時間。小散多當即散覩。

〔五〕遣孛堇朮孛以勝遼報諭高麗　「朮孛」，原作「朮堇」。按，本書卷二太祖紀，天輔二年「十二月甲辰，遣孛堇朮孛以定遼地諭高麗」，卷一三五外國傳下高麗傳，天輔二年十二月，詔諭高麗國王曰「今遣孛堇朮孛報諭」。高麗史卷一四睿宗世家所載與此同。今據改。

〔六〕（天輔三年）六月宋遣馬政及其子宏來聘　按，本書卷二太祖紀，天輔四年「十二月，宋復使馬政來請西京之地」。又會編卷四，宣和二年（金天輔四年）九月，馬政與其子擴隨習魯使金，「十一月二十九日丙寅，馬政至女真」，「授以國書，及出事目示之」。要録卷一、東都事略卷一一徽宗紀、宋史卷二二徽宗紀四均記宣和二年九月遣馬政使金國。據此，「宏」當作「擴」，此條應移入下欄。

〔七〕四月宋復遣趙良嗣以書來議燕京西京之地　「四月」，原作「二月」。按，會編卷四，趙良嗣奉使是宣和二年（金天輔四年）三月六日丙午，三月二十六日丙寅自登州出海，「四月十四日，抵蘇州關下，會女真已出師，分三路趨上京。良嗣自咸州會于青牛山，諭令相隨，看攻上京，城破，遂與阿骨打相見於龍岡」。今據改。又，「趙良嗣」，原作「趙良暉」，據南監本、北監本、殿本、局本改。弔伐録卷一與宋主書：「同宋使趙良嗣、王暉復以祈請燕、西二京地界書來。」

〔八〕（天輔四年）詔使習顯以獲遼國州郡諭高麗　按，下文高麗使稱「此與先父國王之書」，證習顯出使在高麗睿宗去世之年，即高麗睿宗十七年（金天輔六年）。故此條當移入下天輔六年欄。

〔九〕納銀絹二十萬匹　據文例，「匹」字前當脱「兩」字。

〔一〇〕其於西北一帶接連山川及州縣不在許與之限　按，弔伐録卷一白劄子，「其已西並北一帶接連山後州縣地土人民，不在許與之限」。此「山川及」當作「山後」。

〔一一〕戊申詔平州官與宋使一同分割所與燕京六州之地　「官」字原脱。按，本書卷二太祖紀，天輔七年二月「戊申，詔平州官與宋使同分割所與燕京六州之地」。今據補。

〔一二〕以高朮僕古等充遺留國信使　按，宋史卷二二徽宗紀四，宣和六年九月「庚子，金人遣富謨弼等以遺留物來獻」。所記使臣與此異。

〔一三〕（天會二年）十二月孛堇高居慶大理卿丘忠爲賀宋正旦使　本書卷三太宗紀所記略同。按，會編卷一九，宣和六年（金天會二年）正月「二十九日戊寅，大金賀正旦使盧州管内觀察使、都孛堇高居慶，副使大中大夫、守大理寺卿楊意朝於紫宸殿」。宋史卷二二徽宗紀四，宣和五年（金天會元年）「十二月乙巳，金人遣高居慶等來賀正旦」。高居慶一行宣和五年十二月已至宋，賀宣和六年正旦，其出使時間應在金天會元年。

〔一四〕辛丑　按，宣和乙巳奉使金國行程録載，許亢宗於是年「正月戊戌陛辭，翼日發行」，當年八月甲辰「回程到闕」，其北行第三十五程至和里間寨已「時當仲夏」，則「辛丑」之上當脱「六月」

二字。

〔一五〕遣李用和等以滅遼告慶于宋　「李用和」，會編卷二三載，「七月，金人以獲天祚，發告慶使渤海李孝和、王永福來」。宋史卷二三徽宗紀四亦作「李孝和」。

〔一六〕「正月」至「夏使奉表致奠于和陵」　西夏書事繫此事於是年二月。

〔一七〕「六月」至「仍以保州地賜」　按，高麗史卷一五仁宗世家，是年九月，高伯淑、烏至忠使高麗，「金主勑伯淑等曰：『高麗凡遣使往來當盡循遼舊，仍取保州路及邊地人口在彼界者，須盡數發還，若一一聽從，即以保州地賜之。』」同年十二月載高麗謝宣諭表曰：「高伯淑至，密傳聖旨，保州城地，許屬高麗，更不收復。」則賜地之事當繫於下文七月遣高伯淑、烏至忠出使條後。

〔一八〕以耶律居謹張淮爲宣慶高麗使　「耶律居謹」，高麗史卷一五仁宗世家作「耶律居瑾」。

〔一九〕十月丁酉　「丁酉」，局本作「己亥」。按，本書卷三太宗紀，天會七年十月「丁酉，阿里、當海、大㚖破敵于壽春。己亥，安撫使馬世元以城降」。會編卷一三二、要録卷二八、宋史卷二五高宗紀二，皆繫壽春失陷事於建炎三年十月戊戌。

〔二〇〕正月庚辰朔　「庚辰」，原作「庚寅」。按，本書卷三太宗紀，天會「七年正月庚辰朔，高麗、夏遣使來賀」。今據改。下高麗欄同。

〔二一〕宋遣其端明殿學士韓肖胄等奉表　「端明殿學士」，原作「端明殿大學士」，據本書卷七七宗弼傳、要録卷一二四、宋史卷二九高宗紀六、卷三七九韓肖胄傳改。按，宋史卷一六二職官志二有「端明殿學士」。

〔二二〕九月壬寅宋端明殿學士王倫保信軍節度使藍公佐奉表乞歸父喪　按，宋史卷二九高宗紀六，是年六月王倫第二次使金，「赴金國議事」，七月被金人拘于中山，十月「見金主于御林子」，「遣其副藍公佐先歸」。此處繫月有誤。

〔二三〕九月宗弼渡淮宋乞罷兵　按，宋史卷二九高宗紀六，是年正月「庚申，金人渡淮」，三月「壬子，金人渡淮北歸」，九月「丙申，遣劉光遠等充金國通問使」。要録卷一四一繫宋乞罷兵事於九月。此處「九月」當接下文「宋乞罷兵」。「宗弼渡淮」四字疑衍。

〔二四〕正月癸丑朔　「癸丑」，原作「癸卯」。按，本書卷四熙宗紀，皇統「四年正月癸丑朔，宋、高麗、夏遣使來賀」。今據改。下夏、高麗欄同。

〔二五〕夏使賀正旦　「使」字原脱，據殿本補。

〔二六〕正月庚申朔夏使賀正旦　按，西夏書事卷三六，是年「沿途雨雪，賀正使至已後期，乃與賀節使同入見」。則此條當繫於下文丙子日。

〔二七〕侍衞親軍步軍都指揮使完顏思恭　按，要録卷一六一，完顏思恭出使時官爲「侍衞親軍馬步軍都指揮使」。

〔二八〕以兵部尚書完顏元宜修起居注高懷貞爲賀宋生日使　按，宋史卷三〇高宗紀七，是年「三月庚辰，金遣完顏思恭等來報即位」，五月「甲午，金就遣完顏思恭等來賀天申節」。要録卷一六一同。完顏元宜與高懷貞實未成行。

〔二九〕三月丙戌　按，宋史卷三〇高宗紀七，是年三月「丙戌，遣堯弼等賀金主即位」。要録卷一六一：「丙戌，參知政事余堯弼爲賀大金登位使，鎮東軍承宣使、知閤門事鄭藻假保信軍節度使副之。」則「丙戌」是宋遣使之日，非宋使抵金或進賀之日。

〔三〇〕宋參知政事余唐弼　「余唐弼」，宋史卷三〇高宗紀七作「余堯弼」。此係避金世宗父睿宗宗堯諱而改。

〔三一〕賜宋使就館燕　「賜」字原脱，據局本及下夏、高麗欄文例補。

〔三二〕左將軍耶律湛爲賀宋正旦使　按，本書百官志無左將軍，疑是殿前都點檢司下之左衛將軍，脱「衛」字。亦或正隆時曾有此官，後取消。

〔三三〕六月以禮部尚書耶律守素刑部侍郎許竑爲賀宋生日使　按，宋史卷三一高宗紀八，紹興二十七年「五月癸未，金遣耶律守素等來賀天申節」。此處繫月有誤。

金史卷六十一

表第三

交聘表中

	宋	夏	高麗
世宗大定元年	十一月，宋人破陝州。十二月，元帥左監軍高忠建、德昌軍節度使張景仁以罷兵、歸正隆所侵地，報諭宋國。		十一月壬午，尚書右司員外郎完顏兀古出報諭高麗。
二年	三月，徒單合喜敗宋吴璘	四月，夏左金吾衛上將軍	十二月，高麗衛尉少卿丁

于德順州。

六月，宋翰林學士洪邁、鎮東軍節度使張掄賀上書詞不依舊式，詔諭洪邁使歸諭宋主。

七月丁酉，復取原州。丙午，宋主內禪。

九月，大敗吳璘于德順州。

宗尹復取汝州。

十月己丑，詔左副元帥紇石列志寧伐宋。

十一月癸巳朔，右丞相僕散忠義節制伐宋諸軍。志寧移書張浚，使依皇統舊

梁元輔、翰林學士焦景顏、押進樞密副都承旨任純忠賀登寶位。再遣武功大夫賀義忠、宣德郎高慎言賀萬春節。

八月癸酉，夏左金吾衞上將軍蘇執禮、匭柙使王琪、押進御史中丞趙良賀尊號。

九月庚子，以尚書左司員外郎完顏正臣爲夏生日使。

十二月辛未，以夏乞兵復宋侵地，遣尚書吏部郎中

應起賀正旦。

	式通好，浚復書曰：「謹遣使者至麾下議之。」	完顏達吉體究陝西利害。夏武功大夫芭里昌祖、宣德郎楊彥敬等賀正旦。	
三年	五月，宋人破宿州。是月，志寧復取宿州。宋洪遵與志寧書，約爲叔姪國。志寧渡淮，取盱眙、濠、廬、和、滁等州。宋使胡昉以湯思退與忠義書稱姪國，不肯加世字，忠義執胡昉，詔釋之。	三月壬辰朔，夏武功大夫訛留元智、宣德郎程公濟賀萬春節〔一〕。五月，以宿直將軍阿勒根和衍爲橫賜夏國使〔二〕。七月甲寅，詔市馬於夏國。九月癸巳，以宿直將軍僕散習尼列爲夏生日使〔三〕。十月己巳，夏遣金吾衛上將軍蘇執禮、匭匣使李子	二月庚寅，高麗守司空金永胤、尚書禮部侍郎金淳夫進奉使禮賓少卿許勢脩賀登寶位，祕書少監金居實謝宣諭。三月壬辰朔，高麗衛尉少卿李公老賀萬春節。四月己卯，以引進使韓綱爲橫賜高麗使。十月丙寅，以許王府長史移剌天佛留爲高麗生日

		美謝橫賜。	使。十二月乙酉，高麗使殿中少監金存夫謝橫賜。
四年	十一月，徒單克寧敗宋兵于十八里口，克楚州。宋周葵、王之望與忠義書，約世爲姪國，書仍書名再拜，不稱「大」字，并以宋書副本來上，和議始定。	正月丁亥朔，夏遣武功大夫嵬啰執信、宣德郎李師白賀正旦。三月丙戌朔，夏武功大夫紐卧文忠、宣德郎陳師古賀萬春節。九月，以宿直將軍宗室烏里雅爲夏生日使。十二月，夏奏告使殿前太尉梁惟忠、翰林學士樞密都承旨焦景顏上章奏告，	正月丁亥朔，高麗禮賓少卿高處約賀正旦。三月丙戌朔，高麗遣祕書少監崔孝温進奉使，朝散大夫衛尉少卿鄭孝偁賀萬春節。九月，以太子少詹事烏古論三合爲高麗生日使〔四〕。十二月，高麗禮賓少卿金莊謝賜生日。

	五年
	正月癸亥，宋通問使禮部尚書魏杞、崇信軍承宣使康湑奉國書及誓書入見。二月，以殿前左副都點檢完顏仲、太子詹事楊伯雄報問宋國。三月庚戌，宋禮部尚書洪适、崇信軍承宣使龍大淵賀萬春節〔五〕。八月，宋吏部尚書李若川、寧國軍承宣使曾覿等賀尊號。
乞免徵索正隆末年所虜人口。	正月辛亥朔，夏武功大夫訛羅世、宣德郎高嶽賀正旦。三月庚戌，夏使賀萬春節。九月，以宿直將軍朮虎蒲查爲夏生日使。
	正月辛亥朔，高麗衛尉少卿高珍縉賀正旦。三月庚戌，高麗殿中少監陳力升進奉使，祕書少監元頤沖賀萬春節。十月，以大宗正丞璋爲高麗生日使。十二月，高麗遣吏部尚書李知深、中書舍人尹敦信賀尊號，衛尉少卿王輔謝賜生日。

	六年
九月，以吏部尚書高衎、移剌道爲宋生日使。十一月，以殿前右副都點檢烏古論粘没曷、尚書禮部侍郎劉仲淵爲賀宋正旦使。	正月丙午朔，宋户部尚書方滋、福州觀察使王抃賀正旦。三月甲辰朔，宋吏部尚書王曮、利州觀察使魏仲昌賀萬春節〔六〕。九月，以户部尚書魏子平、殿前左衛將軍夾谷查剌
	正月丙午朔，夏武功大夫高遵義、宣德郎安世等賀正旦。三月甲辰朔，夏武功大夫曹公達、宣德郎孟伯達、押進知中興府趙衍賀萬春節。戊申，夏御史中丞李克勤、翰林學士焦景顔奏告，
	正月丙午朔，高麗太府少卿李世儀賀正旦。三月甲辰朔，高麗國子司業趙仁貴進奉使，祕書少監李復基等賀萬春節。四月戊戌，以尚書右司郎中移剌道爲橫賜高麗使。十月己卯，以尚書兵部侍

年	宋	夏	高麗
	爲賀宋生日使。十一月，以殿前右副都點檢駙馬都尉烏古論元忠、少府監張仲愈爲賀宋正旦使。	乞免索正隆末年所虜人口，許之。四月戊戌，以宿直將軍斜卯摑剌爲橫賜使。九月辛亥，以翰林待制移剌熙載爲夏生日使。十二月戊戌，夏御史中丞賀義忠、翰林學士楊彥敬謝橫賜。	郎移剌按荅爲高麗生日使。十二月戊戌，高麗禮賓少卿崔椿謝賜生日，衛尉少卿金資用謝橫賜。
七年	正月庚子朔，宋試工部尚書薛良朋、昭慶軍承宣使張說賀正旦。三月己亥朔，宋翰林學士梁克家、安慶軍承宣使趙	正月庚子朔，夏武功大夫劉志真、宣德郎李師白等賀正旦。三月己亥朔，夏武功大夫任得仁、宣德郎李澄等賀	正月庚子朔，高麗司宰少卿潘咸有賀正旦。三月己亥朔，高麗尚書户部侍郎柳德容賀萬春節。十二月壬戌，高麗禮賓少

	應熊等賀萬春節。九月，以勸農使蒲察莎魯窩、東上閤門使梁彬爲賀宋生日使。	萬春節。九月乙亥，以宿直將軍唐括鶻魯爲夏生日使。十二月壬戌，夏遣殿前太尉芭里昌祖、樞密都承旨趙衍奏告，以其臣任得敬有疾，乞遣良醫診治。詔賜之醫。	卿崔儇謝賜生日使。
八年	正月甲子朔，宋試户部尚書唐瑑〔七〕、保寧軍承宣使宋鈞賀正旦。三月癸亥朔，試工部尚書王瀹賀萬春節。九月，以右宣徽使移剌神	正月甲子朔，夏武功大夫利守信、宣德郎李穆賀正旦。三月癸亥朔，夏武功大夫咩布師道、宣德郎嚴立本等賀萬春節。	正月甲子朔，高麗司宰少卿金起賀正旦。三月癸亥朔，高麗尚書户部侍郎金光利進奉使，朝散大夫祕書少監趙湜賀萬春節。

	獨斡、太府監高彥佐爲賀宋生日使。十一月，以同簽大宗正事宗室闢合土、尚書右司郎中李昌圖爲賀宋正旦使。	四月戊午，夏遣任德聰謝恩使，詔却其禮物。九月丁卯，以引進使高希甫爲夏生日使。	十月乙未，以翰林待制兼同修國史宗室靖爲高麗生日使。
九年	正月戊午朔，宋試工部尚書鄭聞、明州觀察使董誠等賀正旦。三月丁巳朔，宋翰林學士胡元質、保康軍承宣使宋直溫等賀萬春節。九月，以刑部尚書高德基爲賀宋生日使。十一月，以京兆尹宗室毅、	正月戊午朔，夏武功大夫莊浪義顯、宣德郎劉裕等賀正旦。三月丁巳朔，夏武功大夫渾進忠、宣德郎王德昌等賀萬春節。五月丙辰，以宿直將軍完顏賽也爲橫賜夏國使。九月，以宿直將軍僕散守	正月戊午朔，高麗司宰少卿陳玄光、禮賓少卿徐諏等賀正旦。三月丁巳朔，高麗祕書少監金利誠賀萬春節，朝散大夫衞尉少卿崔偦爲進奉使〔九一〕。五月，以符寶郎徒單懷貞爲橫賜高麗使。

		十年
宋	尚書左司郎中牛德昌爲賀宋正旦使。	正月壬子朔，宋試吏部尚書汪大猷、寧國軍承宣使曾覿賀正旦。三月壬子朔，宋試工部尚書司馬伋、泉州觀察使馬定遠等賀萬春節。閏五月丁酉，尚書省奏宋
夏	忠爲夏生日使〔八〕。	正月壬子朔，夏武功大夫劉志直、宣德郎韓德容等賀正旦。三月壬子朔，夏武功大夫張兼善、宣德郎李師白等賀萬春節。丁丑〔一一〕，詔以夏奏告使於閏五月十六
高麗	九月丙辰，以提點司天臺馬貴中爲高麗生日使。十二月戊戌，高麗邊報稱王晛誕得繼孫，欲遣使奏告。庚戌，高麗太府少卿裴衍謝賜生日，司宰少卿李世美謝橫賜。	正月壬子朔，高麗禮賓少卿陳升賀正旦。三月壬子朔，高麗衞尉少卿崔侊進奉使，尚書禮部侍郎崔光涉等賀萬春節。十月己酉，以大宗正丞宗室纮爲高麗生日使。

祈請使赴闕日期，詔以九月十一日朝見。九月，以簽書樞密院事移剌子敬、宮籍監張僅言爲賀宋生日使。丙戌，宋祈請使資政殿大學士范成大、崇信軍節度使康湑至，求免起立接受國書，詔不許。十一月，以太子詹事蒲察蒲速越〔一〇〕、同知宣徽院事韓綱爲賀宋正旦使。	就行在。閏五月乙未，夏權臣任得敬中分其國，脅其主李仁孝遣左樞密使浪訛進忠、參知政事楊彦敬、押進翰林學士焦景顔等上表爲得敬求封，詔不許，遣使詳問。七月庚子，宋人以蠟丸書遺任得敬，夏執其人并書以來。九月庚寅〔一一〕，以尚書户部郎中夾古阿里補爲夏生日使。	十一月己卯，高麗翼陽公皓廢晛自立，不肯接受賜王晛生日使，王皓稱兄晛讓國，求封册，詔遣使詳問。

	十一年
	正月丙子朔，宋試工部尚書呂正己、利州觀察使辛堅之賀正旦。三月乙亥，宋翰林學士趙雄、泉州觀察使趙伯驌等賀萬春節。八月，以尚書刑部侍郎駙馬都尉烏林荅天錫、御史中丞李文蔚爲賀宋生日使。
十一月癸巳，夏以誅任得敬，遣其殿前太尉芭里昌祖、樞密直學士高岳等上表陳謝。	正月丙子朔，夏遣武功大夫煞執直、宣德郎馬子才賀正旦。三月乙亥，夏使賀萬春節。八月丁卯〔一四〕，以近侍局使劉琉爲夏生日使。
	正月壬辰，高麗王晧報稱，前王久病，昏耗不治，以母弟晧權攝國事。四月丁卯，權軍國事王晧上表，并以兄晛表求封。五月，以尚書吏部侍郎宗室靖爲宣問高麗王晛使。靖至高麗，晧稱晛避位出居他所，病加無損，不能就位拜命，往復險遠，非使者

	十二年
十一月，以西南路招討使宗室崇寧〔一三〕、户部侍郎程輝爲賀宋正旦使。	正月庚午朔〔一七〕，宋試工部尚書莫濛、利州觀察使孫顯祖賀正旦。三月己巳朔，宋龍圖閣學士翟紱、宜州觀察使俎士粲等賀萬春節。四月，宋試吏部尚書姚憲、安德軍承宣使曾覿賀加
	正月庚午朔，夏武功大夫嵬恧執忠〔一八〕、宣德郎劉昭等賀正旦。三月己巳朔，夏武功大夫党得敬、宣德郎田公懿賀萬春節。殿前馬步軍太尉訛羅紹甫、樞密直學士呂子温、押進匭匣使芭里直
所宜往，乃以王晛表附奏。其表大槩與前表同。十二月丁卯〔一五〕，權高麗國事王晧告奏使、尚書禮部侍郎張翼明以王晧表求封〔一六〕。	正月庚午朔，高麗使賀正旦。三月己巳朔，權高麗國王晧遣尚書户部侍郎金黄裕等賀萬春節。衛尉少卿蔡祥正賀加上尊號〔二〇〕。丁丑，宿直將軍烏古論思列、尚書右司員外郎張亨

	十三年
上尊號。九月，以殿前右副都點檢夾谷清臣、尚書左司郎中張汝弼爲賀宋生日使。十一月，以户部尚書曹望之、尚書右司郎中紇石烈哲爲賀宋正旦使。	正月乙丑朔，宋試吏部尚書馮樽、泉州觀察使龍雲等賀正旦。三月癸巳朔，宋試禮部尚書韓元吉、利州觀察使鄭
信等賀加上尊號。四月癸亥，以宿直將軍唐括阿忽里爲橫賜夏國使。九月辛巳，以殿前右衛將軍粘割斡特剌爲夏生日使。十二月癸亥，夏殿前太尉罔榮忠〔一九〕、樞密直學士嚴立本等謝橫賜。	正月乙丑朔，夏武功大夫臥落紹昌、宣德郎張希道等賀正旦。三月癸巳朔，夏武功大夫芭里安仁、宣德郎焦蹈等
爲封册王晧使。四月丁卯，高麗户部尚書李著〔二二〕、國子祭酒崔誧賀尊號。十月，高麗檢校太尉金于蕃、太府少卿金瑄謝封册〔二三〕。	正月乙丑朔，高麗國王王晧遣司宰少卿史正儒賀正旦。三月癸巳朔，高麗太府少卿李應求賀萬春節〔二六〕。

	興裔等賀萬春節。八月，以殿前左副都點檢兼侍衛將軍副都指揮使宗室襄〔三三〕、國子司業兼尚書户部郎中張汝霖爲賀宋生日使。十一月，以大興尹璋、客省使兼東上閤門使高翊爲賀宋正旦使。	賀萬春節〔三四〕。九月辛卯朔，以宿直將軍胡什賚爲夏生日使〔三五〕。	十一月甲午，以引進使大洞爲高麗生日使。
十四年	正月己丑朔，宋翰林學士留正、利州觀察使張蕆等賀正旦。癸巳，宋使朝辭，尚書省奏宋來書語涉平易，遣人就館諭宋使。大興尹	正月己丑朔，夏武功大夫煞進德〔三七〕、宣德郎李師旦賀正旦。三月戊子朔，夏武功大夫芭里安仁、宣德郎焦蹈等	正月己丑朔，高麗遣尚書吏部侍郎崔均等賀正旦。二月丙戌〔三九〕，高麗遣尚書刑部侍郎車仁揆進奉。三月戊子朔，高麗尚書户

	璋至宋，宋人就館奪其國書，璋乃赴其宴受其私物，璋坐除名。 二月，以刑部尚書梁肅、趙王府長史蒲察訛里剌爲詳問宋國使。 三月戊子朔，宋遣户部尚書韓彦直、保信軍承宣使劉炎等賀萬春節。梁肅等至宋，宋主接書如舊儀。 五月，梁肅等還，宋主以謝書附奏。 九月，以兵部尚書完顏讓、祕書少監賈少沖爲賀宋	賀萬春節。 九月乙未，以宿直將軍宗室崇肅爲夏生日使〔二八〕。	部侍郎金鍊光等賀萬春節。 四月乙亥〔三〇〕，以勸農副使完顏蒲涅爲橫賜高麗使。 十一月戊申，以儀鸞局使曹士元爲高麗生日使。

		十五年
宋	生日使。己酉，宋試工部尚書張子顏、明州觀察使劉崈爲報聘使，仍求免起立接書，詔不許。十一月，以御史中丞劉仲誨、殿前左衛將軍兼修起居注紇石烈奥也等爲賀宋正旦使。	正月，宋試户部尚書蔡洸、江州觀察使趙益等賀正旦。閏九月〔三一〕，以歸德尹完顏王祥、客省使兼東上閤門使盧璣爲賀宋生日使。
夏		正月，夏武功大夫李嗣卿、宣德郎白慶嗣等賀正旦。閏九月己未，以符寶郎斜卯和尚爲夏生日使〔三二〕。十二月丙午，夏遣中興尹訛羅紹甫、翰林學士王師
高麗		七月丙申，曷懶路奏，得高麗邊報，以其西京留守趙位寵作亂，欲遣告奏而義州路梗不通，欲由定州入曷懶路，詔許之。九月，高麗西京留守趙位

	十六年
十一月，以右宣徽使宗室靖、拱衛直都指揮使高運國爲賀宋正旦使。	正月戊申朔，宋試户部尚
信等謝横賜。	正月戊申朔，夏武功大夫
寵遣徐彦等進表，欲以慈悲嶺以西鴨淥江以東内附，詔不許。閏九月辛酉〔三三〕，高麗國王王晧以平趙位寵之亂，遣祕書少監朴紹奉表告奏。十一月戊辰，以宿直將軍阿典蒲魯虎爲高麗生日使。十二月丙午，高麗遣朝散大夫禮賓少卿趙永仁謝賜生日。	正月戊申朔，高麗尚書吏

書謝廓然、泉州觀察使黃夷行等賀正旦。 三月丙午朔〔三四〕，宋試工部尚書張宗元、利州觀察使謝純孝等賀萬春節。壬子，宋翰林學士知制誥朝散大夫湯邦彥、昭信軍承宣使陳雷等奉書申請。丙辰，宋申請使朝辭，上以書答之。 九月，以殿前都點檢蒲察通、尚書左司郎中張亨爲賀宋生日使。 十一月，以同知宣徽院事	嵬宰師憲、宣德郎宋弘等賀正旦。 三月丙午朔，夏武功大夫骨勒文昌、宣德郎王禹珪賀萬春節。 九月癸丑〔三五〕，以宿直將軍完顏覿古速爲夏生日使。	部侍郎李章賀正旦。 三月丙午朔，高麗遣尚書户部侍郎蔡順禧賀萬春節。 十一月，以尚書兵部郎中移剌子元爲高麗生日使。 十二月庚子，高麗遣禮賓少卿王珪謝賜生日。户部尚書吳光陟、尚書工部侍郎尹崇誨等以不許趙位寵內附陳謝〔三六〕。

年	宋	夏	高麗
	劉珫、近侍局使烏林荅愿爲賀宋正旦使。		
十七年	正月壬寅朔，宋遣試吏部尚書閻蒼舒、江州觀察使李可久等來賀正旦。三月辛丑朔，宋遣試户部尚書張子正、明州觀察使趙士葆等賀萬春節。九月，以殿前右副都點檢完顔習尼烈、提點太醫院兼儀鸞使曹士元爲賀宋生日使。十一月，以延安尹完顔蒲剌覩、左諫議大夫兼翰林	正月壬寅朔，夏武功大夫訛啰德昌、宣德郎楊彦和等賀正旦。三月辛丑朔，夏武功大夫芭里慶祖、宣德郎梁宇等賀萬春節。九月丁酉朔〔三七〕，以尚書兵部郎中石抹忽土爲夏生日使。十月，夏國獻百頭帳，詔不受。十一月，仁孝再以表上，曰：	正月壬寅朔，高麗尚書户部侍郎吴淑夫賀正旦。二月己亥，高麗遣朝散大夫尚書户部侍郎丁守弼進奉。三月辛丑朔，高麗遣尚書工部侍郎崔光遠賀萬春節。四月戊子，以滕王府長史徒單烏者爲横賜高麗使。十二月戊辰，以宿直將軍僕散懷忠爲高麗生日使。

	直學士鄭子聃爲賀宋正旦使。	「若不包納，則下國深誠無所展效。」詔許與正旦使同來。十二月甲午，夏遣東經略使蘇執禮橫進。	甲午，遣禮賓少卿崔美謝橫賜。
十八年	正月丙申朔，宋翰林學士錢良臣、嚴州觀察使延璽等賀正旦。三月乙未朔，宋遣試禮部尚書趙思、宜州觀察使鄭槐等賀萬春節。九月，以大理卿張九思、殿前左衛將軍宗室崇肅爲賀宋生日使。	正月丙申朔，夏武功大夫恧恧存忠、宣德郎武用和等賀正旦。三月乙未朔，夏武功大夫嵬宕仁顯、宣德郎趙崇道等賀萬春節。四月己丑，以太子左贊善兼翰林修撰阿不罕德甫爲橫賜夏國使。	正月丙申朔，高麗尚書户部侍郎孫應時賀正旦。二月癸巳，高麗遣吏部侍郎崔孝求進奉〔三八〕。三月乙未朔，高麗尚書刑部侍郎李仁成等賀萬春節〔三九〕。十一月丙戌，以東上閤門使左光慶爲賜高麗生日

	十一月，以靜難軍節度使烏延查剌、太府監王汝楫爲賀宋正旦使。	九月辛未，以侍御史完顏蒲魯虎爲夏生日使。十二月戊午，夏遣殿前太尉浪訛元智、翰林學士劉昭謝橫賜。	使。十二月戊午，高麗禮賓少卿奇世謝賜生日〔四〇〕。
十九年	正月庚申朔，宋遣户部侍郎宇文价、江州觀察使趙鼐等賀正旦。三月己未朔，宋龍圖閣學士錢沖之、潭州觀察使劉溶等賀萬春節。九月，以左宣徽使蒲察鼎壽、尚書刑部郎中高德裕爲賀宋生日使。	正月庚申朔，夏武功大夫張兼善、宣德郎張希聖等賀正旦。三月己未朔，夏遣武功大夫來子敬、宣德郎梁介等賀萬春節。九月戊午，以太子左衛率府率裴滿胡剌爲夏生日使〔四一〕。	正月庚申朔，高麗刑部侍郎金節賀正旦。二月丁巳，高麗尚書吏部侍郎柳得仁進奉〔四二〕。三月己未朔，高麗尚書户部侍郎盧卓儒賀萬春節〔四三〕。十一月戊辰，以西上閤門使盧拱爲賜高麗生日使

	宋	夏	高麗
	十一月，以御史中丞移剌慥、東上閤門使左光慶爲賀宋正旦使。		〔四四〕。十二月壬子，高麗遣朝散大夫、禮賓少卿柳得義謝賜生日。
二十年	正月甲寅朔〔四五〕，宋試禮部尚書陳峴、宜州觀察使孔異賀正旦。三月癸丑朔，宋試工部尚書傅淇、婺州觀察使王公弼等賀萬春節。九月，以太府監李佾、尚書左司郎中完顏烏里也爲賀宋生日使。十一月，以真定尹駙馬都	正月甲寅朔，夏武功大夫安德信、宣德郎吳日休賀正旦。三月癸丑朔，夏武功大夫罔進忠、宣德郎王禹玉賀萬春節。九月壬戌，以少府監宗室賽補爲夏生日使〔四七〕。十二月癸卯，詔有司，夏使入界，如遇當月小盡，限二	正月甲寅朔，高麗尚書戶部侍郎尹東輔賀正旦。二月辛亥，高麗尚書吏部侍郎金鉉公進奉。三月癸丑朔，高麗尚書戶部侍郎孫碩賀萬春節。四月己亥，以西上閤門使郭喜國爲橫賜高麗使。十一月乙亥，以太常卿任倜爲高麗生日使〔四八〕。

	尉徒單守素、左諫議大夫楊伯仁爲賀宋正旦使〔四六〕。	十五日至都，二十七朝見。丙午，夏遣奏告使御史中丞罔永德、樞密直學士劉昭等入見。	十二月丙午，高麗禮賓少卿沈晉升謝生日〔四九〕，禮賓少卿王度等謝橫賜。
二十一年	正月戊申朔，宋龍圖閣學士葉宏、福州觀察使張詔賀正旦。三月丁未朔，宋試户部尚書蓋經、閬州觀察使裴良能等賀萬春節。八月，以殿前右副點檢宗室胡什賚、尚書左司郎中鄧儼爲賀宋生日使。	正月戊申朔，夏遣武功大夫謀寧好德、宣德郎郝處俊賀正旦。三月丁未朔，夏武功大夫蘇志純、宣德郎康忠義等賀萬春節。四月戊辰，以滕王府長史把德固爲橫賜夏使。八月乙丑，以尚書吏部郎中奚胡失海爲夏生日使。	正月戊申朔，高麗尚書禮部侍郎賀正旦〔五〇〕。二月甲辰，高麗尚書吏部侍郎李德基進奉〔五一〕。三月丁未朔，高麗尚書户部侍郎申寶至賀萬春節。

二十二年	三月辛未朔，宋使賀萬春節。九月，以殿前左衛將軍宗室禪赤、翰林直學士呂忠翰爲賀宋生日使。十一月，以昭毅大將軍吏部尚書孛朮魯阿魯罕、〔五二〕中大夫都水監宋中爲賀宋正旦使。	三月辛未朔，夏使賀萬春節。九月乙酉〔五三〕，以尚輦局使僕散曷速罕爲夏生日使。	三月辛未朔，高麗使賀萬春節。十一月甲申，以宿直將軍僕散忠佐爲高麗生日使。
二十三年	正月丁卯朔，宋試吏部尚書王藺、明州觀察使劉弢賀正旦。三月丙寅朔，宋試工部尚書賈選、武奉軍承宣使鄭	正月丁卯朔，夏武功大夫劉進忠、宣德郎李國安等賀正旦。三月丙寅朔，夏武功大夫吳德昌、宣德郎劉思忠等	正月丁卯朔，高麗尚書禮部侍郎崔永濡賀正旦。二月甲子，高麗户部侍郎文章煒進奉。三月丙寅朔，高麗户部侍

年	宋	夏	高麗
	興裔等賀萬春節。九月，以同簽大宗正事宗室方、同知宣徽院事劉瑋爲賀宋生日使。閏十一月〔五四〕，以西京留守宗室婆盧火、尚食局使李潓爲賀宋正旦使。	賀萬春節。九月己巳，以宿直將軍完顏斜里虎爲夏生日使。	郎盧孝敦賀萬春節。四月癸丑，以大理正紇石烈述列速爲橫賜高麗使。十二月丁亥，高麗使崔孝著朝辭，以詔答王晧。是歲，晧母任氏薨。
二十四年	正月辛卯朔，宋顯謨閣學士余端禮、宜州觀察使王德顯等賀正旦。三月庚寅朔，宋試吏部尚書陳居仁、隨州觀察使賀錫來賀萬春節。八月，以太府監張大節、尚	正月辛卯朔，夏武功大夫劉執中、宣德郎李昌輔賀正旦。二月丙戌〔五五〕，以器物局使宗室咼爲橫賜夏國使。三月庚寅朔，夏武功大夫晁直信、宣德郎王庭彥等	二月甲戌，高麗王王晧以母憂未卒哭，請免今年萬春節及進貢。詔以王晧未經起復，不當陳賀，其進貢方物宜令隨明年賀正旦使同來。丙戌，以高麗王晧母喪，遣東上閤門使完顏

	二十五年
書左司郎中完顏婆盧火爲賀宋生日使。十一月甲午，詔上京地遠天寒，行人跋涉艱苦，來歲宋國正旦、生日並不須遣使。	十一月，以臨潢尹僕散守中、御史中丞馬惠迪爲賀
賀萬春節。五月丙申，尚書省奏，夏國王以車駕幸上京，願遣使入賀。上曰：「往復萬里，暑雨泥濘，不須遣使。」令諭止之。八月癸亥，以侍御史遥里特末哥爲夏生日使。十月丙辰朔〔五六〕，詔上京地遠天寒，行人跋涉艱苦，來歲賀正旦、生日、謝横賜使，權止一年。	十一月丙申，夏國以車駕還京，賀尊安使御史大夫
進兒、翰林修撰郝俣爲勑祭使，西上閤門使大仲尹爲慰問使〔五七〕，虞王府長史永明爲起復使。十月丙辰朔，詔上京地遠天寒，行人跋涉艱苦，來歲高麗賀正旦、生辰、進奉使，權止一年。其謝勑祭、慰問、起復三番人使，令以後隨朝賀人使同來。	十一月壬寅，以尚書禮部員外郎移剌履爲高麗生

年	宋	夏	高麗
	宋正旦使。十二月，宋遣試禮部尚書王信、明州觀察使吳瓌賀正旦〔五八〕。	李崇懿、中興尹米崇吉、押進匭匣使李嗣卿等朝見。	日使。十二月戊寅，高麗户部尚書梁翼京、府少監卿崔素謝勑祭，司宰少卿康勇儒謝慰問，禮賓少卿崔仁謝起復。
二十六年	正月庚辰朔，宋使賀正旦。三月己卯朔，宋試户部尚書章森、容州觀察使吳曦等賀萬春節。八月，以益都尹崇浩〔五九〕、左諫議大夫黃久約爲賀宋生日使。十一月，以刑部尚書移剌	正月庚辰朔，夏武功大夫麻骨進德、宣德郎劉光國等賀正旦。三月己卯朔，夏武功大夫麻骨德懋、宣德郎王慶崇等賀萬春節。八月己丑，以宿直將軍李達可爲夏生日使。	正月庚辰朔，尚書工部侍郎崔仁請賀正旦〔六〇〕，以宣孝太子未大燒飯，詔權停三日曲宴禮，三國人使各賜在館宴。二月丁丑，高麗户部侍郎門義赫進奉〔六一〕。三月己卯朔，高麗禮部侍

	二十七年
子元、尚書左司郎中馬琪爲賀宋正旦使。	正月癸卯朔，宋遣試刑部尚書李巘、漳州觀察使趙多才賀正旦。三月癸卯朔，宋遣試兵部尚書張淑春〔六三〕、鄂州觀察使謝卓然等賀萬春節。九月，以河中尹田彦皋、近侍局使宗室鶻殺虎爲賀
	正月癸卯朔，夏武功大夫嵬德昭、宣德郎索遵德賀正旦。三月癸卯朔，夏武功大夫遇忠輔〔六五〕、宣德郎吕昌齡等賀萬春節。九月己酉，以武器署令斜卯阿土爲夏生日使。
郎柳公權賀萬春節。四月壬戌，以客省使李磐爲横賜高麗使。十二月庚子，高麗禮部侍郎任濡謝横賜，禮賓少卿盧元謝生日〔六二〕。	正月癸卯朔，高麗司宰少卿崔匡輔賀正旦〔六六〕。二月辛丑，高麗禮賓少卿車若松進奉。三月癸卯朔，高麗户部侍郎李公鈞賀萬春節〔六七〕。十二月庚午，以翰林待制趙可爲高麗生日使。甲午，

	宋生日使。十月乙亥，宋前主殂。十一月，以殿前左副都點檢崇安、翰林侍講學士兼御史中丞李晏爲賀宋正旦使。十二月壬午，宋敷文閣學士韋璞、鄂州觀察使姜特立來告哀〔六四〕。	十二月，夏殿前太尉訛羅紹先、樞密直學士嚴立本謝橫賜。	高麗禮賓少卿崔存謝賜生日。
二十八年	正月丁酉朔，宋試工部尚書萬鍾、宣州觀察使趙不違賀正旦。是月，以左宣徽使駙馬都尉蒲察克忠、户部尚書劉瑋爲宋弔祭使。	正月丁酉朔，夏武功大夫麻奴紹文、宣德郎安惟敬賀正旦。三月丁酉朔，夏武功大夫渾進忠、宣德郎鄧昌祖等	正月丁酉朔，高麗司宰少卿崔迪元賀正旦。二月乙未，高麗禮賓少卿吉仁進奉。三月丁酉朔，高麗户部侍

二月，宋試户部尚書顏師魯、福州觀察使高震來進其前主遺留禮物。三月丁酉朔，宋試户部尚書胡晉臣、鄂州觀察使鄭康孫賀萬春節。五月甲辰，宋試禮部尚書京鏜、容州觀察使劉端仁來報謝。九月丙申，以安武軍節度使王克温〔六八〕、近侍局使鶻殺虎爲賀宋生日使。十一月，以河中尹田彦皋、吏部侍郎移剌仲方爲賀
來賀萬春節。九月甲午朔，以鷹坊使崇夔爲夏國生日使。
郎李禧賀萬春節。十二月丙寅，以大理正移剌彦拱爲高麗生日使。庚寅，高麗户部侍郎周匡美謝賜生日。

年		二十九年
宋	宋正旦使。	正月壬辰朔，宋顯謨閣學士鄭僑、廣州觀察使張時修等賀正旦。上大漸，宋正旦使遣還。甲辰，遣大理卿王元德等報哀于宋。二月，宋主內禪，子惇嗣立。四月辛未，宋葛廷瑞〔六九〕、趙不慢來弔祭。五月壬寅，宋遣羅點、譙熙載來報嗣位。戊午，遣東北路招討使溫迪罕速可等使宋賀即位。閏月庚辰，宋遣沈揆、韓侂
夏		正月壬辰朔，夏武功大夫紐尚德昌、宣德郎字得賢賀正旦。上大漸，夏使遣還。三月，夏殿前太尉李元貞、翰林學士餘良來陳慰。四月，進奉使御史中丞鄒顯忠、樞密直學士李國安入奠。五月，夏知興中府事廼令思敬〔七〇〕、祕書少監梁介賀登位，知中興府事田周臣押進使。八月丙辰，夏嵬茗彥、劉文
高麗		正月壬辰朔，高麗禮賓少卿李尚儒賀正旦。上大漸，高麗使遣還。六月乙卯，高麗檢校尚書右僕射户部尚書李英搢、檢校工部尚書户部侍郎黃清來奏會葬并祭奠。七月辛未，高麗檢校太尉鄭存實、殿中監任沖來賀登位。八月，高麗遣户部尚書崔膺庸賀天壽節。十二月，高麗禮部侍郎閔

	胄來賀登位。六月乙卯，勅有司移報宋天壽節。七月辛巳，遣刑部尚書完顏守貞等爲賀宋生辰使。八月丙辰，宋遣禮部尚書謝深甫、觀察使趙昂賀天壽節。十一月辛酉，遣右宣徽使裴滿餘慶等爲賀宋正旦使。	慶賀天壽節。	湜謝生日，户部侍郎孫衍謝橫賜。

校勘記

〔二〕三月壬辰朔夏武功大夫訛留元智宣德郎程公濟賀萬春節　本書卷六世宗紀上繫高麗、夏遣使來賀萬春節事於二月庚寅。下高麗欄同。

〔二〕五月以宿直將軍阿勒根和衍爲横賜夏國使　本書卷六世宗紀上繫此事於六月。

〔三〕以宿直將軍僕散習尼列爲夏生日使　「僕散習尼列」，原作「僕散習尼」。按，本書卷六世宗紀上，大定三年「九月癸巳，以宿直將軍僕散習尼列爲夏國生日使」。今據改。

〔四〕以太子少詹事烏古論三合爲高麗生日使　「少」字原脱。按，本書卷六世宗紀上，大定四年九月「辛亥，以太子少詹事烏古論三合爲高麗生日使」，卷八二烏古論三合傳亦作「太子少詹事」。今據補。

〔五〕三月庚戌宋禮部尚書洪适崇信軍承宣使龍大淵賀萬春節　本書卷六世宗紀上繫宋、高麗、夏遣使來賀萬春節事於二月戊申。下夏、高麗欄同。

〔六〕三月甲辰朔宋吏部尚書王曮利州觀察使魏仲昌賀萬春節　本書卷六世宗紀上繫宋、高麗、夏遣使來賀萬春節事於二月壬寅。下夏、高麗欄同。又，「宋」字原脱，據局本及本表文例補。

〔七〕宋試户部尚書唐瑑　「唐瑑」，局本作「唐琢」。按，宋史卷三四孝宗紀二，乾道三年十月「丁酉，遣唐瑑等使金賀正旦」。

〔八〕以宿直將軍僕散守忠爲夏生日使　「僕散守忠」，原作「僕散忠」。按，本書卷六世宗紀上，大定九年九月甲寅朔，以「宿直將軍僕散守中爲夏國生日使」，「僕散守中」即「僕散守忠」。今據改。

〔九〕崔倩　高麗史卷一八毅宗世家，毅宗二十二年十二月作「崔允倩」。此或爲避顯宗允恭諱而改。

〔一〇〕以太子詹事蒲察蒲速越　「蒲察蒲速越」，原作「蒲察速越」。按，本書卷六世宗紀上，大定十年十一月「丁亥，以太子詹事蒲察蒲速越等爲賀宋正旦使」。此人又見於卷七八劉仲誨傳。今據改。

〔一一〕丁丑　金史詳校卷六：「此上當加『五月』。案：閏五月十六即下文乙未日，在丁丑後十九日。」

〔一二〕九月庚寅　「九月」二字原脱。按，本書卷六世宗紀上，大定十年九月「庚寅，以户部郎中夾谷阿里補爲夏國生日使」。今據補。

〔一三〕以西南路招討使宗室崇寧　「崇寧」，即「宗寧」，避金睿宗諱所改。

〔一四〕八月丁卯　「八月」二字原脱。按，本書卷六世宗紀上，大定十一年八月己巳，以「近侍局使劉玠爲夏國生日使」。今據補。

〔一五〕十二月丁卯　「十二月」三字原脱。按，本書卷一三五外國傳下高麗傳，大定十一年「十二月，晧遣其禮部侍郎張翼明等請封」。今據補。

〔一六〕張翼明　原作「張明翼」。按，本書卷一三五外國傳下高麗傳作「張翼明」。又高麗史卷一九明宗世家，元年之末，「是歲，遣告奏使禮部侍郎張翼明、都部署黄公遇如金」。二年「二月己酉，張翼明、黄公遇還自金」。今據乙正。

〔一七〕正月庚午朔　「庚午」，原作「庚子」，據局本、本書卷七世宗紀中及下夏、高麗二欄改。

〔一八〕夏武功大夫嵬恧執忠　「夏」字原脱，據文例補。

〔一九〕罔榮忠　南監本、北監本、殿本、局本、西夏書事卷三八並作「周榮忠」。

〔二〇〕衛尉少卿蔡祥正賀加上尊號　按，高麗史卷一九明宗世家，二年三月「辛巳，遣尚書右丞李文著、侍郎崔誧如金賀上尊號」。十二月乙巳，「遣衛尉卿蔡祥正如金進方物」。則蔡祥正是進奉使，且在年末，至金或在次年年初。

〔二一〕李著　高麗史卷一九明宗世家作「李文著」。

〔二二〕金瑄　高麗史卷一九明宗世家作「金暄」。

〔二三〕以殿前左副都點檢兼侍衛將軍副都指揮使宗室襄　按，本書卷四四兵志禁軍之制，「貞元遷都，更以太祖、遼王宗幹、秦王宗翰之軍爲合扎猛安，謂之侍衛親軍，故立侍衛親軍司以統之」。本書紀、志、表、傳屢見「侍衛親軍」都指揮使、副都指揮使之稱，疑「侍衛將軍」當作「侍衛親軍」。

〔二四〕夏武功大夫芭里安仁宣德郎焦蹈等賀萬春節　此處十九字與下文十四年記事同，兩處或有一誤，今無可考。

〔二五〕九月辛卯朔以宿直將軍胡什賚爲夏生日使　「辛卯朔」，原作「乙未」；「胡什賚」，原作「宗室崇肅」，與下年同。按，本書卷七世宗紀中，大定十三年「九月辛卯朔，以宿直將軍胡什賚爲夏國生日使」。今據改。

〔二六〕李應求　高麗史卷一九明宗世家作「李應球」。

〔二七〕煞進德　西夏書事卷三八作「煞德進」。

〔二八〕九月乙未以宿直將軍宗室崇肅爲夏生日使　「以」字原脫。按，本書卷七世宗紀中，大定十四年九月「乙未，以（中略）宿直將軍崇肅爲夏國生日使」，且本表文例亦有「以」字。今據補。

〔二九〕二月丙戌　「二月」二字原脫。按，正月己丑朔，三月戊子朔，則丙戌當在二月。今據補。

〔三〇〕四月乙亥　「四月」二字原脫。按，三月戊子朔，無乙亥。本書卷七世宗紀中，大定十四年四月「乙亥，以勸農副使完顏蒲涅爲橫賜高麗使」。今據補。

〔三一〕閏九月　「閏」字原脫。按，本書卷七世宗紀中，大定十五年閏月「己未，以歸德尹完顏王祥等爲賀宋生日使，符寶郎斜卯和尚爲夏國生日使」。今據補。下夏欄同。

〔三二〕斜卯和尚　原作「斜也和尚」，據本書卷七世宗紀中「大定十五年閏月己未」條改。參見前條校勘記。

〔三三〕閏九月辛酉　「閏九月」三字原脫。按，本書卷七世宗紀中，大定十五年閏月「辛酉，高麗國王奏告趙位寵伏誅」。今據補。

〔三四〕三月丙午朔　此處繫日有誤。按，本書卷七世宗紀中，大定十六年「三月丙午朔，日有食之。

是日，萬春節，改用明日，宋、高麗、夏遣使來賀」。西夏書事卷三八：「金主以月朔日食，命賀節使次日朝見。使人武功大夫骨勒文昌、宣德郎王禹珪同高麗使入賀。」下夏、高麗欄同誤。

〔三五〕九月癸丑　「癸丑」，原作「癸酉」。按，是月癸卯朔，無癸酉。本書卷七世宗紀中，大定十六年九月癸丑，以「宿直將軍完顏覿古速爲夏國生日使」。今據改。

〔三六〕户部尚書吴光陟尚書工部侍郎尹崇誨等以不許趙位寵内附陳謝　按，本書卷七世宗紀中，大定「十七年正月壬寅朔，宋、高麗、夏遣使來賀。高麗并表謝不納趙位寵」。金史詳校卷六：「『户部尚書』至『陳謝』二十七字，當改入十七年格内賀正旦文下。」又，高麗史卷一九明宗世家，高麗明宗六年十二月「壬子，遣將軍吴淑夫如金賀正，將軍吴光陟、郎中尹宗誨，謝執送徐彦，仍進玉帶二腰」。則「尹崇誨」應爲「尹宗誨」，爲避金睿宗諱而改。

〔三七〕九月丁酉朔　本書卷七世宗紀中繫此事於九月癸卯。

〔三八〕崔孝求　高麗史卷一九明宗世家作「崔孝球」。

〔三九〕高麗尚書刑部侍郎李仁成等賀萬春節　按，高麗史卷一九明宗世家，高麗明宗「八年春正月甲辰，遣將軍盧卓儒如金賀萬春節」。高麗明宗八年即金大定十八年。則當删此條，將大定十九年欄「三月己未朔，高麗尚書户部侍郎盧卓儒賀萬春節」移至此處。

〔四〇〕奇世　高麗史卷二〇明宗世家作「奇世俊」。

〔四一〕左衛率府率裴滿胡剌　下一「率」字原脱。按，本書卷七世宗紀中，大定十九年「九月戊午，以（中略）太子左衞率府率裴滿胡剌爲夏國生日使」。又卷五七百官志三東宮官有「左右衞率府率」。今據補。參見本書卷五七校勘記〔六〕。

〔四二〕高麗尚書吏部侍郎柳得仁進奉　按，高麗史卷二〇明宗世家，高麗明宗九年正月「甲子，遣郎中李俊材如金進方物」，未載遣柳得仁之事。

〔四三〕高麗尚書户部侍郎盧卓儒賀萬春節　高麗史卷一九明宗世家繫此事於明宗八年，此條當移入大定十八年欄。參見本卷校勘記〔三九〕。又按，高麗史卷二〇明宗世家，高麗明宗九年正月甲子遣「將軍孫碩賀萬春節」，則大定二十年欄「三月癸丑朔，高麗尚書户部侍郎孫碩賀萬春節」，當移至此處。

〔四四〕以西上閤門使盧拱爲賜高麗生日使　「盧拱」，本書卷七世宗紀中大定十九年十一月戊辰所記同。按，高麗史卷二〇明宗世家作「盧珙」，會編卷二四五引范成大攬轡録載金大定十年廷臣亦有「閤門使盧珙」。

〔四五〕正月甲寅朔　「甲寅」，原作「庚申」。按，本書卷七世宗紀中，人定「二十年正月甲寅朔，宋、高麗、夏遣使來賀」。今據改。下夏、高麗欄同改。

〔四六〕楊伯仁　原作「楊仁」，據本書卷一二五文藝傳上楊伯仁傳改。

〔四七〕以少府監宗室賽補爲夏生日使　「以」字原脱。按，本書卷七世宗紀中，大定二十年九月壬戌，「以（中略）少府少監賽補爲夏國生日使」。本表文例亦有「以」字，今據補。「少府監」，世宗紀中作「少府少監」。

〔四八〕以太常卿任倜爲高麗生日使　「太常卿」，本書卷七世宗紀中大定二十年十一月乙亥作「太常少卿」。

〔四九〕沈晉升　高麗史卷二〇明宗世家作「沈進升」。

〔五〇〕高麗尚書禮部侍郎賀正旦　此處官名下脱人名。按，高麗史卷二〇明宗世家，高麗明宗十年十一月「癸亥，遣兵部郎中陳士龍如金賀正」。

〔五一〕高麗尚書吏部侍郎李德基進奉　按，高麗史卷二〇明宗世家，高麗明宗十一年正月「戊午，遣衞尉少卿李輔德如金獻方物」。所記使者官職、名均與此異。

〔五二〕昭毅大將軍吏部尚書孛术魯阿魯罕　「孛术魯阿魯罕」，原作「孛术魯罕」。按，本書卷八世宗紀下，大定二十二年「十一月丙子，以吏部尚書孛术魯阿魯罕等爲賀宋正旦使」，卷九一孛术魯阿魯罕傳同。今據改。

〔五三〕九月乙酉　本書卷八世宗紀下大定二十二年九月繫此事於戊寅。

〔五四〕閏十一月　「閏」字原脱。按，本書卷八世宗紀下，大定二十三年閏月，「以西京留守婆盧火等爲賀宋正旦使」。今據補。

〔五五〕二月丙戌　「丙戌」，原作「甲戌」。按，本書卷八世宗紀下，大定二十四年二月丙戌，「以器物局使高爲橫賜夏國使」。今據改。

〔五六〕十月丙辰朔　按，本書卷八世宗紀下，大定二十四年十一月「甲午，詔以上京天寒地遠，宋正旦、生日，高麗、夏國生日，並不須遣使，令有司報諭」，上宋欄亦作「十一月甲午」。下高麗欄同。

〔五七〕大仲尹　高麗史卷二〇明宗世家作「大仲允」。

〔五八〕宋遣試禮部尚書王信明州觀察使吴瓌賀正旦　「正旦」，原作「萬春節」。按，宋史卷三五孝宗紀三，淳熙十二年九月「庚寅，遣王信等使金賀正旦」。今據改。

〔五九〕崇浩　即「宗浩」，避金睿宗諱所改。

〔六〇〕崔仁請　高麗史卷二〇明宗世家作「崔文清」。

〔六一〕門義赫　高麗史卷二〇明宗世家作「文義赫」。

〔六二〕盧元　高麗史卷二〇明宗世家作「盧孝敦」。

〔六三〕張淑春　宋史卷三五孝宗紀三淳熙十三年十一月作「張淑椿」。

〔六四〕鄂州觀察使姜特立來告哀　「姜特立」，原作「特立」，據局本改。按，周必大思陵録卷上，淳熙十四年宋高宗死後，赴金告哀，十月乙未「告哀使韋璞、姜特立朝辭」。

〔六五〕遇忠輔　西夏書事卷三八作「野遇忠輔」。本書卷六二交聘表下，西夏使臣尚見野遇克忠、野遇思文。疑此處脱「野」字。

〔六六〕崔匡輔　高麗史卷二〇明宗世家作「崔光甫」。

〔六七〕李公鈞　高麗史卷二〇明宗世家作「李文中」。

〔六八〕安武軍節度使　「安武軍」，原作「武安軍」。按，金無「武安軍」。本書卷八世宗紀下，大定二十八年九月「丙申，以安武軍節度使王克温等爲賀宋生日使」。今據乙正。

〔六九〕宋葛廷瑞　「葛廷瑞」，疑當作「諸葛廷瑞」。按，宋史卷三六光宗紀，淳熙十六年二月乙亥，「遣諸葛廷瑞等使金弔祭」。

〔七〇〕夏知興中府事迺令思敬　「知興中府事」，西夏書事卷三八作「知興慶府事」。按，西夏無「興中府」而有中興府（即興慶府）。又，本條下文有「知中興府事田周臣押進使」，疑此處「興中府」爲「中興府」之誤。

金史卷六十二

表第四

交聘表下

	宋	夏	高麗
章宗明昌元年	正月丙辰朔，宋試户部尚書郭德麟、宜州觀察使蔡錫賀正旦。七月己巳，遣禮部尚書王脩等爲賀宋生辰使。八月己酉，宋顯謨閣學士	正月丙辰朔，夏武節大夫唐彦超、宣德郎揚彦直賀正旦。八月己酉，夏武節大夫拽税守節、宣德郎張仲文賀天壽節，知中興府罔進忠	八月己酉，高麗户部侍郎陳克修及進奉使户部鄭世鬠賀天壽節〔一〕。十二月丁未，高麗户部侍郎盧湜謝生日。

	丘崈、福州觀察使蔡必勝賀天壽節。 十一月乙卯，遣簽書樞密院事把德固等爲賀宋正旦使。	謝横賜。	
二年	正月庚戌朔，宋試吏部尚書蘇山、潭州觀察使劉詢賀正旦。丙寅，遣左副都點檢完顏甸等使宋告哀。 三月丁丑，宋遣試禮部尚書宋之端〔二〕、嚴州觀察使宋嗣祖爲皇太后弔祭使，太常少卿王叔簡讀祭文。	正月庚戌朔，夏武節大夫王全忠、宣德郎張思義賀正旦〔三〕。許使貿易三日。 三月丁巳，夏左金吾衞正將軍李元膺、御史中丞高俊英爲陳慰使。丁卯，夏進奉使知中興府李嗣卿、樞密直學士永昌奉奠皇太后。	正月庚戌朔，高麗禮賓少卿鄭克温賀正旦。 三月乙亥，高麗檢校尚書右僕射工部尚書韓正修〔五〕、吏部侍郎崔敦禮奉慰，檢校尚書文得品〔六〕、禮部侍郎李世長祭奠。 八月乙巳，高麗户部侍郎柳光壽來賀天壽節，户部

	七月己巳，遣同簽大睦親府事完顏兗等爲賀宋生辰使。八月乙巳，宋試户部尚書趙廱、婺州觀察使田皋賀天壽節。十一月丁巳，遣豳王傅完顏宗璧等爲賀宋正旦使。	八月乙巳〔四〕，夏武節大夫孰嵬英、宣德郎焦元昌賀天壽節。	侍郎宋弘迪進奉。十二月癸卯，高麗户部侍郎李至純謝賜生日。
三年	正月乙巳朔，宋焕章閣學士黄申、明州觀察使張宗益賀正旦。七月辛卯，遣殿前都點檢僕散端等爲賀宋生辰使〔七〕。	正月乙巳朔，夏武節大夫趙好、宣德郎史從禮賀正旦〔八〕。八月丁卯，夏武節大夫罔敦信、宣德郎韓伯容賀天壽節。	正月乙巳朔，高麗禮賓少卿洪孝忠賀正旦。八月丁卯〔九〕，高麗衞尉少卿朴初賀天壽節，祕書少監師威謝横賜，禮賓少卿石城柱進奉。

	八月，宋工部尚書錢之望、廣州觀察使楊大節賀天壽節。十一月戊寅，遣右副都點檢温敦忠等爲賀宋正旦使。		十二月丁卯，高麗遣户部侍郎丁光敘謝賜生日。
四年	正月己巳朔，宋顯謨閣學士鄭汝諧、均州觀察使譙令雍賀正旦。七月己丑，遣御史中丞董師中等爲賀宋生辰使。八月辛酉，宋吏部尚書許及之、明州觀察使蔣介賀天壽節。	正月己巳朔，夏武節大夫吴哆遂良、宣德郎高崇德賀正旦。八月辛酉，夏武節大夫龐靜師德、宣德郎張崇師賀天壽節，御史中丞迺令思聰謝横賜。九月，仁孝薨，子純佑立。	正月己巳朔，高麗司宰少卿楊淑節賀正旦。八月辛酉，高麗禮賓少卿蘇良美賀天壽節，吏部侍郎門侯軾進奉。十二月庚申，高麗户部侍郎陳光卿等謝賜生日。

	五年
十一月庚寅〔一〇〕，遣翰林直學士完顏匡更名弼，爲賀宋正旦使。	正月癸亥朔，宋翰林學士倪思、知閤門使王知新賀正旦。六月戊戌，宋前主昚殂。七月甲子，宋主禪位于子擴。八月乙卯，宋試工部尚書
十一月壬申〔一一〕，夏御史大夫李元吉、翰林學士李國安來訃告。十二月甲午朔，夏殿前太尉咩銘友直、副使樞密直學士李昌輔奉遺進禮物〔一二〕。	正月癸亥朔，夏武節大夫恧恧世忠、宣德郎劉思問等賀正旦。辛巳，命中憲大夫國子祭酒劉璣、尚書右司郎中烏古論慶裔等充夏國王李純佑封册起復使。
	正月癸亥朔，高麗衛尉少卿李居正賀正旦。八月己丑朔，高麗禮賓少卿權信賀天壽節，太府少監柳澤進奉。十二月丁巳朔，高麗户部侍郎劉邦氏謝賜生日。

梁總、明州觀察使戴勳賀
天壽節。
九月壬申，宋顯謨閣學士
薛叔似、廣州觀察使謝淵
來告哀。戊寅，以知大興府
事尼厖古鑑爲宋弔祭使。
十月庚寅，宋户部尚書林
湜、泉州觀察使游恭獻遺
留物。
閏十月戊午朔，宋翰林學
士鄭湜、廣州觀察使范仲
任報即位。甲戌，以河東南
北路提刑使王啓、廣威將
軍殿前左副都點檢石抹

四月壬寅，夏御史中丞浪
訛文廣、副使樞密直學士
劉俊才、押進知中興府野
遇克忠來報謝。
八月乙卯，夏武節大夫野
遇思文、宣德郎張公輔賀
天壽節。

六年	
正月丁亥朔，宋試禮部尚書曾三復賀正旦。二月癸未，宋煥章閣學士林季友、明州觀察使郭正己報謝。八月辛未，遣吏部尚書吴鼎樞等爲賀宋生辰使。己卯，宋試吏部尚書汪義端、福州觀察使韓侂胄賀天壽節。	仲温爲賀宋即位國信使。十一月庚子，以廣威將軍右宣徽使移剌敏、山東東路轉運使高世忠爲賀宋正旦使。
正月丁亥朔，夏武節大夫王彦才、宣德郎高大節賀正旦。三月丙申，夏御史大夫李彦崇、知中興府事郝庭俊謝賜生日。八月己卯，夏武節大夫宋克忠、宣德郎吴子正賀天壽節。	
正月丁亥朔，高麗户部侍郎白存儒賀正旦〔一三〕。八月己卯，高麗禮部侍郎徐諧賀天壽節，衛尉少卿周元迪謝橫賜。十二月丁丑，高麗尚書户部侍郎孫弘謝賜生日。	

	壽節。十一月丙申，遣刑部尚書紇石烈貞等爲賀宋正旦使。		
承安元年	正月辛巳朔，宋遣翰林學士黃艾、均州觀察使柳正一賀正旦。八月甲戌，宋試工部尚書吳宗旦、湖州觀察使張卓賀天壽節。九月癸未，遣吏部尚書張嗣等爲賀宋生辰使。十一月甲午，遣陝西路統軍使完顏崇道等爲賀宋	正月辛巳朔，夏武節大夫員元亨、宣德郎元叔等賀正旦。八月甲戌，夏武節大夫同崇義、宣德郎呂昌邦賀天壽節。	正月辛巳朔，高麗禮賓少卿宋𨁽賀正旦。八月甲戌，高麗尚書禮部侍郎趙沖賀天壽節，太府監卿劉應舉進奉。十二月丙午朔，高麗户部侍郎金光當謝賜生日。

		二年	三年
宋	正旦使。	正月乙亥朔，宋焕章閣學士張貴謨、嚴州觀察使郭倪賀正旦。辛丑，宋試禮部尚書趙介、利州觀察使朱龜年以母喪告哀〔一四〕。八月戊戌，宋試工部尚書衛涇、泉州觀察使陳奕賀天壽節。九月丁未，遣知歸德府事完顏愈等爲賀宋生辰使。	正月己亥朔〔一六〕，宋焕章閣學士曾炎、鄂州觀察使
夏		正月乙亥朔，夏武節大夫嵬名世安、宣德郎李師廣賀正旦。八月戊戌，夏武節大夫囉哆守忠、宣德郎王彥國賀天壽節。知中興府事李德沖、樞密直學士劉思問等奏告榷場。十二月丁酉，夏殿前太尉李嗣卿、知中興府事高德崇謝復榷場〔一五〕。	正月己亥朔，夏武功大夫隗敏修、宣德郎鍾伯達賀
高麗		正月乙亥朔，高麗禮賓少卿牙應卿賀正旦。八月戊戌，高麗禮部侍郎趙謙賀天壽節，户部侍郎梁元進奉。	三月丙寅，王晧以國讓其弟晫，禮賓少卿趙通來奏

	四年
鄭挺賀正旦。乙丑，宋試禮部尚書趙介、利州觀察使朱龜年以宋祖母喪告哀。八月癸未，宋試刑部尚書湯碩、福州觀察使李汝翼等報謝。九月丙申，宋顯謨閣學士楊王休〔一七〕、利州觀察使李安禮賀天壽節。遣中都路都轉運使孫鐸等爲賀宋生辰使。十一月丁未，遣太常卿楊庭筠等爲賀宋正旦使。	正月癸巳朔，宋工部尚書
正旦。八月甲午，夏武節大夫折嘚俊乂、宣德郎羅世昌賀天壽節。	正月癸巳朔，夏武節大夫
告，求封册晫。遣使宣問。是歲，晧薨〔一八〕，晫嗣立，遣禮賓少卿白汝舟來奏告。	正月丁酉，高麗告哀。

	五年
馬覺、廣州觀察使鄭藎賀正旦。八月己丑，宋試工部尚書李大性、泉州觀察使金湯楫賀天壽節。九月己未，遣知東平府事僕散琦等爲賀宋生辰使。十一月甲寅，遣知濟南府事范楫等爲賀宋正旦使。	正月戊子朔，宋煥章閣學士朱致知、福州觀察使李師摯賀正旦。八月壬子，宋户部尚書趙善義、鄂州觀察使厲仲詳
李慶源、宣德郎鄧昌祖賀正旦。八月己丑，夏武節大夫紐尚德昌、宣德郎李公達賀天壽節。天壽節殿前太尉迺令思聰、樞密直學士楊德先謝橫賜。	正月戊子朔〔二四〕，夏武節大夫連都敦信、宣德郎丁師周賀正旦，附奏爲母疾求醫。詔遣太醫時德元、王利貞往診治，仍以御劑藥
三月，遣使册高麗王王晫。八月己丑〔一九〕，高麗王晫遣户部侍郎劉元順賀天壽節〔二〇〕，户部侍郎鄭邦輔進奉。十二月乙酉，高麗知樞密院金陟侯、太府卿王儀謝封册。	正月戊子朔，高麗禮賓少卿白元軾來賀正旦。八月壬子，高麗户部侍郎池資深賀天壽節，户部侍郎申周錫等進奉。

	賀天壽節。是月，宋前主惇殂。 十月庚子，宋試刑部尚書吳盱、利州觀察使林可大來告母喪。 十一月己巳，宋煥章閣學士李寅仲、福州觀察使張良顯來告前主喪。乙卯，遣工部尚書烏古論誼等爲宋弔祭使〔三二〕。辛未，遣殿前右副點檢紇石烈忠定等爲賀宋正旦使〔三三〕。 十二月癸未，遣河南路統軍使完顏充等爲宋弔祭	賜焉。 八月壬子，夏武節大夫連都敦信、宣德郎丁師周賀天壽節，南院宣徽使劉忠亮、知中興府高永昌來謝恩。	

	使〔二三〕。		
泰和元年	正月壬子朔，宋寶謨閣學士林桷〔三五〕、利州觀察使王康成賀正旦。壬戌，宋試工部尚書丁常任、嚴州觀察使郭倓進遺留物。三月乙亥，宋試刑部尚書虞儔、泉州觀察使張仲舒等來報謝。八月丙申，宋試户部尚書俞烈、福州觀察使李言等報謝。丙申〔三六〕，宋遣試吏部尚書陳宗召、廣州觀察使竇夔賀天壽節。	正月壬子朔，夏武節大夫卧德忠、宣德郎劉筠國賀正旦。三月乙丑，夏左金吾衛上將軍野遇思文、知中興府田文徽等來謝恩。八月戊寅朔〔三八〕，夏武節大夫柔思義、宣德郎焦思元等賀天壽節。	正月壬子朔，高麗禮賓少卿李惟卿賀正旦。八月，高麗户部侍郎鄭公順賀天壽節，禮賓少卿趙淑進奉，衛尉卿秦彦匡謝賜生日。十二月乙巳，高麗禮賓少卿崔南敷進奉。

年	宋	夏	高麗
	九月戊申，遣右宣徽使徒單懷忠等爲賀宋生辰使〔二七〕。十一月庚申，遣殿前右衛將軍紇石烈七斤等爲賀宋正旦使。		
二年	正月丁未朔，宋煥章閣學士李景和、福州觀察使陳有功賀正旦。八月庚子，宋試工部尚書趙不艱、鄂州觀察使黄卓然賀天壽節。九月丙辰〔二九〕，以完顏瑭、張行簡爲賀宋生日使。	正月丁未朔，夏武節大夫白克忠、宣德郎蘇竇孫賀正旦。八月庚子，夏武節大夫天籍辣忠毅〔三一〕、宣德郎王安道賀天壽節，殿前太尉李建德、知中興府事楊紹直等謝横賜。	正月丁未朔，高麗司宰少卿門孝軾賀正旦。八月庚子高麗户部侍郎史洪祐賀天壽節〔三二〕，禮賓少卿韓氏謝賜生日〔三三〕。閏十二月己巳，高麗禮賓少卿宋弘烈進奉。

	十二月癸酉，遣武安軍節度使徒單公弼等爲賀宋正旦使〔三〇〕。		
三年	正月辛未朔，宋試吏部尚書魯誼、利州觀察使王處久賀正旦。八月甲子〔三四〕，宋試禮部尚書劉甲、泉州觀察使郭倬賀天壽節。九月壬申，遣刑部尚書承暉等爲賀宋生辰使。十一月辛未，遣簽樞密院事獨吉思忠等爲賀宋正旦使。	正月辛未朔，夏武節大夫崔元佐、宣德郎劉彥輔賀正旦。八月甲子，夏武節大夫㲋德元、宣德郎高大亨賀天壽節。	正月辛未朔，高麗户部侍郎郭公儀賀天壽節〔三五〕，禮賓少卿師公直謝賜生日〔三六〕。十二月癸亥，高麗禮賓少卿林德元進奉。是歲，王晫薨，子韺嗣位〔三七〕。

四年	正月乙丑朔，宋試吏部尚書張孝曾、容州觀察使林伯成賀正旦。丁丑，張孝曾迴至慶都縣卒，賻贈絹布各二百二十疋，差防禦使女奚烈元充勑祭使，送伴使張雲護送以還〔三八〕。 八月癸丑，宋試禮部尚書張嗣古、廣州觀察使陳渙賀天壽節。乙卯，遣知真定府事完顏昌等爲賀宋生辰使。 十一月丁卯，遣殿前右副都點檢烏林答毅等爲賀	正月乙丑朔，夏武節大夫梅訛、宇文宣德郎韓師正賀正旦。 八月癸丑〔四〇〕，夏武節大夫李德廣、宣德郎韓承慶賀天壽節。	正月乙丑朔，高麗司宰少卿李延壽賀正旦。 三月庚寅，禮部侍郎王永齡來告哀〔四一〕。 八月癸丑〔四二〕，高麗國王韺遣户部侍郎曹光壽賀天壽節，户部侍郎李傚謝賜生日。 十二月丁巳，高麗禮賓少卿姜植材進奉，司宰少卿車富民謝橫賜，户部尚書金慶夫、禮部侍郎崔克遇謝勑祭〔四三〕，衛尉少卿門存謝慰問，禮賓少卿黄孝

	宋正旦使〔三九〕。癸未，寶雞、郿縣諸社屢被宋抄掠。		卿謝起復。
五年	正月己未朔，宋試吏部尚書鄧友龍、利州觀察使皇甫斌賀正旦。庚申，宋兵入遂平縣，縱掠，出獄囚，火官舍，害令尉而去。二月己酉，宋兵掠泌陽，剽巡檢家貲害其家人。三月戊午朔，宋兵焚平氏鎮，剽民財。庚午，宋兵掠鄧州白亭巡檢家貲，持其印去。辛巳，宋兵犯鞏州來遠鎮。丁亥，唐州獲宋諜，言韓	正月己未朔，夏武功大夫遇惟德〔四六〕、宣德郎高大倫賀正旦。閏八月辛巳，夏武節大夫趙公良、宣德郎米元懿賀天壽節，殿前太尉迺來思聰、知中興府通判劉俊德來謝橫賜。	正月己未朔，高麗司宰少卿林仁碩賀正旦。閏八月辛巳，高麗司宰少卿崔義賀天壽節。十二月辛巳〔四七〕，高麗衛尉卿吳應天進奉。

侂胄屯兵鄂州，將謀北侵〔四四〕。

四月，命樞密院移文宋人，依誓約，撤新兵，毋縱入境。

五月甲子，平章政事僕散揆宣撫河南，籍諸道兵備宋。宣撫司移文宋三省樞密，問用兵之故，宋以鐫諭邊臣爲辭。乃罷宣撫司，僕散揆還京師。甲申，宋楚州安撫使戚拱遣其將高顯以兵五百人破漣水縣。

閏八月辛巳，宋試吏部尚書李壁〔四五〕、廣州觀察使

	林仲虎賀天壽節。九月甲申，遣河南路統軍使紇石烈子仁等爲賀宋生辰使。十一月乙酉，宋兵入内鄉。己丑，遣太常卿趙之傑等爲賀宋正旦使。十二月，宋吴曦擁衆興元，欲窺關隴。皇甫斌擾淮北。		
六年	正月癸未朔，宋試刑部尚書陳景俊、知閤門事吴琯賀正旦。四月丙寅，詔平章政事僕散揆行省于汴，督諸道兵	正月癸未朔，夏武節大夫紐尚德、宣德郎鄭昺賀正旦。乙丑，夏李安全廢其主純佑自立〔四九〕，令純佑母羅	正月癸未朔，高麗禮賓少卿崔甫淳賀正旦。八月丙子，高麗遣衛尉少卿李迪儒賀天壽節，衛尉卿金升謝賜生日，禮賓卿

伐宋。

十月庚戌，僕散揆出潁、壽。

十一月丁亥，克安豐軍，壬辰，次廬江。宋主密諭丘崈，使歸罪韓侂胄，將乞盟。崈既送韓元靚歸，遣忠訓郎林拱持書乞和於僕散揆〔四八〕。癸卯，丘崈復遣武翼郎宋顯等以書幣乞和於揆。

十二月癸丑，宋吳曦納款于都大提舉完顏綱，賜詔褒諭。宋簽書樞密院事丘崈復遣陳璧奉書詣揆乞

氏爲表，遣御史大夫罔佐執中等來奏求封册。

七月戊戌〔五〇〕，詔宣問羅氏所以廢立之故，安全復以羅氏表來。

九月辛丑〔五一〕，以朝議大夫尚書左司郎中温迪罕思敬、朝請大夫太常少卿黃震爲夏國王李安全封册使。

十二月乙丑，夏御史大夫謀寧光祖、翰林學士張公甫謝封册，押進使知中興府梁德樞等入見。

李侑謝起復，知樞密事韓奇、太府卿李承白等來謝封册。

十二月乙亥，高麗衛尉少卿慶裕升進奉。

	七年
和，揆以其辭尚倨，不見。乙丑，僕散揆班師，封吳曦爲蜀國王。吳曦遣郭澄、任辛奉表及蜀地圖志、吳氏譜牒來上。	正月庚寅，僕散揆還至下蔡，有疾。丙申，以左丞相崇浩代揆行省于汴〔五二〕。 二月，宋安丙殺吳曦〔五三〕。宋方信孺詣行省，以書乞和。 五月丙申，宋張巖復遣方信孺詣都元帥府，請增歲幣。
	正月丁丑朔〔五四〕，夏武節大夫隈敏修、宣德郎鄧昌福賀正旦。 八月甲辰朔〔五五〕，夏武節大夫囉哆思忠、宣德郎安禮賀天壽節。
	正月丁丑朔，高麗戶部侍郎師應瞻賀正旦。 四月壬子，以昭勇大將軍宮籍副監楊序爲橫賜高麗使。 八月壬申，高麗遣衛尉少卿徐珗賀天壽節，衛尉少卿金義元謝賜生日。 十二月壬寅朔〔五六〕，高麗

年	宋	夏	高麗
	九月，崇浩薨，以平章政事完顔匡行省于汴。十一月丙子，宋韓侂胄遣王柟以書詣元帥府。壬辰，宋錢象祖、李壁移書行省議和。		遣户部侍郎鄭光習進奉。
八年	二月乙巳，宋錢象祖復遣王柟以書上行省。閏四月乙未〔五七〕，宋函韓侂胄、蘇師旦首贖淮南故地，元帥府露布以聞。宋請改叔姪爲伯姪，增歲幣至三十萬。六月癸酉，宋試禮部尚書	正月辛未朔，夏武節大夫渾光中、宣德郎梁德懿賀正旦。三月甲申，夏樞密使李元吉、觀文殿大學士羅世昌等奏告。五月辛亥，夏殿前太尉習勒遵義、樞密都承旨蘇寅	正月辛未朔，高麗户部侍郎林柱材賀正旦。十月己卯，高麗禮部侍郎林永祖賀天壽節〔六〇〕，禮賓卿池利中謝賜生日。

	宋	夏	高麗
	許奕、福州觀察使吳衡奉誓書通謝。七月戊申，答宋誓書，以左副點檢完顔侃爲宋諭成使。八月己丑，遣户部尚書高汝礪等爲賀宋生辰使。十月己卯〔五八〕，宋户部尚書鄒應龍、泉州觀察使李謙賀天壽節。	孫謝賜生日。十月己卯〔五九〕，夏武節大夫李世昌、宣德郎米元傑賀天壽節，御史大夫權鼎雄、樞密直學士李文政謝横賜，參知政事浪訛德光、光禄大夫田文徽等來奏告。	
衛紹王大安元年	八月，宋使賀萬秋節。		五月，高麗來賀即位。
二年	八月，宋使賀萬秋節。		
三年	正月乙酉朔，宋使賀正旦。	正月乙酉朔，夏使賀正旦。	正月乙酉朔，高麗使賀正

			旦。
崇慶元年	正月，宋使賀正旦。	正月，夏使賀正旦。三月，遣使册李遵頊爲夏國王。十二月，夏國王李遵頊謝封册。	
至寧元年			
宣宗貞祐元年	閏九月辛未，奉國上將軍、武衛軍都指揮使烏林答與、尚書户部侍郎高霖爲報諭宋使。十一月，宋賀正旦使入境有期，以大兵在近，姑停之，令有司移報。	十二月癸亥，夏人陷鞏州，涇州節度使夾谷守中死之〔六二〕。	

二年	正月丁丑，宋刑部尚書真德秀等賀即位，駐境上，以中都被圍，諭罷之。	十一月乙卯，蘭州譯人程陳僧叛入于夏。自是連歲與夏交兵矣。	
三年	正月辛酉朔，宋顯謨閣學士聶子述、廣州觀察使周師銳賀正旦。 三月壬申，宋寶謨閣學士丁焴、利州觀察使侯忠信賀長春節。是月丙子，宋使朝辭，因言宋主請減歲幣如大定例。上以本自稱賀，不宜別有祈請，諭遣之。 九月己巳，以左諫議大夫把胡魯、尚書工部侍郎徒		

單歐里白爲賀宋生日使。十一月庚辰，以拱衞直都指揮使蒲察五斤、尚書禮部侍郎楊雲翼爲賀宋正旦使。

四年

正月乙卯朔〔六二〕，宋試工部尚書施累、廣州觀察使陳萬春賀正旦〔六三〕。三月甲子，宋遣華文館學士留筠〔六四〕、宜州觀察使右武衞上將軍師亮賀長春節。九月乙未，以榮祿大夫中衞尉完顏奴婢、太子少詹

	興定元年
事納坦謀嘉爲賀宋生日使。 十一月甲辰，以尚書工部侍郎内族和尚、尚書右司郎中僕散毅夫爲賀宋正旦使。	正月己卯朔，宋煥章閣學士陳伯震、福州觀察使霍儀賀正旦。 三月己丑，宋試工部尚書錢撫、潭州觀察使馮柄賀長春節。 四月丁未朔，以宋歲幣不至，命烏古論慶壽經略南邊。

二年	十二月甲寅，朝議乘勝與宋議和，以開封治中呂子羽、南京路轉運副使馮璧爲詳問宋國使，行至淮中流，宋人拒止之，自此和好遂絶。		四月癸丑，以詔付行省必蘭〔六五〕出諭高麗貸糧、開市二事，遣典客署書表劉丙從行。
三年			正月戊辰朔，遼東行省報，高麗有奉表朝貢之意，詔行省受其表章以聞，朝貢之禮俟他日徐議。
四年			
五年			
元光元年			
二年			

哀宗正大元年	三月，以邊帥意，遣忠孝軍三百送省令史李唐英往滁州通好。宋人宴犒旬日，以奏稟爲辭，和事竟不成。六月，遣樞密判官移剌蒲阿，以文榜遍諭宋界軍民，更不南伐，自是宋人亦斂兵。	十一月，夏遣使議和〔六六〕。	
二年		九月，夏國和議定，夏稱弟，各用本國年號，遣光禄大夫吏部尚書李仲諤、南院宣徽使羅世昌、中書省左司郎李紹膺來聘。十月，遣聶天驥、張天綱使	

夏講和事。十二月，夏使朝辭，國書報聘稱「兄大金皇帝致書於弟大夏皇帝闕下」，遣禮部尚書奥敦良弼、大理卿裴滿欽甫、侍御史烏古孫弘毅充報成使。

三年

正月丁巳朔，夏遣精鼎匭匣使武紹德、副儀增御史中丞咩元禮賀正旦。十月，夏使報哀。十一月甲戌，遣人使夏賀正旦。丙子，夏以兵事方殷，來報各停使。是月，遣中奉

		大夫完顏履信〔六七〕、昭毅大將軍太府監徒單居正爲弔祭夏國使。	
四年		夏遣精方匭匣使王立之來，未復命，國亡。	
五年			
六年			
七年	揚州制置趙善湘遣黃謨詣京東帥府約和，朝廷以寧陵令王渥往議，凡再往，約竟不成。		
八年〔六八〕			
天興元年			
二年	八月己卯，假蔡州都軍致		

	仕内族阿虎帶同簽大睦親府事如宋借糧,宋人不許。		
三年	正月己酉,國亡。		

校勘記

〔一〕户部鄭世鬐賀天壽節　此處脱鄭世鬐官職。按,高麗史卷二一神宗世家作「户部侍郎」。

〔二〕宋之端　局本作「宋之瑞」。按,宋史卷三六光宗紀,紹熙二年二月「壬午,遣宋之瑞等使金弔祭」。

〔三〕宣德郎張思義賀正旦　「郎」字原脱,據南監本、北監本、殿本、局本補。

〔四〕八月乙巳　「乙巳」,原作「丁丑朔」。按,本書卷九章宗紀一,明昌二年八月「乙巳,宋、高麗、夏遣使來賀天壽節」。今據改。上宋欄、下高麗欄亦繫賀天壽節事於乙巳。

〔五〕高麗檢校尚書右僕射工部尚書韓正修　「校」字原脱,據局本補。

〔六〕文得品　高麗史卷二〇明宗世家作「文得吕」。

〔七〕遣殿前都點檢僕散端等爲賀宋生辰使　「賀」字原脱,據南監本、北監本、殿本、局本補。

〔八〕宣德郎史從禮賀正旦　「宣」字原脱，據南監本、北監本、殿本、局本補。

〔九〕八月丁卯　「丁卯」，原作「辛丑朔」。按，高麗史卷二〇明宗世家，二十二年「秋七月乙亥，遣使如金進方物。壬午，遣使賀天壽節。庚寅，遣使謝横宣」。其到館及進賀當在八月朔以後。本書卷九章宗紀一，明昌三年八月「丁卯，宋、高麗、夏遣使來賀天壽節」，正與之合。今據改。

〔一〇〕十一月庚寅　「庚寅」，局本作「戊寅」。按，本書卷一〇章宗紀二，明昌四年十一月「戊寅，以翰林直學士完顔匡等爲賀宋正旦使」。

〔一一〕十一月壬申　「壬申」，局本作「庚寅」。按，本書卷一〇章宗紀二，明昌四年十一月「庚寅，夏國嗣子李純佑遣使來訃告」。

〔一二〕副使樞密直學士李昌輔奉遺進禮物　「奉遺」下疑有脱字。

〔一三〕白存儒　高麗史卷二〇明宗世家作「白存濡」。

〔一四〕辛丑宋試禮部尚書趙介利州觀察使朱龜年以母喪告哀　以上二十三字與下年重複。按，本書卷一一章宗紀三，承安三年春正月「乙丑，宋主以祖母喪，遣使告哀」。宋史卷三七寧宗紀一，慶元三年十一月辛丑，「太皇太后吴氏崩。（中略）丁未，遣趙介使金告哀」。趙介奉使在慶元三年（金承安二年）十一月，當以次年正月至金。此條當繫於下年。

〔一五〕知中興府事高德崇謝復榷場　「高德崇」，本卷上文明昌四年正月賀正旦使者名作「高崇德」，西夏書事卷三九同，卷三八載：「崇德後知興慶府，著政績，號爲神明。」疑當作「高崇德」。

〔一六〕正月己亥朔　此處繫日有誤。按，本書卷一一章宗紀三，承安「三年春正月己亥朔，日有食之。辛丑，宋、夏遣使來賀」。下夏欄同。

〔一七〕楊王休　原作「王休」，據局本改。按，宋史卷三七寧宗紀一，慶元四年「六月己巳，遣楊王休賀金主生辰」。

〔一八〕是歲晧薨　按，高麗史卷二〇明宗世家載，是歲晧廢；卷二一神宗世家記王晧死於高麗神宗五年，即金泰和二年。參見本書卷一三五校勘記〔七〕。

〔一九〕八月己丑　「己丑」，原作「己酉」。按，是年九月庚寅朔，八月無己酉。今據本表上宋、夏二欄改。

〔二〇〕劉元順　高麗史卷二一神宗世家作「劉公順」。

〔二一〕遣工部尚書烏古論誼等爲宋弔祭使　「爲」字原脱。按，本書卷一一章宗紀三，承安五年十一月乙卯，「以工部尚書烏古論誼等爲宋弔祭使」。今據補。

〔二二〕遣殿前右副點檢紇石烈忠定等爲賀宋正旦使　「賀」字原脱，據南監本、北監本、殿本、局本補。

〔二三〕遣河南路統軍使完顔充等爲宋弔祭使　「完顔充」，原作「完顔兗」，據局本改。按，本書卷一一章宗紀三，承安五年十二月癸未朔，「以河南路統軍使充等爲宋弔祭使」。宋史卷三八寧宗紀二，嘉泰元年春正月「丙子，金遣完顏充來弔祭」。

〔二四〕正月戊子朔　「朔」字原脱，據局本及本表上末欄、下高麗欄補。

〔二五〕宋寶謨閣學士林桷　「寶」字原爲一字空格，據南監本、北監本、殿本、局本補。「林桷」，原作「林桶」，據局本改。按，宋史卷三七寧宗紀一，慶元六年冬十月「戊子，遣林桷使金賀正旦」。

〔二六〕丙申　此條與上一條干支重複。按，本書卷一一章宗紀三，泰和元年「九月戊申朔，天壽節，宋、高麗、夏遣使來賀」。觀本表前後各年書例，多以前二日書至，今疑此「丙申」當作「丙午」。

〔二七〕遣右宣徽使徒單懷忠等爲賀宋生辰使　「賀」字原脱，據南監本、北監本、殿本、局本補。

〔二八〕八月戊寅朔　按，天壽節爲九月初一，夏使不應於八月初一進賀。疑此處繫日有誤。

〔二九〕九月丙辰　「九月」二字原脱。按，是年八月壬申朔，月内無丙辰。九月壬寅朔，丙辰是十五日。今據補。又，本書卷一一章宗紀三，泰和二年九月「甲寅，以拱衛直都指揮使完顏瑭等爲賀宋生日使」。則比此早二日。

〔三〇〕遣武安軍節度使徒單公弼等爲賀宋正旦使　「徒單」二字原脱。按，本書卷一一章宗紀三，泰和二年十二月癸酉，「以武安軍節度使徒單公弼等爲賀宋正旦使」。宋史卷三八寧宗紀二，嘉泰二年閏月「丁卯，金遣徒單公弼來賀明年正旦」。今據補。

〔三一〕天籍辣忠毅　西夏書事卷三九、西夏紀卷二八皆作「籍辣忠毅」。

〔三二〕史洪祐　高麗史卷二一神宗世家高麗神宗五年七月作「史祐」。

〔三三〕韓氏　北監本、殿本作「韓氏」，高麗史卷二一神宗世家高麗神宗五年七月作「韓抵」。

〔三四〕八月甲子　「八月」二字原脱，據本表下夏欄補。按，本書卷一一章宗紀三，泰和三年「九月丙寅朔，天壽節」，甲子是其前二日。

〔三五〕正月辛未朔高麗户部侍郎郭公儀賀天壽節　按，本書卷九章宗紀一，章宗以其生辰「七月丙戌」爲天壽節，並「勑有司移報宋、高麗、夏，天壽節於九月一日來賀」。則郭公儀賀天壽節必不在正月朔。本書卷一一章宗紀三，泰和「三年春正月辛未朔，宋、高麗、夏遣使來賀」，「九月丙寅朔，天壽節，宋、高麗、夏遣使來賀」，知「正月辛未朔」下脱使臣官階、姓名及「賀正旦」三字。又高麗史卷二一神宗世家載郭公儀於是年七月出發入金賀天壽節，應於八月抵金，與宋、夏使同日入賀。據本表上宋、夏欄可知，「高麗」二字上脱郭公儀進賀時間，即「八月甲子」。

〔三六〕師公直　高麗史卷二一神宗世家高麗神宗六年七月作「尹公直」。按，應爲「尹公直」，「師」字爲避顯宗允恭嫌名所改。

〔三七〕是歲王晫薨子韺嗣位　按，高麗史卷二一熙宗世家，「熙宗成孝大王諱韺，（中略）七年正月己巳，受内禪即位。丁丑，神宗薨。二月庚申，葬于陽陵。遣郎中任永齡如金告喪」。高麗神宗王晫死於神宗七年，即金泰和四年。本表泰和四年欄，「三月庚寅，禮部侍郎王永齡來告哀」，即報神宗去世，唯使臣姓氏與高麗史異。則此條當移至後一欄。

〔三八〕送伴使張雲護送以還　「送伴使」，原作「管伴使」，據本書卷一二章宗紀四泰和四年春正月丁丑改。

〔三九〕遣殿前右副都點檢烏林答毅等爲賀宋正旦使　「賀」字原脱，據南監本、北監本、殿本、局本補。

〔四〇〕八月癸丑　「癸丑」，原作「己丑」。按，是年八月辛卯朔，無己丑。今據本表上宋欄改。

〔四一〕王永齡　高麗史卷二一熙宗世家作「任永齡」。

〔四二〕八月癸丑　「癸丑」，原作「乙丑」。按，是年八月辛卯朔，無乙丑。今據本表上宋欄改。

〔四三〕崔克遇　高麗史卷二一熙宗世家作「崔光遇」。

〔四四〕「庚午宋兵掠鄧州」至「將謀北侵」　此四十六字原在四月一段之後。按，本書卷一二章宗紀四，泰和五年「四月戊子朔」，無庚午。其上文，三月「辛巳，宋兵入鞏州來遠鎮。唐州得宋諜者，言韓侂胄屯兵鄂、岳，將謀北侵」；四月「癸巳，命樞密院移文宋人，依誓約撤新兵，毋縱入境」。卷九八完顏匡傳記宋兵泰和五年「三月，焚平氏鎮，剽民財物，掠鄧州白亭巡檢家貲，持其印去」，及「唐州獲宋諜者李忭」。知此處記事顛倒。今將此四十六字移至三月戊午朔一段之後，「四月」二字之前。

〔四五〕宋試吏部尚書李壁　「李壁」，原作「李璧」。按，宋史卷三八寧宗紀二，開禧元年六月「己亥，遣李壁賀金主生辰」。李壁，宋史卷三九八有傳。今據改。全書同改，不另出校。

〔四六〕遇惟德　西夏書事卷三九作「野遇惟德」。按，上文見「野遇克忠」、「野遇思文」，「野遇」爲西夏大族，疑此處脱「野」字。

〔四七〕十二月辛巳　「十二月」，原作「十一月」。按，泰和五年十一月無辛巳，辛巳在十二月。今改正。

〔四八〕「壬辰」至「遣忠訓郎林拱持書乞和於僕散揆」　按，本書卷一二章宗紀四，泰和六年十一月壬辰，「宋督視江淮兵馬事丘崈遣劉祐來乞和」，庚子，「宋丘崈遣林拱持書乞和」。此處疑脱劉祐出使事。

〔四九〕乙丑夏李安全廢其主純佑自立　按，本書卷一二章宗紀四，泰和六年正月癸未朔，無乙丑。本書卷一三四外國傳上西夏傳繫此事於泰和六年三月，而三月壬午朔，亦無乙丑。宋史卷四八六外國傳二夏國傳下，「純佑，（中略）開禧二年正月二十日廢」，西夏書事卷三九亦繫此事於正月二十日，然其日爲壬寅。又據下文「令純佑母羅氏爲表，遣御史大夫罔佐執中等來奏求封册」，則「乙丑」或在二月，是夏使抵金奏告時間。

〔五〇〕七月戊戌　「七月」，原作「六月」。按，是年六月辛亥朔，無戊戌。本書卷一二章宗紀四，泰和六年秋七月「丙申，夏國王李純佑廢，姪安全立，遣使奉表來告」。戊戌在丙申後二日。今據改。

〔五一〕九月辛丑　「九月」二字原脱。按，本書卷一二章宗紀四，泰和六年九月「辛丑，遣尚書左司郎中温迪罕思敬册李安全爲夏國王」。今據補。

〔五二〕崇浩　即「宗浩」，避金睿宗諱所改。本卷下文同。

〔五三〕二月宋安丙殺吴曦　「安丙」，原作「安炳」。按，本書卷一二章宗紀四，泰和七年二月，「蜀國王吴曦爲宋臣安丙所殺」。本書卷九八完顔綱傳亦稱「宋安丙殺吴曦」。宋史卷三八寧宗紀二、卷四〇二安丙傳、卷四七五叛臣傳上吴曦傳亦載，開禧三年安丙等誅吴曦。今據改。

〔五四〕正月丁丑朔　「正月」二字原爲二字空格，據南監本、北監本、殿本、局本及本表下高麗欄補。

〔五五〕八月甲辰朔　「甲辰朔」三字疑誤。按，本書卷一二章宗紀四，泰和七年「九月甲戌朔，天壽節，高麗、夏遣使來賀」。下高麗欄作「八月壬申」，即「九月甲戌朔」之前二日，當是。

〔五六〕十二月壬寅朔　按，高麗史卷二一熙宗世家，高麗熙宗四年「十一月辛丑，遣鄭光習如金進方物，林柱材賀正」。十一月辛丑即「十二月壬寅朔」前一日，鄭光習不可能一日間抵金。疑此處繫日有誤。

〔五七〕閏四月乙未　「閏四月」三字原脱。按，本書卷一二章宗紀四，泰和八年閏四月「乙未，宋獻韓侂胄等首于元帥府」。今據補。

〔五八〕十月己卯　「十月」二字原脱；「己卯」，原作「己酉」，本條原在「八月」前。按，本年十一月丁酉朔，十月無己酉。本書卷一二章宗紀四，泰和八年五月「癸亥，詔移天壽節於十月十五日」：「冬十月「辛巳，宋、高麗、夏遣使來賀」。按賀使例以節前二日到，知此處當是己卯日。今據改，並參本表下夏、高麗欄移補。

〔五九〕十月己卯　「己卯」，原作「己酉」，今改。下高麗欄同改。參見前條校勘記。

〔六〇〕林永祖　高麗史卷一一一熙宗世家作「林永軾」。

〔六一〕夏人陷鞏州涇州節度使夾谷守中死之　「鞏州」二字原脱。按，本書卷一二一忠義傳一夾谷守中傳，「大安二年，爲秦州防禦使，遷通遠軍節度使。至寧末，移彰化軍，未行，夏兵數萬入鞏州。（中略）守中獨不屈」。據本書卷二六地理志下，通遠軍即鞏州，彰化軍即涇州。今據補「鞏州」二字。又，此事不見於宣宗紀，疑當從夾谷守中傳繫於至寧元年。

〔六二〕正月乙卯朔　「乙卯」，原作「己卯」。宋遼金元四史朔閏考：「『金表『己卯』誤。」今據長術改正。

〔六三〕廣州觀察使陳萬春賀正旦　「使」字原脱，據北監本、殿本補。

〔六四〕宋遣華文館學士留筠　「華文館」，殿本作「華文閣」。按，宋史卷一六二職官志二有華文閣學士，無「華文館」學士。

〔六五〕四月癸丑以詔付行省必蘭　「四月」二字原脱，據局本、本書卷一〇九完顔素蘭傳補。

〔六六〕十一月夏遣使議和　按，本書卷一七哀宗紀上，正大元年「冬十月戊午，夏國遣使來修好」。

〔六七〕遣中奉大夫完顔履信　「中奉大夫」，本書卷三八禮志一一朝辭儀正大三年十月作「中大夫」。

〔六八〕八年　本行原脱，據本書卷一七哀宗紀上補。

金史卷六十三

列傳第一

后妃上

古者天子娶后，三國來媵，皆有娣姪，凡十二女。諸侯一娶九女。所以正嫡妾，廣繼嗣，息妬忌，防淫慝，塞禍亂也。后亡，則媵爲繼室，各以其敍。無三媵，則娣姪繼室，亦各以其敍。繼室者，治其內政，不敢正其位號。禮，廟無兩祔，不並尊也。魯成風始兩祔，宋國三媵，齊管氏三歸，春秋皆譏之。周禮內宰，其屬則內小臣、閽人、寺人次之，九嬪、世婦、女御、女祝、女史、典婦功、典絲、典枲、內司服又次之。昏義稱「后立六宮、三夫人、九嬪、二十七世婦、八十一御妻」，不與春秋、周禮合，後世因仍其説，後宮遂至數千。

金代，后不娶庶族，甥舅之家有周姬、齊姜之義。國初諸妃皆無位號，熙宗始有貴妃、賢妃、德妃之號。海陵淫嬖，後宮寖多，元妃、姝妃、惠妃、貴妃、賢妃、宸妃、麗妃、淑妃、德妃、昭妃、溫妃、柔妃凡十二位。大定後宮簡少，明昌以後大備。

內官制度：諸妃視正一品，比三夫人。昭儀、昭容、昭媛、脩儀、脩容、脩媛、充儀、充容、充媛視正二品，比九嬪。婕妤九人視正三品，美人九人視正四品，才人九人視正五品，比二十七世婦〔三〕。寶林二十七人視正六品，御女二十七人視正七品，采女二十七人視正八品，比八十一御妻。又有尚宮、尚儀、尚服、尚食、尚寢、尚功，皆內官也。

太祖嫡后聖穆生景宣，光懿生宗幹，有定策功，欽憲有保佑之功，故自熙宗時聖穆、光懿、欽憲皆祔。宣獻生睿宗，大定祔焉。故太祖廟祔四后，睿、世、顯、宣皆祔兩后，惟太宗、景宣、熙宗、章宗室祔一后。貞、慈、光獻、昭聖雖庶姓〔四〕，皆以子貴。宣宗册温敦氏，乃賜姓，變古甚矣。故自初起至于國亡，列其世次，著其族里，可考鑒焉。其無與於世道者，置不録。

始祖明懿皇后，完顔部人。年六十餘嫁始祖。天會十五年追謚〔五〕。

德帝思皇后，不知何部人。天會十五年追謚。

安帝節皇后，不知何部人。天會十五年追謚。

獻祖恭靖皇后，不知何部人。天會十五年追謚。

昭祖威順皇后徒單氏，諱烏古論都葛，活剌渾水敵魯鄉徒單部人。其父拔炭都魯海。后性剛毅，人莫敢以爲室。獻祖將爲昭祖娶婦，曰：「此子勇斷異常，柔弱之女不可以爲配。」乃爲昭祖娶焉。天會十五年追謚。

景祖昭肅皇后，唐括氏，帥水隈鴉村唐括部人，諱多保真。父石批德撒骨只，巫者也。后有識度，在父母家好待賓客，父母出，則多置酒饌享隣里，迨于行旅。景祖飲食過人，時人名之「活羅」，解在景祖紀。昭祖曰：「儉嗇之女吝惜酒食，不可以配。」烏古廼聞后性度如是，乃娶焉。

遼使同幹來伐五國蒲聶部，景祖使后與劾孫爲質於拔乙門，而與同幹襲取之，遼主以景祖爲節度使。

后雖喜賓客，而自不飲酒。景祖與客飲，后專聽之。翊日，枚數其人所爲，無一不中其綮肯。有醉而喧呶者，輒自歌以釋其忿爭。軍中有被笞罰者，每以酒食慰諭之。景祖行部，輒與偕行，政事獄訟皆與決焉。

景祖没後，世祖兄弟凡用兵，皆禀於后而後行，勝負皆有懲勸。農月，親課耕耘刈穫，遠則乘馬，近則策杖，勤於事者勉之，晏出蚤休者訓勵之。

后往邑屯村，世祖、肅宗皆從。會桓赧、散達偕來，是時已有隙，被酒，語相侵不能平，遂舉刃相向。后起，兩執其手，謂桓赧、散達曰：「汝等皆吾夫時舊人，奈何一旦遽忘吾夫之恩，與小兒子輩忿爭乎。」因自作歌，桓赧、散達怒乃解。其後桓赧兄弟起兵來攻，當是時，肅宗先已再失利矣，世祖已退烏春兵，與桓赧戰于北隘甸。部人失束寬逃歸，袒甲而至，告后曰：「軍敗矣。」后方憂懣，會康宗來報捷，后乃喜。既而桓赧、散達皆降。后不妬忌，闊略女工，能輯睦宗族，當時以爲有丈夫之度云。天會十五年追謚。

世祖翼簡皇后，拏懶氏〔六〕。大安元年癸酉歲卒〔七〕。天會十五年追謚。

肅宗靖宣皇后〔八〕，蒲察氏。太祖將舉兵，入告于后。后曰：「汝邦家之長，見可則行。吾老矣，無貽我憂，汝亦必不至是。」太祖奉觴爲壽，即奉后出門，酹酒禱天。后命太祖正坐，號令諸將。自是太祖每出師還，輒率諸將上謁，獻所俘獲。天會十五年追謚。

穆宗貞惠皇后，烏古論氏。天會十五年追謚。

康宗敬僖皇后，唐括氏。天會十五年追謚〔九〕。

太祖聖穆皇后，唐括氏。天會十三年追謚。仍贈后父留速太尉、榮國公，祖迭胡本司徒、英國公，曾祖劾迺司空、温國公。

太祖光懿皇后，裴滿氏。天會十三年追謚。

太祖欽憲皇后，紇石烈氏。天會十三年，尊爲太皇太后，宮號慶元。十四年正月己巳朔，熙宗朝于慶元宮，然後御乾元殿，受羣臣賀。是月丁丑，崩于慶元宮。二月癸卯，祔葬睿陵。

太祖宣獻皇后，僕散氏，睿宗母也。天會十二年，追策曰德妃。大定元年追謚〔一○〕。

崇妃，蕭氏。熙宗時封貴妃。天德二年正月，封元妃。是月，尊封太妃。海陵母大氏事蕭氏甚謹。海陵篡立，尊大氏爲皇太后，居永寧宮。每有宴集，太妃坐上坐，大氏執婦禮。海陵積不能平，及殺宗義等，誣太妃以隱惡，殺之，併殺所生子任王隈喝。大定十九年，詔改葬。大宗正丞宗安監護葬事，遣使致祭。上欲復太妃舊號，下禮官議。「前代稱太妃者皆以子貴。古者入廟稱『后』繫夫〔一一〕，在朝稱『太』繫子，與今蕭妃事不同，恐不得稱『太』，止當追封妃號。」詔從之，乃封崇妃云。

太宗欽仁皇后，唐括氏。熙宗即位，與太祖欽憲皇后俱尊爲太皇太后，號明德宮。贈后父阿魯束太尉、宋國公，祖實匹司徒、英國公，曾祖阿魯瑣司空、温國公。十四年正月己巳朔，上朝兩宫太后，然後御乾元殿受賀，自後歲以爲常。皇統元年，上自燕京還京師，朝謁于明德宫。明年，上如天開殿，皇子生，使使馳報太后。太后至天開殿，上與皇后親迎之。三年，崩于明德宫〔二〕。謚曰欽仁皇后，祔葬恭陵。

熙宗悼平皇后，裴滿氏。熙宗即位，封貴妃。天眷元年，立爲皇后。父忽達拜太尉，贈曾祖斜也司空，祖鶻沙司徒。皇統元年，熙宗受尊號，册爲慈明恭孝順德皇后。二年，太子濟安生。是歲，熙宗年二十四，喜甚，乃肆赦，告天地宗廟。彌月，册爲皇太子，未一歲薨。

熙宗在位，宗翰、宗幹、宗弼相繼秉政，帝臨朝端默。雖初年國家多事，而廟筭制勝，齊國就廢，宋人請臣，吏清政簡，百姓樂業。宗弼既没，舊臣亦多物故，后干預政事，無所忌憚，朝官往往因之以取宰相。濟安薨後，數年繼嗣不立，后頗掣制熙宗。熙宗内不能平，因無聊，縱酒酗怒，手刃殺人。左丞相亮生日，上遣大興國以司馬光畫像、玉吐鶻、厩馬賜之，后亦附賜生日禮物。熙宗聞之，怒，遂杖興國而奪回所賜。海陵本懷覬覦，因之疑畏愈甚，蕭墻之變，從此萌矣。近侍高壽星隨例遷屯燕南，入訴於后，后激怒熙宗，殺左司郎中三合，杖平章政事秉德，而壽星竟得不遷。秉德、唐括辯之姦謀起焉，海陵乘之，以成逆亂之計。

久之，熙宗積怒，遂殺后，而納胙王常勝妃撒卯入宮繼之。又殺德妃烏古論氏，妃夾谷氏、張氏、裴滿氏。明日，熙宗遇弒。海陵已弒熙宗，欲收人心，以后死無罪，降熙宗爲東昏王，追謚后爲悼皇后，封后父忽達爲王。大定間，復熙宗帝號，加謚后爲悼平皇后，祔葬思陵。

海陵嫡母，徒單氏。宗幹之正室也。徒單無子，次室李氏生長子鄭王充，次室大氏生三子，長即海陵庶人也。徒單氏賢，遇下有恩意，大氏事之甚謹，相得歡甚。徒單雖養充爲己子，充與海陵俱爲熙宗宰相，充嗜酒，徒單常責怒之，尤愛海陵。海陵自以其母大氏與徒單嫡妾之分，心常不安。及弒熙宗，徒單與太祖妃蕭氏聞之，相顧愕然曰：「帝雖失道，人臣豈可至此。」徒單入宮見海陵，不曾賀，海陵銜之。

天德二年正月，徒單與大氏俱尊爲皇太后。徒單居東宮，號永壽宮，大氏居西宮，號永寧宮。天德二年，太后父蒲帶與大氏父俱贈太尉，封王。徒單太后生日，酒酣，大氏起爲壽。徒單方與坐客語，大氏跽者久之。海陵怒而出。明日，召諸公主宗婦與太后語者皆杖之。大氏以爲不可。海陵曰：「今日之事，豈能尚如前日邪。」自是嫌隙愈深。

天德四年，海陵遷中都，獨留徒單於上京。徒單常憂懼，每中使至，必易衣以俟命。大氏在中都常思念徒單太后，謂海陵曰：「永壽宮待吾母子甚厚，愼毋相忘也。」十二月十四日，徒單氏生日，海陵使秘書監納合椿年往上京爲太后上壽。貞元元年，大氏病篤，恨不得一見。臨終，謂海陵曰：「汝以我之故，不令永壽宮偕來中都。我死，必迎致之，事永壽宮當如事我。」

三年，右丞相僕散師恭、大宗正丞胡拔魯往上京奉遷山陵，海陵因命永壽宮太后與俱來。繼使平章政事蕭玉迎祭祖宗梓宮於廣寧，海陵謂玉曰：「醫巫閭山多佳致，祭奠禮畢，可奏太后於山水佳處遊覽。」及至沙流河，海陵迎謁梓宮，遂謁見太后。海陵命左右約杖二束自隨，跪於太后前，謝罪曰：「亮不孝，久闕温凊，願太后痛笞之。不然，且不安。」太后親扶起之，叱約杖者使去。太后曰：「今庶民有克家子，立百金之産，尚且愛之不忍笞。我有子如此，寧忍笞乎。」十月，太后至中都，海陵帥百官郊迎，入居壽康宮。是日，海陵及後宮、宰臣以下奉觴上壽，極歡而罷。

海陵侍太后于宫中，外極恭順，太后坐起，自扶腋之，常從輿輦徒行，太后所御物或自執之。見者以爲至孝，太后亦以爲誠然。及謀伐宋，太后諫止之，海陵心中益不悦，每謁太后還，必忿怒，人不知其所以。

及至汴京，太后居寧德宫。太后使侍婢高福娘問海陵起居，海陵幸之，因使伺太后動静。凡太后動止，事無大小，福娘夫特末哥教福娘增飾其言以告海陵。及樞密使僕散師恭征契丹撒八，辭謁太后，太后與師恭語久之。大概言「國家世居上京，既徙中都，又自中都至汴，今又興兵涉江、淮伐宋，疲弊中國，我嘗諫止之，不見聽。契丹事復如此，奈何」。福娘以告海陵。海陵意謂太后以充爲子，充四子皆成立，恐師恭將兵在外，太后或有異圖。乃召點檢大懷忠、翰林待制斡論、尚衣局使虎特末、武庫直長習失使殺太后于寧德宫，命護衛高福、辭勒、蒲速斡以兵士四十人從，且戒之曰：「汝等見太后，但言有詔，令太后跪受，即擊殺之，勿令艱苦。」及指名太后左右數人，皆令殺之。太后方樗蒲，大懷忠等至，令太后跪受詔。太后愕然，方下跪，虎特末從後擊之，仆而復起者再。高福等縊殺之，年五十三。并殺安特及郡君白散、阿魯瓦、叉察，乳母南撒，侍女阿斯、斡里保，寧德宫護衛温迪罕查剌，直長王家奴、撒八，小底忽沙等。海陵命焚太后于宫中，棄其骨於水。并殺充之子檀奴、阿里白，元奴、耶補兒逃匿，歸于世宗。自軍中召師恭還，殺之。及殺阿斯子孫、撒八二子、忽沙二子。封高福娘爲鄖國夫人，以特末哥爲澤州刺史。海陵許福娘征南回以爲妃，賜銀二千兩。敕戒特末哥：「無酗酒毆福娘，毆福娘必殺汝。」大定間，謚徒單氏曰哀皇后，自澤州械特末哥、福娘至中都誅之。其後貶海陵爲庶人。宗幹去帝號，復封遼王，徒單氏降封遼王妃云。

海陵母，大氏。天德二年正月，與徒單氏俱尊爲皇太后。大氏居永寧宮。曾祖堅嗣贈司空，祖臣寶贈司徒，父昊天贈太尉、國公，兄興國奴贈開府儀同三司、衛國公。十一月，昊天進封爲王。

三年正月十六日，海陵生日，宴宗室百官於武德殿。大氏懽甚，飲盡醉。明日，海陵使中使奏曰：「太后春秋高，常日飲酒不過數杯，昨見飲酒沉醉。兒爲天子，固可樂，若聖體不和，則子心不安，其樂安在。至樂在心，不在酒也。」及還中都，永壽宮獨留上京，大氏常以爲言。

貞元元年四月，大氏有疾，詔以錢十萬貫求方藥。及病篤，遺言海陵，當善事永壽宮。戊寅，崩。詔尚書省：「應隨朝官至五月一日方治事。中都自四月十九日爲始，禁樂一月。外路自詔書到日後，官司三日不治事，禁樂一月，聲鐘七晝夜。」

貞元三年，大祥，海陵率後宮奠哭于葳宮。海陵將遷山陵于大房山，故大氏猶在葳宮也。九月，太祖、太宗、德宗梓宮至中都。尊謚曰慈憲皇后。海陵親行册禮，與德宗合葬于大房山，升祔太廟。大定七年，降封海陵太妃，削去皇后謚號〔一三〕。及宗幹降帝號，封遼王，詔以徒單氏爲妃，而大氏與順妃李氏、寧妃蕭氏、文妃徒單氏並追降爲遼王夫人。

廢帝海陵后，徒單氏。太師斜也之女。初爲岐國妃，天德二年封爲惠妃，九月，立爲皇后〔一四〕。三年十一月二十一日，后生日，百僚稱賀於武德殿。久之，海陵後宮寖多，后寵頗衰，希得進見。沈璋妻張氏嘗爲光英保母，耶律徹在北京與海陵游從，海陵使璋妻及徹妻侯氏入宮侍后。徹本名神涅，負官錢二千六百餘萬，海陵皆免之。正隆六年，海陵幸南京。六月癸亥，左丞相張浩率百官迎謁。海陵備法駕，乘玉輅，與后及太子光英共載而入。海陵伐宋，后與光英居守。海陵遇害，陀滿訛里也殺光英于汴。后至中都，居于海陵母大氏故宮。頃之，世宗憐其無依，詔歸父母家于上京，歲賜錢二千貫，奴婢皆給官廩。大定十年卒。

海陵爲人善飾詐，初爲宰相，妾媵不過三數人。及踐大位，逞欲無厭，後宮諸妃十二位，又有昭儀至充媛九位，婕妤、美人、才人三位，殿直最下，其他不可舉數。初即位，封岐國妃徒單氏爲惠妃，後爲皇后。第二娘子大氏封貴妃，第三娘子蕭氏封昭容，耶律氏封脩容。其後貴妃大氏進封惠妃，貞元元年，進封姝妃，正隆二年，進封元妃。昭容蕭氏，天德二年，特封淑妃，貞元二年，進封宸妃。脩容耶律氏，天德四年，進昭媛，貞元元年，進昭儀，三年，進封麗妃。即位之初，後宮止此三人，尊卑之敍，等威之辨，若有可觀者。及其侈心既萌，淫肆蠱惑，不可復振矣。

昭妃阿里虎，姓蒲察氏，駙馬都尉没里野女。初嫁宗盤子阿虎迭。阿虎迭誅，再嫁宗室南家。南家死，是時南家父突葛速爲元帥都監，在南京，海陵亦從梁王宗弼在南京，欲取阿里虎，突葛速不從，遂止。及篡位方三日，詔遣阿里虎歸父母家。閱兩月，以婚禮納之。數月，特封賢妃，再封昭妃。阿里虎嗜酒，海陵責讓之，不聽，由是寵衰。

昭妃初嫁阿虎迭，生女重節。海陵與重節亂，阿里虎怒重節，批其頰，頗有詆訾之言。海陵聞之，愈不悦。阿里虎以衣服遺前夫之子，海陵將殺之，徒單后率諸妃嬪求哀，乃得免。

凡諸妃位皆以侍女服男子衣冠，號「假廝兒」。有勝哥者，阿里虎與之同卧起，如夫婦。厨婢三娘以告海陵，海陵不以爲過，惟戒阿里虎勿笞箠三娘。阿里虎榜殺之。海陵聞昭妃閤有死者，意度是三娘，曰：「若果爾，吾必殺阿里虎。」問之，果然。是月，光英生月，海陵私忌，不行戮。阿里虎聞海陵將殺之也，即不食，日焚香禱祝，冀脱死。逾月，阿里虎已委頓不知所爲，海陵使人縊殺之，併殺侍婢擊三娘者。

貴妃定哥，姓唐括氏。有容色。崇義節度使烏帶之妻。海陵舊嘗有私，侍婢貴哥與知之。烏帶在鎮，每遇元會生辰，使家奴葛魯、葛温詣闕上壽，定哥亦使貴哥候問海陵及兩宮太后起居。海陵因貴哥傳語定哥曰：「自古天子亦有兩后者，能殺汝夫以從我乎。」貴哥歸，具以海陵言告定哥。定哥曰：「少時醜惡，事已可恥。今兒女已成立，豈可爲此。」海陵聞之，使謂定哥：「汝不忍殺汝夫，我將族滅汝家。」定哥大恐，乃以子烏荅補爲辭，曰：「彼常侍其父，不得便。」海陵即召烏荅補爲符寶祗候〔一五〕。定哥曰：「事不可止矣。」因烏帶醉酒，令葛温、葛魯縊殺烏帶，天德四年七月也。海陵聞烏帶死，詐爲哀傷。已葬烏帶，即納定哥宫中爲娘子。貞元元年，封爲貴妃，大愛幸，許以爲后。每同輦遊瑶池，諸妃步從之。海陵嬖寵愈多，定哥希得見。一日獨居樓上，海陵與他妃同輦從樓下過，定哥望見，號呼求去，詛駡海陵，海陵陽爲不聞而去。

定哥自其夫時，與家奴閻乞兒通，嘗以衣服遺乞兒。及爲貴妃，乞兒以妃家舊人，給事本位。定哥既怨海陵疎己，欲復與乞兒通。有比丘尼三人出入宫中，定哥使比丘尼向乞兒索所遺衣服以調之。乞兒識其意，笑曰：「妃今日富貴忘我耶。」定哥欲以計納乞兒宮中，恐閽者索之，乃令侍兒以大篋盛褻衣其中，遣人載之入宮。閽者索之，見篋中皆褻衣，固已悔懼。定哥使人詰責閽者曰：「我，天子妃。親體之衣，爾故翫視，何也？我且奏之。」閽者惶恐曰：「死罪。請後不敢。」定哥乃使人以篋盛乞兒載入宮中，閽者果不敢復索。乞兒入宮十餘日，使衣婦人衣，雜諸宮婢，抵暮遣出。貴哥以告海陵。定哥縊死，乞兒及比丘尼三人皆伏誅。封貴哥莘國夫人。

初，海陵既使定哥殺其夫烏帶，使小底藥師奴傳旨定哥，告以納之之意。藥師奴知定哥與閽乞兒有姦，定哥以奴婢十八口賂藥師奴使無言與乞兒私事。定哥敗，杖藥師奴百五十。先是，藥師奴嘗盜玉帶當死，海陵釋其罪，逐去。及還中都，復召爲小底。及藥師奴既以匿定哥姦事被杖，後與祕書監文俱與靈壽縣主有姦，文杖二百除名，藥師奴當斬。海陵欲杖之，謂近臣曰：「藥師奴於朕有功，再杖之即死矣。」丞相李睹等執奏藥師奴於法不可恕〔一六〕，遂伏誅。海陵以葛温、葛魯爲護衛，葛温累官常安縣令，葛魯累官襄城縣令，大定初，皆除名。

麗妃石哥者，定哥之妹，祕書監文之妻也。海陵私之，欲納宮中。乃使文庶母按都瓜主文家。海陵謂按都瓜曰：「必出而婦，不然我將別有所行。」按都瓜以語文，文難之。按都瓜曰：「上謂别有所行，是欲殺汝也。豈以一妻殺其身乎。」文不得已，與石哥相持慟哭而訣。是時，海陵遷都，至中京，遣石哥，至中都俱納之。海陵召文至便殿，使石哥穢談戲文以爲笑。定哥死，遣石哥出宫。不數日復召入，封爲修容。貞元三年，進昭儀。正隆元年，進封柔妃。二年，進麗妃。

柔妃彌勒，姓耶律氏。天德二年，使禮部侍郎蕭拱取之于汴。過燕京，拱父仲恭爲燕京留守，見彌勒身形非若處女者，嘆曰：「上必以疑殺拱矣。」及入宫，果非處女，明日遣出宫。海陵心疑蕭拱，竟致之死。彌勒出宫數月，復召入，封爲充媛，封其母張氏莘國夫人，伯母蘭陵郡君蕭氏爲鞏國夫人。蕭拱妻擇特懶，彌勒女兄也。海陵既奪文妻石哥，却以擇特懶妻文。既而詭以彌勒之召，召擇特懶入宫，亂之。其後，彌勒進封柔妃云〔一七〕。

昭妃阿懶，海陵叔曹國王宗敏妻也。海陵殺宗敏而納阿懶宫中，貞元元年，封爲昭妃。大臣奏「宗敏屬近尊行，不可」。乃令出宫。

脩儀高氏，秉德弟糺里妻也。海陵殺諸宗室，釋其婦女。宗本子莎魯剌妻、宗固子胡里剌妻、胡失來妻及糺里妻，皆欲納之宫中，諷宰相奏請行之。使徒單貞諷蕭裕曰：「朕嗣續未廣，此黨人婦女有朕中外親，納之宫中何如？」裕曰：「近殺宗室，中外異議紛紜，奈何復爲此邪。」海陵曰：「吾固知裕不肯從。」乃使貞自以己意諷裕，必欲裕等請其事。

貞謂裕曰：「上意已有所屬，公固止之，將成疾矣。」裕曰：「必不肯已，唯上擇焉。」貞曰：「必欲公等白之。」裕不得已，乃具奏，遂納之。未幾，封高氏爲脩儀，加其父高耶魯瓦輔國上將軍，母完顏氏封密國夫人。高氏以家事訴於海陵。海陵自熙宗時〔一八〕，見悼后干政，心惡之，故自即位，不使母、后得預政事。於是，遣高氏還父母家。詔尚書省，凡后妃有請于宰相者，收其使以聞。

昭媛察八，姓耶律氏。嘗許嫁奚人蕭堂古帶。海陵納之，封爲昭媛。堂古帶爲護衛，察八使侍女習撚以軟金鵪鶉袋數枚遺之。事覺。是時，堂古帶謁告在河間驛，召問之。堂古帶以實對，海陵釋其罪。海陵登寶昌門樓，以察八徇諸后妃，手刃擊之，墮門下死，并誅侍女習撚。

壽寧縣主什古，宋王宗望女也。靜樂縣主蒲剌及習撚，梁王宗弼女也。師姑兒，宗雋女也。皆從姊妹。混同郡君莎里古真及其妹餘都，太傅宗本女也，再從姊妹。郕國夫人重節，宗盤女孫，再從兄之女。及母大氏表兄張定安妻奈剌忽、麗妃妹蒲魯胡只，皆有夫，唯什古喪夫。海陵無所忌恥，使高師姑、內哥、阿古等傳達言語，皆與之私。凡妃主宗婦嘗私之者，皆分屬諸妃，出入位下。奈剌忽出入元妃位，蒲魯胡只出入麗妃位，莎里古真、餘都出入貴妃位，什古、重節出入昭妃位，蒲剌、師姑兒出入淑妃位。海陵使內哥召什古。

先於暖位小殿置琴阮其中，然後召之。什古已色衰，常譏其衰老以爲笑。唯習撚、莎里古真最寵，恃勢笞決其夫。海陵使習撚夫稍喝押護衞直宿，莎里古真夫撒速近侍局直宿。謂撒速曰：「爾妻年少，遇爾直宿，不可令宿於家，常令宿於妃位。」每召入，必親伺候廊下，立久，則坐於高師姑膝上。高師姑曰：「天子何勞苦如此。」海陵曰：「我固以天子爲易得耳。此等期會難得，乃可貴也。」每於卧内遍設地衣，倮逐以爲戲。莎里古真在外爲淫泆。海陵聞之大怒，謂莎里古真曰：「爾愛貴官，有貴如天子者乎。爾愛人才，有才兼文武似我者乎。爾愛娱樂，有豐富偉岸過於我者乎。」怒甚，氣咽不能言。少頃，乃撫慰之曰：「無謂我聞知，便爾慚恧。遇燕會，當行立自如，無爲衆所測度也，恐致非笑。」後亦屢召入焉。餘都，牌印鬆古剌妻也。海陵嘗曰：「餘都貌雖不揚，而肌膚潔白可愛。」蒲剌進封壽康公主，什古進封昭寧公主，莎里古真進封壽陽縣主，重節進封蓬萊縣主。重節即昭妃蒲察氏所生，蒲察怒重節與海陵淫，批其頰，海陵怒蒲察氏，終殺之者也。

凡宮人在外有夫者，皆分番出入。海陵欲率意幸之，盡遣其夫往上京，婦人皆不聽出外。常令教坊番直禁中，每幸婦人，必使奏樂，撤其幃帳，或使人説淫穢語於其前。嘗幸室女不得遂，使元妃以手左右之。或妃嬪列坐，輒率意淫亂，使共觀。或令人效其形狀以爲笑。凡坐中有嬪御，海陵必自擲一物於地，使近侍環視之，他視者殺。誡宮中給使男子，於妃嬪位舉首者刓其目。出入不得獨行，便旋，須四人偕往，所司執刀監護，不由路者斬之。日入後，下階砌行者死，告者賞錢二百萬。男女倉猝誤相觸，先聲言者賞三品官，後言者死，齊言者皆釋之。

女使闢懶有夫在外，海陵封以縣君，欲幸之，惡其有娠，飲以麝香水，躬自揉拉其腹，欲墮其胎。闢懶乞哀，欲全性命，苟得乳免，當不舉。海陵不顧，竟墮其胎。

蒲察阿虎迭女叉察，海陵姊慶宜公主所生〔一九〕，嫁秉德之弟特里。秉德誅，當連坐，太后使梧桐請于海陵，由是得免。海陵白太后欲納叉察。太后曰：「是兒始生，先帝親抱至吾家養之，至于成人。帝雖舅，猶父也，不可。」其後，嫁宗室安達海之子乙剌補。海陵數使人諷乙剌補出之，因而納之。叉察與完顏守誠有姦，守誠本名遏里來，事覺，海陵殺守誠，太后爲叉察求哀，乃釋之。叉察家奴告叉察語涉不道，海陵自臨問，責叉察曰：「汝以守誠死詈我邪？」遂殺之。

同判大宗正阿虎里妻蒲速碗，元妃之妹〔二〇〕，因入見元妃，海陵逼淫之。蒲速碗自是不復入宮。

世宗爲濟南尹，海陵召夫人烏林荅氏。夫人謂世宗曰：「我不行，上必殺王。我當自勉，不以相累也。」夫人行至良鄉自殺，是以世宗在位二十九年，不復立后焉。

校勘記

〔一〕世祖翼簡皇后　「翼簡」，原作「簡翼」，據局本及本卷正文乙正。參見本卷校勘記〔六〕。

〔二〕海陵后徒單氏　「海陵」二字原脱，據文例補。

〔三〕「比三夫人」「比九嬪」「比二十七世婦」　三處「比」字原均爲一字空格，據南監本、北監本、殿本、局本補。

〔四〕貞慈光獻昭聖雖庶姓　「貞慈」，或當爲「貞懿慈憲」。按，本卷下文，海陵母大氏「尊謚曰慈憲皇后」。本書卷六四后妃傳下睿宗貞懿皇后傳，世宗母李氏「尊謚爲貞懿皇后」。

〔五〕天會十五年追謚　按，本書卷三二禮志五上尊謚、集禮卷三均繫追謚事於天會十四年。「十五年」當是「十四年」之誤。參見本書卷一校勘記〔二〕。以下至康宗敬僖皇后並同。

〔六〕世祖翼簡皇后拏懶氏　「翼簡」，原作「簡翼」，據局本乙正。按，本書卷二太祖紀，「母曰翼簡皇后拏懶氏」。卷三太宗紀，「母曰翼簡皇后拏懶氏」。卷三二禮志五上尊謚、集禮卷三，世祖「妣曰翼簡皇后」。皆作「翼簡」。

〔七〕大安元年癸酉歲卒　「元年」，局本作「九年」。按，本書卷一世紀謂世祖「遼大安八年五月十五日卒」，「明年，拏懶氏卒」。殿本考證，「按宋、遼史，宋、元通鑑諸書，遼大安元年乃乙丑，非癸酉也。考本紀肅宗以大安八年襲位，越明年癸酉爲大安九年，干支本自相合」。「元」疑是「九」字之誤。

〔八〕肅宗靖宣皇后　按，本書卷三二禮志五上尊謚，「廟號肅宗，妣曰靜宣皇后」，「柔德好衆曰『靜』」。集禮卷三，「肅宗妣曰靜宣皇后」。「靖宣」，均作「靜宣」。

〔九〕天會十五年追謚　「謚」，原作「贈」，據南監本、北監本、殿本、局本改。

〔一〇〕大定元年追謚　按，集禮卷六追謚后載，宣獻皇后追謚在大定二年四月二十六日。

〔一一〕古者入廟稱后繫夫　「廟」字原脫。按，集禮卷七追封，「入廟稱后繫夫，在朝稱太繫子」。今據補。

〔一二〕三年崩于明德宮　「三年」，原作「二年」，據局本改。按，本書卷四熙宗紀，皇統三年三月「丁酉，太皇太后唐括氏崩」。

〔一三〕大定七年降封海陵太妃削去皇后謚號　按，集禮卷四，大定二十年十二月，「海陵庶人所生母尚有慈獻皇后名稱，俱爲未當」。疑此處繫年有誤。

〔一四〕九月立爲皇后　按，本書卷三七禮志一〇册皇后儀，「天德二年十月九日，册妃徒單氏爲皇后」。

〔一五〕海陵即召烏荅補爲符寶祗候　「烏荅補」，原作「烏合補」，據上文改。按，本書卷八〇阿离補傳附方傳、卷一三二逆臣烏帶傳均作「兀荅補」。爲同音異譯。

〔一六〕丞相李睹等執奏藥師奴於法不可恕　按，本書無李睹事迹，疑史文有闕誤。

〔一七〕其後彌勒進封柔妃云　「其後」，原作「兵後」，據北監本、殿本、局本改。

〔一八〕海陵自熙宗時　「海陵」二字原脫，據北監本、殿本、局本補。

〔一九〕海陵姊慶宜公主所生　本書卷一二〇世戚蒲察鼎壽傳稱慶宜公主爲「海陵女弟」。

〔二〇〕元妃之妹　本書卷七六宗義傳稱阿虎里妻爲「海陵妃大氏女兄」。

金史卷六十四

列傳第二

后妃下

睿宗欽慈皇后，蒲察氏。睿宗元配。后之母，太祖之妹也。睿宗爲左副元帥，天會十三年薨，追封潞王，后封潞王妃。皇統六年，進號冀國王妃。天德間，進國號。正隆例，親王止封一字王，睿宗封許王，后封許王妃。世宗即位，睿宗升祔，追謚欽慈皇后。贈后曾祖賽補司空、韓國公，祖蒲剌司徒、鄭國公，父按補太尉、曹國公。大定二年，祔葬景陵。

世宗嘗曰：「今之女直，不比前輩，雖親戚世敍，亦不能知其詳。太后之母，太祖之妹，人亦不能知也。」謂宗敍曰：「亦是卿父譚王之妹，知之乎？」宗敍曰：「臣不能知也。」上曰：「父之妹且不知，其如疎遠何。」十九年，后族人勸農使莎魯窩請致仕，宰相以莎魯窩未嘗歷外，請除一外官，以均勞佚。上曰：「莎魯窩不閑政事，不可使治民。雖太后戚屬，富貴之可也。」不聽。

貞懿皇后，李氏，世宗母，遼陽人。父雛訛只，仕遼，官至桂州觀察使。天輔間，選東京士族女子有姿德者赴上京〔二〕，后入睿宗邸。七年，世宗生。天會十三年，睿宗薨，世宗時年十三。后教之有義方，嘗密謂所親曰：「吾兒有奇相，貴不可言。」居上京，內治謹嚴，臧獲皆守規矩，衣服飲食器皿無不精潔，敦睦親族，周給貧乏，宗室中甚敬之。后性明敏，剛正有決，容貌端整，言不妄發。

舊俗，婦女寡居，宗族接續之。后乃祝髮爲比丘尼，號通慧圓明大師，賜紫衣，歸遼陽，營建清安禪寺，别爲尼院居之。貞元三年，世宗爲東京留守。正隆六年五月，后卒。世宗哀毁過禮，以喪去官。未幾，起復爲留守。是歲十月，后弟李石定策，世宗即位于東京，尊謚爲貞懿皇后，其寢園曰孝寧宫。

大定二年，改葬睿宗於景陵。初，后自建浮圖于遼陽，是爲垂慶寺，臨終謂世宗曰：「鄉土之念，人情所同，吾已用浮屠法置塔于此，不必合葬也。我死，毋忘此言。」世宗深念遺命，乃即東京清安寺建神御殿，詔有司增大舊塔，起奉慈殿於塔前。敕禮部尚書王競爲塔銘以敍其意。贈后曾祖參君司空、潞國公，祖波司徒、衛國公，父雛訛只太尉、隋國公。四年，封后妹爲邢國夫人，賜銀千兩、錦綺二十端、絹五百匹。九年，神御殿名曰報德殿。詔翰林學士張景仁作清安寺碑，其文不稱旨，詔左丞石琚共修之。十三年，東京垂慶寺起神御殿，寺地褊狹，詔買傍近民地，優與其直，不願鬻者以官地易之。二十四年，世宗至東京，幸清安、垂慶寺。

世宗昭德皇后，烏林荅氏。其先居海羅伊河，世爲烏林荅部長，率部族來歸，居上京，與本朝爲婚姻家。曾祖勝管，康宗時累使高麗。父石土黑，騎射絶倫，從太祖伐遼，領行軍猛安。雖在行伍間，不嗜殺人。以功授世襲謀克，爲東京留守。

后聰敏孝慈，容儀整肅，在父母家，宗族皆敬重之。既歸世宗，事舅姑孝謹，治家有敍，甚得婦道。睿宗伐宋，得白玉帶，蓋帝王之服御也。睿宗没後，世宗寶畜之。后謂世宗曰：「此非王邸所宜有也，當獻之天子。」世宗以爲然，獻之熙宗，於是悼后大喜。熙宗晚年頗酗酒〔二〕，獨於世宗無間然。

海陵簒立，深忌宗室。烏帶譖秉德以爲意在葛王。秉德誅死，后勸世宗多獻珍異以説其心，如故遼骨睹犀佩刀、吐鶻、良玉茶器之類，皆奇寶也。海陵以世宗恭順畏己，由是忌刻之心頗解。

后不妬忌，爲世宗擇後房，廣繼嗣，雖顯宗生後而此心不移。后嘗有疾，世宗爲視醫藥，數日不離去。后曰：「大王視妾過厚，其知者以爲視疾，不知者必有專妬之嫌。」又曰：「婦道以正家爲大，第恐德薄，無補内治，安能效嬪妾所爲，惟欲己厚也。」

世宗在濟南，海陵召后來中都。后念若身死濟南，海陵必殺世宗，惟奉詔，去濟南而死，世宗可以免。謂世宗曰：「我當自勉，不可累大王也。」召王府臣僕張僅言諭之曰〔三〕：「汝，王之腹心人也。爲我禱諸東嶽，我不負王，使皇天后土明監我心。」召家人謂之曰：「我自初年爲婦以至今日，未嘗見王有違道之事。今宗室往往被疑者，皆奴僕不良，傲恨其主，以誣陷之耳。汝等皆先國王時舊人，當念舊恩，無或妄圖也。違此言者，我死後於冥中觀汝所爲。」衆皆泣下。后既離濟南，從行者知后必不肯見海陵，將自爲之所，防護甚謹。行至良鄉，去中都七十里，從行者防之稍緩，后得間即自殺。海陵猶疑世宗教之使然。

世宗自濟南改西京留守，過良鄉，使魯國公主葬后于宛平縣土魯原。大定二年，追册爲昭德皇后，立别廟。贈三代，曾祖勝管司空、徐國公，曾祖母完顔氏徐國夫人，祖术思黑司徒、代國公，祖母完顔氏、代國夫人，父石土黑太尉、瀋國公，母完顔氏瀋國夫人。勑有司改葬，命皇太子致奠。以后兄暉子天錫，爲太尉石土黑後，授世襲猛安〔四〕。上謂天錫曰：「朕四五歲時與皇后定婚，乃祖太尉置朕于膝上曰：『吾壻七人，此壻最幼，後來必大吾門。』今卜葬有期，疇昔之言驗矣。」

六年，利涉軍節度副使烏林荅鈔兀捕逃軍受贓，當死。有司奏，鈔兀，后大功親，當議。詔論如法。

八年七月，章宗生，世宗喜甚。謂顯宗曰：「得社稷冢嗣，朕樂何極。此皇后貽爾以陰德也。」

十年十月，將改葬太尉石土黑，有司奏禮儀，援唐葬太尉李良器、司徒馬燧故事，百官便服送至都門外五里。上曰：「前改葬太后父母，未嘗用此故事。但以本朝禮改葬之，惟親戚皆送。」詔皇太子臨奠。

十一年，皇太子生日，世宗宴於東宮。酒酣，命豫國公主起舞。上流涕曰：「此女之母皇后，婦道至矣。朕所以不立中宮者，念皇后之德今無其比故也。」

十二年四月，立皇后別廟于太廟東北隅。是歲五月，車駕幸土魯原致奠。十九年，改卜于大房山。十一月甲寅，皇后梓宮至近郊，百官奉迎。乙卯，車駕如楊村致祭。丙辰，上登車送，哭之慟。戊午，奉安于磐寧宮。庚申，葬于坤厚陵，諸妃祔焉。二十九年，祔葬興陵。章宗時，有司奏太祖謚有「昭德」字，改謚明德皇后。

元妃張氏，父玄徵。母高氏，與世宗母貞懿皇后葭莩親。世宗納爲次室，生趙王永中，而張氏卒。大定二年，追封宸妃。是歲十月，追進惠妃。十九年，追進元妃。

大定二十五年，皇太子薨。永中於諸子最長，而世宗與徒單克寧議立章宗爲太孫。世宗嘗曰：「克寧與永中有親，而建議立太孫，眞社稷臣也。」尚書左丞汝弼者，玄徵子，永中母舅。汝弼妻高陀斡屢以邪言怵永中，畫元妃像，朝夕事之，覬望徼福，及挾左道。明昌五年，高陀斡誅死〔五〕，事連汝弼及永中，汝弼以死後事覺，得不追削官爵，而章宗心疑永中，累年不釋。諫官賈守謙、路鐸上疏欲寬解上意，章宗愈不悅。平章政事完顏守貞持其事不肯決，章宗怒守貞，罷知濟南府，諸諫官皆斥外，賜永中死。金代外戚之禍，惟張氏云。

元妃李氏，南陽郡王李石女〔六〕。生鄭王允蹈、衞紹王允濟、潞王允德。豫王允成母昭儀梁氏早卒，上命允成爲妃養子。大定元年，封賢妃。二年，進封貴妃。七年，進封元妃。世宗即位，感念昭德皇后，不復立后。嘗曰：「朕所以不復立后者，今後宮無皇后之賢故也。」元妃下皇后一等，在諸妃上。石有定策功，世宗厚賞而深制之，寵以尚書令之位，而責成左右丞相以下，妃雖貴，不得預政，宮壼無事。

大定二十一年二月，上如春水，次長春宮。戊子，妃以疾薨。詔允成、允蹈、允濟、允德皆服衰絰居喪。己丑，皇太子及扈從臣僚，奉慰于芳明殿。辛卯，留守官平章政事唐括安禮、曹王允功等上表奉慰。御史中丞張九思提控殯事，少府監左光慶、大興少尹王翛典領鹵簿儀仗。宮籍監別治殯所，還殯京師。乙未，入自崇智門，百官郊迎，親戚迎奠道路，殯于興德宮西位別室。庚子，上至京師，幸興德宮致奠。比葬，三致奠焉。詔平章政事烏古論元忠監護葬事。癸未，啓菆，上輟朝。皇太子、親王、宗戚、百官送葬。甲申，葬於海王莊。丙戌，上如海王莊燒飯。二十八年九月，與賢妃石抹氏、德妃徒單氏、柔妃大氏俱陪葬于坤厚陵。衞紹王即位，追謚光獻皇后，贈妃弟獻可特進。貞祐三年九月，削皇后號。

顯宗孝懿皇后，徒單氏。其先忒里闢剌人也〔七〕。曾祖抄，從太祖取遼有功，命以所部爲猛安，世襲之。祖婆盧火，以戰功多，累官開府儀同三司，贈司徒、齊國公。父貞尚遼王宗幹女梁國公主，加駙馬都尉，贈太師、廣平郡王。

后以皇統七年生於遼陽。母夢神人授以寶珠，光焰滿室，既寤而生，紅光燭于庭。后性莊重寡言，父母嘗令總家事，細大畢辦，諸男不及也。

世宗初即位，貞爲御史大夫，自南京馳見。世宗喜謂之曰：「卿雖廢主腹心臣，然未嘗助彼爲虐，況卿家法可尚，其以卿女爲朕子妃。」及顯宗爲皇太子，大定四年九月，備禮親迎於貞第。世宗臨宴，盡歡而罷。是年十一月，顯宗生辰，初封爲皇太子妃。

八年七月，上遣宣徽使移剌神獨斡以名馬、寶刀、御饍賜太子及妃，仍諭之曰：「妃今臨蓐，願平安得雄。有慶之後，宜以此刀寘左右。」既而皇孫生，是爲章宗。時上幸金蓮川，次冰井，翌日，上臨幸撫視，宴甚歡。又賜御服佩刀等物，謂顯宗曰：「祖宗積慶，且皇后陰德至厚，而有今日，社稷之洪福也。」又謂李石、紇石烈志寧曰：「朕諸子雖多，皇后止有太子一人而已。今幸得嫡孫，觀其骨相不凡，又生麻達葛山，山勢衍氣清，朕甚嘉之。」因以山名爲章宗小字。

后素謙謹，每畏其家世崇寵，見父母流涕而言曰：「高明之家，古人所忌，願善自保持。」其後，家果以海陵事敗，蓋其遠慮如此。世宗嘗謂諸王妃、公主曰：「皇太子妃容止合度，服飾得中，爾等當法效之。」章宗即位，尊爲皇太后，更所居仁壽宮名曰隆慶宮。詔有司歲奉金千兩、銀五千兩、重幣五百端、絹二千疋、綿二萬兩、布五百疋、錢五萬貫。他所應用，內庫奉之，毋拘其數。

上月或五朝六朝，而后愈加敬儉，見諸大長公主，禮如平時，惇睦九族，恩紀皆洽。尤惡聞人過，諛佞之言無所得入。恕以容物，未嘗見喜愠。然御下公平，雖至親無所阿徇。嘗誡諸姪曰：「皇帝以我故，乃推恩外家，當盡忠圖報。勿謂小善爲無益而弗爲，小惡爲無傷而弗去。毋藉吾之貴，輒肆非違，以干國家常憲。」一日，妹并國夫人〔八〕、嫂涇國夫人等侍側，因諭之曰：「爾家累素重，且非豐厚，宜節約財用，勿以吾爲可恃。吾受天下之養，豈有所私積哉。況財用者，天下之財用也。吾終不能多取以富爾之私室。」家人有以玉盂進者，却之，且曰：「貴異物而殫財用，非我所欲也。況我之賜予有度，今爾以此爲獻，何以自給。徒費汝財，我實無用，後勿復爾。」明昌元年，禮官議以五月奉上册寶，后弗許。上屢爲之請，后曰：「今世宗服未終，遽衣錦繡、佩珠玉，於禮何安。當俟服闋行之。」上諭有司曰：「太后執意甚堅，其待來年。」明昌二年正月，崩於隆慶宮，年四十五。謚曰孝懿，祔葬裕陵。

后好詩、書，尤喜老、莊，學純淡清懿，造次必於禮。逮嬪御以和平，其有生子而母亡者，視之如己所生，慈訓無間。上時問安，見事有未當者，必加之嚴誡云。

昭聖皇后，劉氏，遼陽人。天眷二年九月己亥夜，后家若見有黄衣女子入其母室中者，俄頃，后生。性聰慧，凡字過目不忘。初讀孝經，旬日終卷。最喜佛書。世宗爲東京留守，因擊毬，見而奇之，使見貞懿皇后于府中，進退閑雅，無恣睢之色。大定元年，選入東宫，時年二十三。

三年三月十三日，宣宗生。是日，大雨震電，后驚悸得疾，尋卒。承安五年，贈裕陵昭華。宣宗即位，追尊爲皇太后，升祔顯宗廟，追謚昭聖皇后。

章宗欽懷皇后，蒲察氏，上京路曷速河人也。曾祖太神，國初有功，累階光禄大夫，贈司空、應國公。祖阿胡迭，官至特進，贈司徒、譙國公〔九〕。父鼎壽尚熙宗鄭國公主，授駙馬都尉、中都路昏得渾山猛安、曷速木單世襲謀克，累官至金吾衛上將軍，贈太尉、越國公。

后之始生，有紅光被體，移時不退。就養於姨冀國公主，既長，孝謹如事所生。大定二十三年，章宗爲金源郡王，行納采禮。世宗遣近侍局使徒單懷忠就賜金百兩、銀千兩、廐馬六匹、重綵三十端。拜命間，慶雲見于日側，觀者異之。是年十一月，備禮親迎。詔親王、宰執、三品已上官及命婦會禮，封金源郡王夫人，後進封妃，崩。

后性淑明，風儀粹穆，知讀書爲文。帝即位，遂加追册，仍詔告中外，奉安神主于坤寧宮，歲時致祭。大安初，祔葬于道陵。

元妃李氏師兒，其家有罪，没入宫籍監。父湘，母王盻兒，皆微賤。大定末，以監户女子入宫。是時宫教張建教宫中，師兒與諸宫女皆從之學。故事，宫教以青紗隔障蔽内外，宫教居障外，諸宫女居障内，不得面見。有不識字及問義，皆自障内映紗指字請問，宫教自障外口説教之。諸女子中惟師兒易爲領解，建不知其誰，但識其音聲清亮。章宗嘗問建，宮教中女子誰可教者。建對曰：「就中聲音清亮者最可教。」章宗以建言求得之。宦者梁道譽師兒才美，勸章宗納之。章宗好文辭，妃性慧黠，能作字，知文義，尤善伺候顔色，迎合旨意，遂大愛幸。明昌四年，封爲昭容。明年，進封淑妃。父湘追贈金紫光禄大夫、上柱國、隴西郡公。祖父、曾祖父皆追贈。

兄喜兒舊嘗爲盜，與弟鐵哥皆擢顯近，勢傾朝廷，風采動四方，射利競進之徒爭趨走其門。南京李炳、中山李著與通譜系，超取顯美。胥持國附依以致宰相。怙財固位，上下紛然，知其姦蠹，不敢擊之，雖擊之，莫能去也。紇石烈執中貪愎不法，章宗知其跋扈，而屢斥屢起，終亂天下。

自欽懷皇后没世，中宮虚位久，章宗意屬李氏。而國朝故事，皆徒單、唐括、蒲察、拏懶、僕散、紇石烈、烏林荅、烏古論諸部部長之家，世爲姻婚，娶后尚主，而李氏微甚。至是，章宗果欲立之，大臣固執不從，臺諫以爲言，帝不得已，進封爲元妃，而勢位熏赫，與皇后侔矣。一日，章宗宴宮中，優人瑇瑁頭者戲于前。或問：「上國有何符瑞？」優曰：「汝不聞鳳皇見乎。」其人曰：「知之，而未聞其詳。」優曰：「其飛有四，所應亦異。若嚮上飛則風雨順時，嚮下飛則五穀豐登，嚮外飛則四國來朝，嚮裏飛則加官進禄。」上笑而罷。

欽懷后及妃姬嘗有子，或二三歲或數月輒夭。承安五年，帝以繼嗣未立，禱祀太廟、山陵。少府監張汝猷因轉對，奏「皇嗣未立，乞聖主親行祀事之後，遣近臣詣諸岳觀廟祈禱」。詔司空襄往亳州禱太清宮，既而止之，遣刑部員外郎完顏匡往焉〔一〇〕。

泰和二年八月丁酉，元妃生皇子忒隣，羣臣上表稱賀。宴五品以上于神龍殿，六品以下宴于東廡下。詔平章政事徒單鎰報謝太廟，右丞完顏匡報謝山陵，使使亳州報謝太清宮。既彌月，詔賜名，封爲葛王。葛王，世宗初封，大定後不以封臣下，由是三等國號無葛。尚書省奏，請於瀛王下附葛國號，上從之。十二月癸酉，忒隣生滿三月，勅放僧道度牒三千道，設醮于玄真觀，爲忒隣祈福。丁丑，御慶和殿，浴皇子。詔百官用元旦禮儀進酒稱賀，五品以上進禮物〔一一〕。生凡二歲而薨。

兄喜兒，累官宣徽使、安國軍節度使。弟鐵哥，累官近侍局使、少府監。

至八年，承御賈氏及范氏皆有娠〔一二〕，未及乳月，章宗已得嗽疾，頗困。是時衛王永濟自武定軍來朝。章宗於父兄中最愛衛王，欲使繼體立之，語在衛紹王紀。衛王朝辭，是日，章宗力疾與之擊毬，謂衛王曰：「叔王不欲作主人，遽欲去邪？」元妃在傍，謂帝曰：「此非輕言者。」十一月乙卯，章宗大漸，衛王未發，元妃與黄門李新喜議立衛王，使内侍潘守恒召之。守恒頗知書，識大體，謂元妃曰：「此大事，當與大臣議。」迺使守恒召平章政事完顏匡。匡，顯宗侍讀，最爲舊臣，有征伐功，故獨召之。匡至，遂與定策立衞王。丙辰，章宗崩，遺詔皇叔衞王即皇帝位。詔曰：「朕之内人，見有娠者兩位。如其中有男，當立爲儲貳。如皆是男子，擇可立者立之。」

衞紹王即位，大安元年二月，詔曰：「章宗皇帝以天下重器畀于眇躬，遺旨謂掖庭内人有娠者兩位，如得男則立爲儲貳。申諭多方，皎如天日。朕雖涼菲，實受付託，思克副於遺意，每曲爲之盡心，擇靜舍以俾居，遣懿親而守視。欽懷皇后母鄭國公主及乳母蕭國夫人晝夜不離。昨聞有爽於安養，已用軫憂而弗寧，爰命大臣專爲調護。今者平章政事僕散端、左丞孫即康奏言，承御賈氏當以十一月免乳，今則已出三月，來事未可度知。范氏產期，合在正月，而太醫副使儀師顏言，自年前十一月診得范氏胎氣有損，調治迄今，脉息雖和，胎形已失。及范氏自願於神御前削髮爲尼。重念先皇帝重屬大事，豈期聞此，深用怛然。今范氏既已有損，而賈氏猶或可冀，告於先帝，願降靈禧，默賜保全，早生聖嗣。尚恐衆庶未究端由，要不匿於播敷，使咸明於吾意。」

四月，詔曰：「近者有訴元妃李氏，潛計負恩，自泰和七年正月，章宗暫嘗違豫，李氏與新喜竊議，爲儲嗣未立，欲令宮人詐作有身，計取他兒詐充皇嗣。遂於年前閏月十日，因賈承御病嘔吐，腹中若有積塊，李氏與其母王盼兒及李新喜謀，令賈氏詐稱有身，俟將臨月，於李家取兒以入，月日不偶則規別取，以爲皇嗣。章宗崩，謀不及行。當先帝彌留之際，命平章政事完顏匡都提點中外事務，明有勑旨，『我有兩宮人有娠』，更令召平章，左右並聞斯語。李氏并新喜乃敢不依勑旨，欲喚喜兒、鐵哥，事既不克，竊呼提點近侍局烏古論慶壽與計，因品藻諸王，議復不定。知近侍局副使徒單張僧遣人召平章，已到宣華門外，始發勘同。平章入內，一遵遺旨，以定大事。方先帝疾危，數召李氏，李氏不到。及索衣服，李氏承召亦不即來，猶與其母私議。先皇平昔或有幸御，李氏嫉妬，令女巫李定奴作紙木人、鴛鴦符以事魘魅，致絶聖嗣。所爲不軌，莫可殫陳。事既發露，遣大臣按問，俱已款服。命宰臣往審，亦如之。有司議，法當極刑。以其久侍先帝，欲免其死。王公百僚，執奏堅確。今賜李氏自盡。王盻兒、李新喜各正典刑。李氏兄安國軍節度使喜兒、弟少府監鐵哥如律，仍追除復係監籍，於遠地安置。諸連坐並依律令施行。承御賈氏亦賜自盡。」

蓋章宗崩三日而稱范氏胎氣有損。章宗疾彌留，亦無完顏匡都提點中外事務勑旨。或謂完顏匡欲專定策功，構致如此。自後天下不復稱元妃，但呼曰李師兒。

及胡沙虎弑衛王，立宣宗，請貶降衛王，降爲東海郡侯。其詔曰：「大安之初，頒諭天下，謂李氏與其母王盻兒及李新喜同謀，令賈氏虛稱有身，各正罪法。朕惟章宗皇帝聖德聰明，豈容有此欺紿。近因集議，武衞軍副使兼提點近侍局完顏達、霍王傅大政德皆言賈氏事内有冤。此時，達職在近侍，政德護賈氏，所以知之。朕親臨問左證，其事曖昧無據〔一三〕，當時被罪貶責者可俱令放免還家。」由是李氏家族皆得還。

衞紹王后徒單氏，大安元年，立爲皇后。至寧元年，胡沙虎亂，與衞王俱遷于衞邸。帝遇弒，宣宗即位，衞王降爲東海郡侯，徒單氏削皇后號。貞祐二年，遷都汴，詔凡衞紹王及鄗厲王家人皆徙鄭州，仍禁錮，不得出入。男女不得婚嫁者十九年。天興元年，詔釋禁錮。是時，河南已不能守，子孫不知所終。

宣宗皇后王氏，中都人，明惠皇后妹也。其父微時嘗夢二玉梳化爲月，已而生二后，及没，有芝生于柩。初，宣宗封翼王，章宗詔諸王求民家子，以廣繼嗣。是時，后與龐氏偕入王邸，及見后姊有姿色，又納之。貞祐元年九月，封后爲元妃，姊爲淑妃，龐氏爲真妃。淑妃生哀宗，真妃生守純，后無子，養哀宗爲己子。貞祐二年七月，賜姓温敦氏，立爲皇后。追封后曾祖得壽司空、冀國公，曾祖母劉氏冀國夫人，祖璞司徒、益國公，祖母楊氏益國夫人，父彦昌太尉、汴國公，母馬氏汴國夫人。

三年，莊獻太子薨，哀宗爲皇太子。宣宗崩，哀宗即位。正大元年，尊后爲皇太后，號其宫曰仁聖，進封后父曰南陽郡王。

或曰：宣宗爲諸王時，莊獻太子母爲正妃，及即位，尊爲皇后。貞祐元年九月，詔曰：「元妃某氏久奉侍於潛藩，已賜封於國號，可立爲皇后。」其名氏蓋不可考也。或又曰：自王氏姊妹入宫而后寵衰，尋爲尼，王氏遂立爲后，皆后姊明惠之謀也。

初，王氏姊妹受封之日，大風昏霾，黄氣充塞天地。已而，后夢丐者數萬踵其後，心甚惡之。占者曰：「后者，天下之母也。百姓貧窶，將誰訴焉？」后遂勑有司，京城設粥與冰藥。及壬辰、癸巳歲，河南饑饉。大元兵圍汴，加以大疫，汴城之民，死者百餘萬，后皆目覩焉。

哀宗釋服，將禘饗太廟，先期，有司奏冕服成，上請仁聖、慈聖兩宫太后御内殿，因試衣之以見，兩宫大悦。上更便服，奉觴爲兩宫壽。仁聖太后諭上曰：「祖宗初取天下甚不易。何時使四方承平，百姓安樂，天子服此法服，於中都祖廟行禘饗乎？」上曰：「阿婆有此意，臣亦何嘗忘。」慈聖太后亦曰：「恒有此心，則見此當有期矣。」遂酌酒爲上壽，歡然而罷。

天興元年冬，哀宗還歸德。二年正月，遣近侍徒單四喜、术甲荅失不奉迎兩宮。后御仁安殿，出鋌金及七寶金洗，分賜從行忠孝軍。是夜，兩宮及柔妃裴滿氏等乘馬出宮，行至陳留，城左右火起，疑有兵，不敢進。后亟命還宮。明日，入京憩四喜家。少頃，輦迎入宮。方謀再行，京城破，后及諸妃嬪北遷，不知所終。惟寶符李氏從至宣德州，居摩訶院。李氏自入院，止寢佛殿中，作爲幡旆。會當同后妃北行，將發，佛像前自縊死，且自書門紙曰「寶符御侍此處身故」。

宣宗明惠皇后，王皇后之姊也。生哀宗。宣宗即位，封爲淑妃。及妹立爲后，進封元妃。哀宗即位，詔尊爲皇太后，號其宮曰慈聖。

后性端嚴，頗達古今。哀宗已立爲皇太子，有過尚切責之，及即位，始免檟楚。一日，宮中就食，尚器有玉盌楪三，一奉太后，一奉帝及中宮。荊王母真妃龐氏以瑪瑙器進食，后見之怒，召主者責曰：「誰令汝妄生分別，荊王母豈卑我兒婦耶。非飲食細故，已令有司杖殺汝矣。」是後，宮中奉真妃有加。或告荊王謀不軌者，下獄，議已決。帝言于后，后曰：「汝止一兄，柰何以讒言欲害之。章宗殺伯與叔，享年不永，皇嗣又絶，何爲欲效之耶。趣赦出，使來見我。移時不至，吾不見汝矣。」帝起，后立待，王至，涕泣慰撫之。

哀宗甚寵一宫人，欲立爲后。后惡其微賤，固命出之。上不得已，命放之出宫，語使者曰：「爾出東華門，不計何人，首遇者即賜之。」於是遇一販繒者，遂賜爲妻。點檢撒合輦教上騎鞠，后傳旨戒之云：「汝爲人臣，當輔主以正，顧乃教之戲耶。再有聞，必大杖汝矣。」

比年小捷，國勢頗振，文士有奏賦頌以聖德中興爲言者。后聞不悦曰：「帝年少氣鋭，無懼心則驕怠生。今幸一勝，何等中興，而若輩諂之如是。」

正大八年九月丙申，后崩，遺命園陵制度，務從儉約。十二月己未，葬汴城迎朔門外五里莊獻太子墓之西。謚明惠皇后。

哀宗皇后，徒單氏。宣宗及后有疾，后嘗刲膚以進，宣宗聞而嘉之。興定四年，后父鎮南軍節度使頑僧有罪，宣宗以后純孝，因曲赦之，聽其致仕。正大元年，詔立爲皇后。哀宗遷歸德，遣后弟四喜等詣汴奉迎，夜至陳留，不敢進，復歸于汴。未幾，城破北遷，不知所終。

贊曰：周禮「九嬪，掌婦學之法，婦德、婦言、婦容、婦功」。班昭氏論之曰：「婦德，不必才明絶異也。婦言，不必便口利辭也。婦容，不必顔色美麗也。婦功，不必功巧過人也。清閑貞靜，守節整齊，行己有恥，動靜有法，是謂婦德。擇辭而説，不道惡語，時然後言，不厭於人，是謂婦言。盥浣塵穢，服飾鮮潔，沐浴以時，身不垢辱，是謂婦容。專心紡績，不好戲笑，潔齊酒食，以奉賓客，是謂婦功。」後世婦學不脩，麗色以相高，巧言以相傾，衒能以市恩，逢迎以固寵。是故悼平掣頓皇統，以隕其身；海陵蠱惑羣嬖，幾亡其國。道陵李氏擅寵蠹政，卒僨其宗。嗚呼，可不戒哉。

校勘記

〔一〕選東京士族女子有姿德者赴上京　此處「上京」指金上京會寧府。參見本書卷二校勘記〔二四〕。

〔二〕熙宗晚年頗酗酒　「酗酒」，原作「酒酗」，據文義乙正。

〔三〕召王府臣僕張僅言諭之曰　「張僅言」，原作「張謹言」，據本書卷一三三叛臣張覺傳附張僅言傳改。

〔四〕以后兄暉子天錫爲太尉石土黑後授世襲猛安　按，本書卷一二〇世戚烏林荅暉傳，「詔以暉第三子天錫世襲納鄰河猛安親管謀克」。疑此處「世襲猛安」是「世襲謀克」之誤。

〔五〕明昌五年高陀斡誅死　「五年」，原作「二年」。按，本書卷一〇章宗紀二，明昌五年冬十月「庚戌，張汝弼妻高陀斡以謀逆，伏誅」。又卷八五世宗諸子永中傳，「明昌五年，高陀斡坐詛祝誅」。今據改。

〔六〕南陽郡王李石女　按，本書卷八六李石傳，「以太保致仕，進封廣平郡王。十六年，薨」。卷三一禮志四功臣配享，亦稱李石爲廣平郡王。

〔七〕其先忒里闢剌人也　按，本書卷一三二逆臣徒單貞傳，徒單貞，「忒黑闢剌人也」。疑「忒里闢剌」是「忒黑闢剌」之誤。

〔八〕并國夫人　本書卷一〇〇完顏伯嘉傳作「晉國夫人」。疑此係明昌以前舊稱。

〔九〕贈司徒譙國公　「譙國公」，本書卷一二〇世戚蒲察阿虎迭傳作「楚國公」。

〔一〇〕遣刑部員外郎完顏匡往焉　按，本書卷一一章宗紀三，承安四年正月，「簽樞密院事完顏匡爲尚書右丞」。此處官職有誤，或人名有誤。

〔一一〕詔百官用元旦禮儀進酒稱賀五品以上進禮物　按，本書卷九三章宗諸子忒隣傳作「百官用天壽節禮儀，進酒稱賀，三品以上進禮物」。

〔一二〕至八年承御賈氏及范氏皆有娠　「至」字下原有「大定」二字，局本作「泰和」。按，大定爲世宗年號，此處所述是章宗泰和時事，「大定」顯係衍文。今據删。

〔三〕其事曖昧無據　「無」字原脱，據上下文義補。

金史卷六十五

列傳第三

始祖以下諸子

斡魯　輩魯　謝庫德孫拔達　謝夷保子盆納　謝里忽　烏古出
跋黑　崇成本名僕灰　劾孫子蒲家奴　麻頗子謾都本〔一〕　謾都訶
斡帶　斡賽子宗永　斡者孫璋　昂本名吾都補〔二〕子鄭家

始祖明懿皇后生德帝烏魯，季曰斡魯，女曰注思版，皆福壽之語也。以六十後生子，異之，故皆以嘉名名之焉。

德帝思皇后生安帝，季曰輩魯。輩魯與獻祖俱徙海姑水，置屋宇焉。輩魯之孫胡率。胡率之子劾者，與景祖長子韓國公劾者同名。韓國公前死，所謂肅宗納劾者之妻加古氏者是也。穆宗四年伐阿疎。阿疎走遼。遼使使來止伐阿疎軍。穆宗陽受遼帝約束，先歸國，留劾者守阿疎城。凡三年，卒攻破之。天會十五年贈特進。

安帝節皇后生獻祖，次曰信德，次曰謝庫德，次曰謝夷保，次曰謝里忽。

謝庫德之孫拔達，謝夷保之子盆納，皆佐世祖有功。盆納勇毅善射，當時有與同名者，嘗有貳志，目之曰「惡盆納」。天會十五年，拔達贈儀同三司，盆納贈開府儀同三司。在世祖時，歡都、冶訶及劾者、拔達、盆納五人者，不離左右，親若手足，元勳之最著者也。明昌五年皆配饗世祖廟廷。

准德、束里保者，皆加古部人。申乃因、醜阿皆駞滿部人。富者粘没罕，完顏部人。阿庫德、白達皆雅達瀾水完顏部勃堇。此七人者，當攜離之際，能一心竭力輔戴者也。達紀、胡蘇皆朮甲部勃堇。勝昆、主保皆朮虎部人。阿庫德，温迪痕部人。此五人者，又其次者也。

世祖初年，跋黑爲變，烏春盛强，使人召阿庫德、白達。阿庫德曰：「吾不知其他，死生與太師共之。」太師，謂世祖也。白達大喜曰：「我心正如此耳。」烏春兵來，堅壁自守，勿與戰可也。」達紀、胡蘇居琵里郭水，烏春兵出其間，不爲變，終拒而不從。勝昆居胡不干村，其兄滓不乃勃堇，烏春止其家，而以兵圍勝昆。烏春解去，世祖殺滓不乃，勝昆請無孥戮，世祖從之。世祖破桓赧、散達，主保死焉。天會十五年，准德、申乃因、阿庫德、白達皆贈金紫光禄大夫。束里保、醜阿、富者粘没罕、達紀、胡蘇、勝昆、主保、温迪痕阿庫德皆贈銀青光禄大夫，皆天會十五年追贈。

又有胡論加古部勝昆勃堇、蟬春水烏延部富者郭赧，畏烏春彊，請世祖兵出其間，以爲重也。世祖使斜列、躍盤將別軍過之。郭赧教斜列取先在烏春軍中二十二人，烏春覺之，殺二人，得二十人。郭赧又以土人益斜列軍。穆宗他日嘉此功不能忘，以斜烈之女守寧妻郭赧子胡里罕焉。

婆多吐水裴滿部斡不勃堇附於世祖，桓赧焚之。斡不卒，世祖厚撫其家。因併録之，以見立國之艱難云。

謝里忽者，昭祖將定法制，諸父、國人不悅，已執昭祖，將殺之。謝里忽亟往，彎弓注矢，射於衆中，衆乃散去，昭祖得免。國俗，有被殺者，必使巫覡以詛祝殺之者，迺繫刃于杖端，與衆至其家，歌而詛之曰：「取爾一角指天、一角指地之牛，無名之馬，向之則華面，背之則白尾，橫視之則有左右翼者。」其聲哀切悽婉，若蒿里之音。既而以刃畫地，劫取畜產財物而還。其家一經詛祝，家道輒敗。

及來流水烏薩扎部殺完顏部人，昭祖往烏薩扎部以國俗治之，大有所獲，頒之於諸父昆弟而不及謝里忽。謝里忽曰：「前日免汝於死者吾之力，往治烏薩扎部者吾之謀也。分不及我，何邪。」昭祖於是早起，自齎問金列鞢往餽之。時謝里忽猶未起，擁寢衣而問曰：「爾爲誰？」昭祖曰：「石魯先擇此寶，而後頒及他人，敢私布之。」謝里忽既揚言，初不自安，至是乃大喜。列鞢者，腰佩也。

獻祖恭靖皇后生昭祖，次曰朴都，次曰阿保寒，次曰敵酷，次曰敵古迺，次曰撒里輦，次曰撒葛周。

昭祖威順皇后生景祖，次曰烏骨出。次室達胡末，烏薩扎部人，生跋黑、僕里黑、斡里安。次室高麗人，生胡失荅。

烏古出，初昭祖久無子，有巫者能道神語，甚驗，乃往禱焉。巫良久曰：「男子之魂至矣。此子厚有福德，子孫昌盛，可拜而受之。若生，則名之曰烏古迺。」是爲景祖。又良久曰：「女子之魂至矣，可名曰五鴉忍。」又良久曰：「女子之兆復見，可名曰斡都拔。」又久之，復曰：「男子之兆復見，然性不馴良，長則殘忍，無親親之恩，必行非義，不可受也。」昭祖方念後嗣未立，乃曰：「雖不良，亦願受之。」巫者曰：「當名之曰烏古出。」既而生二男二女，其次第先後皆如巫者之言，遂以巫所命名名之。

景祖初立，烏骨出酗酒，屢悖威順皇后。后曰：「巫言驗矣，悖亂之人終不可留。」遂與景祖謀而殺之。部人怒曰：「此子性如此，在國俗當主父母之業，奈何殺之？」欲殺景祖。后乃匿景祖，出謂衆曰：「爲子而悖其母，率是而行，將焉用之？吾割愛而殺之，烏古迺不知也，汝輩寧殺我乎？」衆乃罷去。烏古出之子習不失，自有傳。

跋黑及同母弟二人，自幼時每爭攘飲食，昭祖見而惡之，曰：「吾娶此妾而生子如此，後必爲子孫之患。」世祖初立，跋黑果有異志，誘桓赧、散達、烏春、窩謀罕離間部屬，使貳於世祖。世祖患之，乃加意事之，使爲勃堇而不令典兵。

跋黑既陰與桓赧、烏春謀計，國人皆知之，而童謠有「欲生則附於跋黑，欲死則附於劾里鉢、頗剌淑」之語。世祖亦以策探得兄弟部人向背。烏春、桓赧相次以兵來攻，世祖外禦强兵，而内畏跋黑之變。將行，聞跋黑食於其愛妾之父家，肉張咽而死，且喜且悲，乃迎尸而哭之。

崇成，本名僕灰，泰州司屬司人，昭祖玄孫也。大定十八年收充奉職，改東宫入殿小底，轉護衛。二十五年，章宗爲原王，充本府祗候郎君。明年，上爲皇太孫，復爲護衛。上即位，授河間府判官，以憂去職。起復爲宿直將軍，累遷武衛軍都指揮使。泰和三年卒，賻贈有加。崇成謹飭有守，宿衛二十餘年，未嘗有過，故久侍密近云。

景祖昭肅皇后生韓國公劾者，次世祖，次沂國公劾孫，次肅宗，次穆宗。次室注思灰，契丹人，生代國公勀真保。次室温迪痕氏，名敵本，生虞國公麻頗、隋國公阿离合懣、鄭國公謾都訶。勀者、阿离合懣別有傳〔三〕。

勀孫。天會十四年大封宗室，勀孫追封王爵。正隆例降封鄭國公。

子蒲家奴又名昱，嘗從太祖伐留可、塢塔。太祖使蒲家奴招詐都，詐都即降。康宗八年，係遼籍女直紇石烈部阿里保太彎阻兵〔四〕，招納亡命，邊民多亡歸之。蒲家奴以偏師夜行晝止，抵石勒水，襲擊破之，盡俘其孥而還。邊氓自此無復亡者。後與宗雄視泰州地土，太祖因徙萬家屯田于其地。

天輔五年，蒲家奴爲昃勃極烈，遂爲都統，使襲遼帝，而以雨潦不果行。既而，忽魯勃極烈杲都統内外諸軍以取中京，蒲家奴等皆爲之副。遼帝西走，都統杲使蒲家奴以兵一千助撻懶擊遼都統馬哥，與撻懶不相及，蒲家奴與賽里、斜野降其西北居延之衆。而降民稍復逃散，毗室部亦叛，遂率兵襲之。至鐵吕川，遇敵八千，遂力戰，兵敗。察剌以兵來會，追及敵兵于黄水，獲畜産甚衆。是役也，奧燉按打海被十一創，竟敗敵兵而還。軍于旺國崖西。

賽里亦以兵會太祖，自草濼追遼帝，蒲家奴、宗望爲前鋒，戒之曰：「彼若深溝高壘，未可與戰，即偵伺巡邏，勿令遯去，以俟大軍。若其無備，便可擊也。」上次胡离畛川，吴十、馬和尚至小魚濼，夜潛入遼主營，執新羅奴以還，遂知遼帝所在。蒲家奴等晝夜兼行，追及于石輦鐸。我兵四千，至者才千人，遼兵圍之。余睹指遼帝麾蓋，騎兵馳之，遼帝遯去，兵遂潰，所殺甚衆。

宗翰爲西北西南兩路都統，蒲家奴、斡魯爲之副。烏虎部叛，蒲家奴討平之。天會間，爲司空，封王。天眷二年，宗磐等誅，辭及蒲家奴，詔奪司空。是年，薨。天德初，配享太祖廟廷。正隆二年，例封豫國公。

麻頗，天會十五年封王，正隆例封虞國公。

長子謾都本，孝友恭謹，多謀而善戰。年十五，隸軍中，從攻窩盧歡。及係遼女直胡失苔等爲變，謾都本自爲質，遂從胡失苔歸，中途以計殺守者而還。攻寧江州，取黄龍府，破高永昌，取春、泰州，皆有功，多受賞賚，遂爲謀克。討嶺東未服州郡。過土河東山，敗賊三千人。奚、契丹寇土河西，與猛安蒙葛、麻吉擊之。謾都本對敵之中，推鋒力戰，破其衆九萬人。奚衆萬餘保阿隣甸，復擊敗之，降其旁近居人。復以五百騎破遼兵一千，生擒其將以歸。與闍母攻興中府，中流矢卒，年三十七。天眷中，贈金紫光禄大夫，謚英毅。

諤都訶，屢從征伐，天會二年爲阿捨勃極烈，參議國政，明年薨。天會十五年，大封宗室，追封王。正隆例封鄭國公，明昌五年，謚定濟。

蠻覩，襲父麻頗猛安。蠻覩卒，子掃合襲。掃合卒，子撒合輦襲。撒合輦卒，子惟鎔襲。

惟鎔本名没烈，字子鑄，骿脅多力，喜周急人。至寧初，守楊文闕有功，兼都統，護漕運。貞祐二年，佩金牌護親軍家屬遷汴，遥授同知祁州軍州事，充提控。貞祐三年，破紅襖賊於大沫堌，惟鎔入自北門，諸軍繼進，生獲劉二祖，功最。遷泰安軍節度副使，改遂王府尉、都水少監、東平府治中。坐誤以刃傷同知府事紇石烈牙吾塔，當削降殿年，仍從軍自効。討花帽賊于曹、濟間，行省蒙古綱奏其功，復前職。遷邳州經略使，卒。子從傑襲猛安，累功遥授鎮南軍節度副使。

世祖翼簡皇后生康宗，次太祖，次魏王斡帶，次太宗，次遼王斜也。次室徒單氏生衛王斡賽，次魯王斡者。次室僕散氏生漢王烏故乃。次室朮虎氏生魯王闍母。次室朮虎氏生沂王查剌。次室烏古論氏生鄆王昂。

斡帶，年二十餘，撒改伐留可，斡帶與習不失、阿里合懣等俱爲裨將。諸將議攻取，斡帶主攻城便。太祖將至軍，斡帶迎之，謂太祖曰：「留可城且下，勿惑他議。」太祖從之。至軍中，衆議乃決。斡帶急起治攻具。其夜進兵攻城，遲明破之。及二涅囊虎路、二蠢出路寇盜，斡帶盡平之。

康宗二年甲申，蘇濱水諸部不聽命，康宗使斡帶等往治其事。行次活羅海川撒阿村，召諸部。諸部皆至，惟含國部斡豁勃堇不至。斡准部狄庫德勃堇、職德部厮故速勃堇亦皆遯去，遇塢塔於馬紀嶺，塢塔遂執二人以降。於是，使斡帶將兵伐斡豁，募軍于蘇濱水，斡豁完聚固守，攻而拔之。進師北琴海關登路，攻拔泓忒城，取畔者以歸。

太祖於母弟中最愛斡帶。斡帶歸自泓忒城，太祖以事如寧江州，欲與斡帶偕行，斡帶曰：「兵役久勞，未及息也。」遂不果行。太祖還，晝寐于來流水傍，夢斡帶之場圃火，禾盡焚，不可撲滅，覺而深念之，以爲憂。是時，斡帶已寢疾，太祖至，聞之，過家門不下馬，徑至斡帶所問疾。未幾薨，年三十四。太祖每哭之慟，謂人曰：「予强與之偕行，未必死也。」

斡帶剛毅果斷，服用整肅，臨戰決策，有世祖風。世祖之世，軍旅之事多專任之。太祖平遼，歎曰：「恨斡帶之不及見也。」天會十五年，追封儀同三司、魏王，謚曰定肅。

斡賽，穆宗初，斡准部族相鈔略，遣納根涅孛堇以其兵往治〔五〕，納根涅擅募蘇濱水人爲兵，不聽，輒攻略之。其人來告，穆宗使斡賽及冶訶往問狀。納根涅雖伏而不肯償所取，因遁去。冶訶等皆不欲追，斡賽督軍而進。至把忽嶺西毛密水，及之，大破其衆，納根涅死焉。斡賽撫定蘇濱水民部，執納根涅之母及其妻子而歸。穆宗曰：「斡賽年尚幼，已能集事，可嘉也。」康宗二年甲申，斡帶治蘇濱水諸部，斡賽、斡魯佐之，定諸部而還。

久之，高麗殺行人阿聒、勝昆，而築九城於曷懶甸。斡賽將內外兵，劾古活你茁、蒲察狄古廼佐之。高麗兵數萬來拒，斡賽分兵爲十隊，更出迭入，遂大破之。斡賽母和你隈疾篤，召還，以斡魯代之。未幾，斡賽復至軍，再破高麗軍，進圍其城。七月〔六〕，高麗請和，盡歸前後亡命及所侵故地，退九城之戍，遂與之和。皇統五年，追封衞國王。

宗永，本名挑撻，斡賽子。長身美髯，忠確勇毅。天眷初，以宗室子預誅宗磐，擢寧遠大將軍。皇統初，充牌印祗候。五年，出爲趙州刺史，秩滿再任，轉興平軍節度使，改大名尹。貞元三年，復爲興平軍節度使，歷昭德軍、臨洮、鳳翔尹。

大定二年，入爲工部尚書，與蘇保衡、完顏余里也還加伐宋士官賞〔七〕。宗永性滯不習事，凡與土賊戰者一概加之。世宗久乃知之，謂宰相曰：「若一概追還，必生怨望。若因循不問，則爵賞濫矣。其與土賊戰者，有能以寡敵衆，一人敵三十人以上者，依已還爲定。」改同簽大宗正事、震武軍節度使，卒。

斡者，天會十五年大封宗室，追封魯王，正隆例改封公。子神土懣，驃騎衛上將軍。

子璋本名胡麻愈，多勇略，通女直、契丹、漢字。年十八，左副元帥撒离喝引在麾下。以事如京師，見梁王宗弼與語，宗弼悦之。皇統六年，父神土懣卒，宗弼奏璋可襲謀克，詔從之。天德三年，充牌印祗候，以罪免，奪其謀克，寓居中都。

海陵伐宋，左衛將軍蒲察沙离只同知中都留守，佩金牌掌留府事。世宗即位于遼陽，璋勸沙离只歸世宗，沙离只不從。璋與守城軍官烏林荅石家奴、烏林荅愿、徒單三勝、蒲察蒲查等以兵晨入留守府，遂殺沙离只及判官漫撚撒离喝，推宗强子阿瑣爲留守，璋行同知留守事。遣石家奴佩沙离只金牌與愿、蒲查、中都轉運使左淵子貽慶、大興少尹李天吉子磐奉表如東京，賀即位。世宗嘉之，以愿、蒲查爲武義將軍，充護衛。貽慶賜及第，授從仕郎。磐充閤門祗候。就以璋爲同知中都事。

璋以殺沙离只自攝同知留守，世宗因而授之，心常不自安，遂與兵部尚書可喜謀，因世宗謁山陵作亂。大定二年，上謁山陵，璋等九人會于可喜家，説萬户高松，不從。璋知事不成，乃與可喜共執斡論詣有司陳，上誅可喜、李惟忠等，以璋爲彰化軍節度使。

宋將吴璘出散關，據寶雞以西，詔璋赴元帥都監徒單合喜軍前任使。於是，宋人據原州，寧州刺史顔盞門都以兵四千攻之，不克。宋將姚良輔以兵十萬至原州〔八〕，權副統完顔習尼列以千騎援門都兵，而姚良輔兵多，諸將皆不敢與戰。及璋至軍，會平涼、涇州、潘原、長武等戍兵，合二萬人。璋使押軍猛安石抹許里阿補以兵二千軍於城北，習尼列以兵三千軍於城西北十里麥子原，皆據高阜爲陣。璋以本部兵陣於城西。姚良輔出自北嶺，先遣萬人攻許里阿補，自以軍九萬陣麥子原下，捍以劍盾、行馬，外列騎士，步卒居其中，敢死士鎖足行馬間，持大刀爲拒，分爲八陣，而别以騎二千襲璋軍。璋方出迎戰，習尼列來報曰：「宋之重兵皆在麥子原矣。」璋遣萬户特里失烏也以押軍猛安奚慶喜照撒兵二千援許里阿補，遣撒屋出、崔尹以兵二千益習尼列。許里阿補與宋人接戰，良久，敗之。宋兵在麥子原者最堅，習尼列與移剌補、奥屯撒屋出、崔尹、僕根、撒屈出以兵五千沿壕爲伏，餘兵皆捨馬步戰，擊其前行騎士，走之。於是，行馬以前衛以長槍，行馬以後射以勁弓。良輔兵稍挫，習尼列乘勝麾兵，撤其行馬，破其七陣。良輔復整兵出，習尼列少却，而璋已破城下宋兵，與習尼列會。使僕根以伏兵擊良輔。習尼列亦整兵與戰，奮擊之，大破良輔軍，斬首萬餘級，墜壕死者不可勝數，鎖足行馬者盡殪之，獲甲二萬餘〔九〕，器仗稱是。良輔亦中兩創脱去。遂圍原州，穴其西城，城圮，宋人宵遯。璋等入原州。宋戍軍在寶雞以西，聞之皆自散關遯去。

京兆尹烏延蒲离黑〔一〇〕、丹州刺史赤盞胡速魯改已去德順州〔一一〕，宋吴璘復據之。都監合喜以璋權都統，與習尼列將兵二萬救德順。璋率騎兵前行，與璘騎兵二萬戰于張義堡遂沙山下，敗之，追北四十餘里。璘軍遇隘不得前，斬首數十級。璋至德順，璘據城北險要爲營，璋亦策營與璘相望，可三里許。兩軍遇於城東，凡五接戰，璘軍敗走，璋追至城下。璘軍已據城北岡阜，與其城上兵相應，以弩夾射璋軍。璋軍陽却，城中出兵來追，璋反旆與戰，大敗之。合喜遣統軍都監泥河以兵七千來會，與璘軍復戰，敗之。璘遣兵據東山堡，欲樹柵，璋與習尼列、泥河議曰：「敵若據東山堡，此城亦不可拔，宜急擊之。」於是璋先據要地，習尼列以兵逼東山堡，璘兵恃濠相拒，短兵接，璘兵退走，習尼列追擊之。璘城北營兵可六千人，登北岡來戰，璋之漢軍少却，傷者二百人。璘遂焚璋軍攻城具，璋率移剌補猛安兵踰北岡擊走之。璘軍隔小塹射璋軍，移剌補少却，習尼列望見北原火發，乃止攻東山堡，亟與將士來赴，引善射者先登，率劉安漢軍三百人擊敗之。璘軍皆走險，璘以軍三萬據險作三陣，皆環以劍盾、行馬。璋遣萬户石抹迭勒由别路自後擊之，特里失烏也、移剌補以二千人當其前，以强弓射之，璘兵大敗，墮溝壑者甚衆。璋軍度澗追之，斬數千級而還。

璘軍雖敗，猶恃其衆，都監合喜使武威軍副總管夾古查剌來問策。諸將皆曰：「吴璘恃險，不善野戰，我退軍平涼，彼必棄險就平地，然後可圖也。」璋曰：「不然。彼恃其衆，非特恃險也。昔人有言，『寧棄千軍，不棄寸地』，故退兵不如濟師。我退軍平涼，彼軍深入吾地，固壘以拒我，則如之何。」查剌還報，合喜於是親率四萬人赴之。吴璘詰旦乘陰霧晦冥分兵四道來襲，戰于城東，離而復合者數四。漢軍千户李展率麾下兵先登奮擊之，璘軍陣動。璋乘勝踵擊，璘軍復敗，追至北岡，璘走險，璋急擊之，殺略殆盡。璘分半軍守秦州，合喜駐軍水洛城東，自六盤山至石山頭分兵守之，斷其餉道。璘乃引歸。

宋經略使荆皋以步騎三萬自德順西去，璋以兵八千、習尼列以兵五千追擊之。習尼列兵乃出其前，還自赤觜，遇其前鋒，敗之于高赤崖下。復與其中軍戰，自日昃至暮，乃罷。荆皋乘夜來襲營，爲退軍八十里。明日，習尼列追之。璋兵至上八節，宋兵據險爲陣，璋捨馬步戰，地險不得接，相拒至曙。宋兵動，璋乘之，追至甘谷城，習尼列兵亦至，宋兵宵遯，璋遂班師。習尼列追至伏羌城，不及而還。

上使御史中丞達吉視諸軍功狀，達吉舊與璋有隙，故損其功。詔璋將士賞比諸軍半之，璋兼陝西路都統，進官一階。及元帥府上功，璋居多，詔達吉削官兩階，杖八十，解職。上復賞璋及將士如諸軍，以璋爲西北路招討使。召爲元帥左都監，兼安化軍節度使，賜以弓矢衣帶佩刀。改益都尹，左都監如故。

宋人棄海州遁去，焚官民廬舍且盡。璋至海州，得所棄糧三萬六千餘石，安集其人，復其屯戍。五年，宋人約和，罷三路都統，復置陝西路統軍司，璋爲統軍使。上曰：「監軍合喜年老，故授卿此職。邊境無事，且召卿矣。」以本官兼京兆尹。

召爲御史大夫。璋奏：「竊觀文武百官有相爲朋黨者，今在臺自臣外無女直人，乞不限資考，量材奏擬。」上曰：「朋黨爲誰，即糾治之。朕選女直人，未得其人，豈以資考爲限，論其人材而已。」頃之，璋奏曰：「太祖武元皇帝受天明命，太宗皇帝奄定宋土，自古帝王之興，必稱受命，當製『大金受命之寶』，以明示萬世。」上曰：「卿言正合朕意。」乃遣使夏國市玉，十八年，受命寶成，奏告天地宗廟社稷，上御正殿。

十三年，改大興尹，爲賀宋正旦使。璋受命使宋〔一三〕，既行，上遣人馳諭璋曰：「宋人若不遵舊禮，慎勿付書。如不令卿等入見，即持書歸。若迫而取之，亦勿赴宴，其回書及禮物一切勿受。」璋至臨安，宋人請以太子接書，不從。宋人就館迫取書，璋與之，且赴宴，多受禮物。有司以聞，上怒，欲寘之極刑。左丞相良弼奏曰：「璋爲將，大破宋軍，宋人讎之久矣。將因此陷之死地，未可知也。今若殺璋，或者墮其計中耳。」上以爲然，乃杖璋百五十，除名，副使客省使高翊杖百，没入其所受禮物。

後歲餘，上念璋有征伐功，起爲景州刺史，遷武定軍節度使，授山東西路蒲底山拏兀魯河謀克，改臨洮尹。十九年，卒。

鄆王昂，本名吾都補〔一三〕，世祖最幼子也。常從太祖征伐。天輔六年，昂與稍喝以兵四千監護諸部降人〔一四〕，處之嶺東，就以兵守臨潢府。昂不能撫御，降人苦之，多叛亡者。上聞之，使出里底戒諭昂。已過上京，諸部皆叛去，惟章愍宮、小室韋二部達内地。詔諳版勃極烈吴乞買曰：「比遣昂徙諸部，多致怨叛，稍喝駐兵不與討襲，致使降人復歸遼主，違命失衆，當寘重法。若有所疑，則禁錮之，俟師還定議。」是時，太宗居守，辭不失副之，辭不失勸太宗因國慶可薄其罰，於是杖昂七十，拘之泰州，而殺稍喝。

天會六年，權元帥左都監。十五年，爲西京留守。天眷三年，爲平章政事。皇統元年，封漆水郡王。二年，制詔昂署銜帶「皇叔祖」字，封鄆王。是歲，薨〔一五〕。

子鄭家、鶴壽。鶴壽累官耶魯瓦羣牧使，死于契丹撒八之難，語在忠義傳。

鄭家，皇統初，以宗室子授定遠大將軍，除磁州刺史。天德間，爲右諫議大夫，累遷會寧尹、安化軍節度使，改益都尹。海陵伐宋，爲浙東道副統制，與工部尚書蘇保衡以舟師自海道趨臨安，至松林島阻風，泊島間。詰旦，舟人望見敵舟，請爲備。鄭家問：「去此幾何？」舟人曰：「以水路測之，且三百里。風迅，行即至矣。」鄭家不曉海路舟楫，不之信。有頃，敵果至，見我軍無備，即以火砲擲之。鄭家顧見左右舟中皆火發，度不得脫，赴水死〔一六〕，時年四十一。

校勘記

〔一〕子謾都本　「謾都本」，原作「謾都」，據南監本、北監本、殿本及本卷傳文改。

〔二〕昂本名吾都補　「吾都補」，原作「吴都補」，係同音異譯，今據南監本、北監本、殿本改，與傳文統一。

〔三〕劾者阿离合懣別有傳　按，劾者本書無傳。

〔四〕阿里保太彎阻兵　「太彎」，原作「太孿」。按，本書卷六七石顯傳有「蒲馬太彎」，卷六八歡都傳有係案女直「阿魯不太彎」。「太彎」係女真語對遼代部族官「大王」之音譯。今據改。

〔五〕遣納根涅孛堇以其兵往治　「納根涅」，原作「納粮涅」，據南監本、北監本、殿本及下文改。

〔六〕七月　按，高麗史卷一三睿宗世家詳載其事，此「七月」及以下高麗請和事，皆當繫於康宗七年己丑。

〔七〕遷加伐宋士官賞　「士」上疑脱「將」字。

〔八〕宋將姚良輔以兵十萬至原州　按，要録卷一九九高宗紹興三十二年五月壬寅、宋史卷三二高宗紀九、卷三六六吴璘傳同年月條亦載其事，「姚良輔」皆作「姚仲」。

〔九〕獲甲二萬餘　「二」，南監本、北監本、殿本、局本並作「矢」。

〔一〇〕京兆尹烏延蒲离黑　「京兆尹」疑有誤。按，本書卷八六烏延蒲离黑傳，「累官武寧軍節度使，遷京兆尹。海陵伐宋，行武威軍都總管。軍還，爲順義軍節度使」。卷八七徒單合喜傳，「遣萬户完顔習尼列、大良順，寧州刺史顔盞門都各將本部兵，合二萬人，以順義軍節度使烏延蒲离黑統押之」。則烏延蒲离黑任京兆尹在海陵伐宋之前，德順州之役時任「順義軍節度使」。

〔一一〕丹州刺史赤盞胡速魯改已去德順州　「丹州」，原作「寧州」。按，本書卷八七徒單合喜傳，「遣丹州刺史赤盞胡速魯改以兵四千守德順」；卷六世宗紀上，大定二年十月壬辰，「丹州刺史赤盞胡速魯改敗宋兵于德順州」，皆作「丹州」。今據改。

〔一二〕十三年改大興尹爲賀宋正旦使璋受命使宋　「十三年」，原在「賀宋正旦使」之下。按，本書卷七世宗紀中，大定十三年八月「己卯，御史大夫璋罷」，「十一月，以大興尹璋爲賀宋正旦使」。金史詳校卷七，「『十三年』當改入上『改大興尹』文上」。今據乙正。

〔三〕本名吾都補　按，本書卷五九宗室表，世祖子「昂本名烏特」，「烏特」即「吾都補」同音異寫。又本書卷六六宗室完顏朿傳言其爲世祖曾孫，「祖霸合布里封鄆王，父悟烈官至特進」。閑閑老人滏水文集卷一二廣平郡王完顏公碑：「王諱承暉，字維明，其先出自景祖之裔。祖鄆王八合八，父鄭家，從海陵南征，死之。」「霸合布里」、「八合八」爲一名之同音異寫，與「吾都補」當別爲昂之女真名、字。

〔四〕昂與稍喝以兵四千監護諸部降人　「諸部」，原作「都部」，據局本改。按，下文亦有「已過上京，諸部皆叛去」語，與之相合。

〔五〕二年制詔昂署銜帶皇叔祖字封鄆王是歲薨　按，本書卷四熙宗紀，皇統二年「十一月甲寅，平章政事漆水郡王昂薨，追封鄆王」。疑此處記事有倒誤。

〔六〕赴水死　宋史卷三二高宗紀九、卷三七〇李寶傳皆稱斬鄭家奴等人。

金史卷六十六

列傳第四

始祖以下諸子

勗本名烏野　子宗秀　隈可

宗室

胡十門　合住子布輝(一)　摑保　衷本名醜漢　齊本名掃合
朮魯　胡石改　宗賢本名阿魯　撻懶　卞本名吾母
𠷣本名阿里剌　弈本名三寶　阿喜

勗，字勉道，本名烏野，穆宗第五子。好學問，國人呼爲秀才。年十六，從太祖攻寧江州，從宗望襲遼主于石輦鐸。太宗嗣位，自軍中召還，與謀政事。宗翰、宗望定汴州，受宋帝降。太宗使勗就軍中往勞之。宗翰等問其所欲。曰：「惟好書耳。」載數車而還。

女直初無文字，及破遼，獲契丹、漢人，始通契丹、漢字，於是諸子皆學之。宗雄能以兩月盡通契丹大小字，而完顏希尹乃依倣契丹字製女直字。女直既未有文字，亦未嘗有記録，故祖宗事皆不載。宗翰好訪問女直老人，多得祖宗遺事。太宗初即位，復進士舉，而韓昉輩皆在朝廷，文學之士稍拔擢用之。天會六年，詔書求訪祖宗遺事，以備國史，命勗與耶律迪越掌之。勗等採摭遺言舊事，自始祖以下十帝，綜爲三卷。凡部族，既曰某部，復曰某水之某，又曰某鄉某村，以别識之。凡與契丹往來及征伐諸部，其間詐謀詭計，一無所隱。事有詳有略，咸得其實。

自太祖與高麗議和，凡女直入高麗者皆索之，至十餘年，索之不已。勗上書諫曰：「臣聞德莫大於樂天，仁莫先於惠下。所索户口，皆前世姦宄叛亡，烏蠢、訛謨罕、阿海、阿合束之緒裔。先世綏懷四境，尚未賓服。自先君與高麗通，聞我將大，因謂本自同出，稍稍款附。高麗既不聽許，遂生邊釁，因致交兵，久方連和，蓋三十年。當時壯者今皆物故，子孫安於土俗，婚姻膠固，徵索不已，彼固不敢稽留，骨肉乖離，誠非衆願。人情怨甚可愍者，而必欲求爲己有，特彼我之蔽，非一視同仁之大也。國家民物繁夥，幅員萬里，不知得此果何益耶。今索之不還，我以强兵勁卒取之無難。然兵凶器，戰危事，不得已而後用。高麗稱藩，職貢不闕，國且臣屬，民亦非外。聖人行義，不責小過，理之所在，不俟終日。臣愚以爲宜施惠下之仁，弘樂天之德，聽免徵索，則彼不謂己有，如自我得之矣。」從之。

十五年，爲尚書左丞加鎮東軍節度使、同中書門下平章事。預平宗盤之難，賜與甚多，加儀同三司，以「皇叔祖」字冠其銜。勗皆力辭不受。

皇統元年，撰定熙宗尊號册文。上召勗飲於便殿，以玉帶賜之。所撰祖宗實録成，凡三卷，進入，上焚香立受之，賞賚有差。制詔左丞勗、平章政事奕職俸外別給二品親王俸傔。舊制，皇兄弟、皇子爲親王給二品俸，宗室封一字王者給三品俸，勗等別給親王俸，皆異數也。宴羣臣于五雲樓，勗進酒稱謝。帝起立，宰臣進曰：「至尊爲臣下屢起，於禮未安。」上曰：「朕屈己待臣下，亦何害。」是日，上及羣臣盡歡。俄同監修國史，進拜平章政事。光懿皇后忌辰，熙宗將出獵，勗諫而止。

熙宗獵于海島，三日之間，親射五虎獲之。勗獻東狩射虎賦，上悦，賜以佩刀、玉帶、良馬。能以契丹字爲詩文，凡游宴有可言者，輒作詩以見意。時上日與近臣酣飲，或繼以夜，莫能諫之。勗上疏諫，乃爲止酒。進拜左丞相，兼侍中、監修如故。八年，奏上太祖實録二十卷，賜黄金八十兩，銀百兩，重綵五十端，絹百匹，通犀、玉鈎帶各一。出領行臺尚書省事，召拜太保，領三省、領行臺如故，封魯國王。

勗剛正寡言。海陵方用事，朝臣多附之者。一日，大臣會議，海陵後至，勗面責之曰：「吾年五十餘，猶不敢後，爾少年强健，乃敢如此。」海陵跪謝。九年，進拜太師，進封漢國王。海陵篡立，加恩大臣以收人望，封秦漢國王，領三省、監修如故。

及宗本無罪誅，勗髭鬢頓白，因上表請老。海陵不許，賜以玉帶，優詔諭之。有大事令宰臣就第商議，入朝不拜。勗遂稱疾篤不言，表請愈切，海陵不懌，從之。以本官致仕，進封周宋國王。正隆元年，與宗室俱遷中都。二年，例降封金源郡王。薨，年五十九。

撰定女直郡望姓氏譜及他文甚衆。大定二十年，詔曰：「太師勗諫表詩文甚有典則，朕自即位所未嘗見。其諫表可入實録，其射虎賦詩文等篇什，可鏤版行之。」子宗秀。

宗秀，字實甫，本名斛里忽。涉獵經史，通契丹大小字。善騎射，與平宗磐、宗雋之亂，授定遠大將軍，以宗磐世襲猛安授之。

宗弼復取河南，宗秀與海陵俱赴軍前任使。宋將岳飛軍于亳、宿之間，宗秀率步騎三千扼其衝要，遂與諸軍逆擊敗之。師還，爲太原尹。改婆速路統軍使，不受。高麗遣使以土産獻，却之〔二〕。入爲刑部尚書，改御史中丞，授翰林學士。天德初，轉承旨，封宿國公，賜玉帶。歷平陽尹、昭義軍節度使，封廣平郡王。正隆二年卒官，年四十二。是歲，例降二品以上封爵，改贈金紫光禄大夫。

康宗敬僖皇后生楚王謀良虎。次室温都氏生昭武大將軍同刮茁。次室僕散氏坐事早死，生龍虎衞上將軍隈可。

隈可亦作偎喝，美髯鬚，勇健有材略。從太祖伐遼，取寧江州，戰出河店。天眷二年，授驃騎上將軍，除迭魯苾撒糺詳穩，遷忠順軍節度使、興平軍節度使。天德二年，入爲大宗正丞。四年，出爲昭德軍節度使。以兄謀良虎孫喚端合扎謀克餘户〔三〕，授偎喝上京路扎里瓜猛安所屬世襲謀克。改德昌軍節度使，封廣平郡王。正隆二年，例奪王爵，改曷速館節度使，再改忠順軍節度使。大定元年，封宗國公，爲勸農使，卒官，年六十五。

始祖兄弟三人，保活里之後爲神土懣、迪古乃，別有傳。

胡十門者，曷蘇館人也。父撻不野，事遼爲太尉。胡十門善漢語，通契丹大小字，勇而善戰。高永昌據東京，招曷蘇館人，衆畏高永昌兵彊，且欲歸之。胡十門不肯從，召其族人謀曰：「吾遠祖兄弟三人，同出高麗。今大聖皇帝之祖入女直，吾祖留高麗，自高麗歸于遼。吾與皇帝皆三祖之後。皇帝受命即大位，遼之敗亡有徵，吾豈能爲永昌之臣哉！」始祖兄阿古廼留高麗中，胡十門自言如此，蓋自謂阿古廼之後云。於是率其族屬部衆詣撒改、烏蠢降，營于馳回山之下。永昌攻之，胡十門力戰不能敵，奔于撒改。及攻開州，胡十門以糧餉給軍。後攻保州，遼將以舟師遯，胡十門邀擊敗之，降其士卒。賞賜甚厚，以爲曷蘇館七部勃堇，給銀牌一、木牌三。天輔二年卒。贈監門衛上將軍，再贈驃騎衛上將軍。

子鉤室〔四〕，嘗從攻顯州，領四謀克軍，破梁魚務〔五〕，功最〔六〕，以其父所管七部爲曷蘇館都勃堇。

有合住者，亦稱始祖兄苗裔，但不知與胡十門相去幾從耳。

合住，曷速館苾里海水人也。仕遼，領辰、復二州漢人、渤海。子蒲速越，襲父職，再遷靜江、中正軍節度使，佩金牌，爲曷速館女直部長。子余里也與胡十門同時歸朝，屢以糧餉助伐高永昌及高麗、新羅。後從宗望伐宋，以功遷真定府路安撫使兼曹州防禦使，佩金牌。授苾里海水世襲猛安。

長子布輝，識女直、契丹、漢字，善騎射。年十八，宗弼選爲扎也，從阿里、蒲盧渾追宋康王于明州。睿宗聞其才，召置麾下，從經略山東、河北、陝西，襲其父猛安，授昭勇大將軍。海陵伐宋，以本猛安兵從，半道與南征萬户完顔福壽等俱亡歸，謁世宗于遼陽。

世宗即位，除同知曷蘇館節度使事。刑部侍郎斜哥爲都統，布輝副之，坐擅署置官吏、私用官中財物，削兩階解職。未浹旬，世宗獻享山陵。兵部尚書可喜、昭毅大將軍斡論〔七〕、中都同知完顔璋等謀反，欲因上謁山陵舉事。斡論與布輝親舊，與之謀議，事具可喜傳。既知事不可成，乃與可喜、璋執斡論等上變。可喜不肯以始謀盡首，遂并誅之，而賞布輝、璋。除布輝濬州防禦使，累遷順天軍節度使。致仕，卒，年六十七。

昭祖族人撾保者，從昭祖耀武于青嶺、白山。還至姑里甸，昭祖得疾，寢于村舍，洞無門扉，乃以車輪當門爲蔽，撾保卧輪下爲扞禦。已而賊至，刃交於輪輻間。撾保洞腹見膏，恐昭祖知之，乃然薪取膏以爲炙，問之，以他肉對。昭祖心知之，遂中夜啓行。

衷，本名醜漢，中都司屬司人，世祖曾孫。祖霸合布里封鄆王，父悟烈官至特進。大定中，收充閤門祗候，授代州宣鋭軍都指揮使。歲旱，州委禱雨于五臺靈潭，步致其水，雨隨下，人爲刻石紀之。四遷引進使，兼典客署令，改尚輦局使。扈從北幸，賜厩馬二以旌其勤。尋爲夏國王李仁孝封册使〔八〕，歷寧海、蠡州刺史，入爲大睦親府丞。除順義軍節度使，陛辭，賜金幣，特寵異之。移鎮鎮西。泰和六年，致仕，卒。

衷孝悌貞謹，深悉本朝婚禮，皇族婚嫁每令衷相之。治復有能稱，其在寧海、蠡州，平賦役無擾，民立石頌遺愛。大安初，追贈輔國上將軍。

齊，本名掃合，穆宗曾孫。父胡八魯，寧州刺史。大定中，以族次充司屬司將軍，授同知復州軍州事，累遷刑部員外郎。上諭曰：「本朝以來，未嘗有内族爲六部郎官者，以卿歷職廉能，故授之。」先是，復州合厮罕關地方七百餘里，因圍獵，禁民樵捕。齊言其地肥衍，令賦民開種則公私有益〔九〕。上然之，爲弛禁。即牧民以居，田收甚利，因名其地曰合厮罕猛安。

章宗立，改户部員外郎，出爲磁州刺史，治以寬簡，未嘗留獄。屬邑武安，有道士視宇不謹，吏民爲請鄰郡王師者代主之。道士忿奪其利，告王私置禁銅器，法當徒。縣令惡其爲人，反坐之，具獄上。齊審其誣。又以王有德，不忍坐之，問同寮，無以對。齊曰：「道士同請即同居也，當准首，俱釋其罪。」其寬明有體，皆此類也。

磁，名郡，刺史皆朝廷遴選，郡人以前政有聲如劉徽柔、程輝、高德裕皆不及也。河北提刑司以治狀聞。明昌三年，始議置諸王傅，頗難其選，乃以齊傅兗王。王將至任郡，猛安迎接，齊峻却之。王怪問故，曰：「王國藩輔，猛安皆總戎職，於王何利焉，却之以遠嫌也。」王悦服。王府家奴爲不法，輒發還本猛安，終更無敢犯者。

明年，授山東東西路副統軍，兼同知益都府事。有惠愛，郡人爲之立碑。轉彰化軍節度使。六年，移利涉軍。召見，勞慰有加。詔留守上京。承安二年，致仕，卒。齊明法識治體，所至有聲，内族中與丞相承暉並稱云。

朮魯，宗室子。從鄭王斡賽敗高麗于曷懶，取亞魯城，克寧江州，取黄龍府。出河店之役、達魯古城之役、護步荅岡之役皆力戰有功。東京降，爲本路招安副使。敗遼兵，破同刮營。蘇州漢民叛走，朮魯追復之，以功爲謀克。天輔四年卒，年四十一。皇統中，贈鎮國上將軍。

胡石改，宗室子也。從太祖攻寧江，敗遼兵於達魯古城，破遼主親兵，皆有功。遼軍來援濟州，胡石改與其兄實古乃以兵迎擊，敗之。還攻濟州，中流矢，戰益力，克其城。軍中稱其勇。從攻春、泰州，降之，并降境内諸部族，其不降者皆攻拔之。遼主西走，胡石改追至中京，獲其宮人、輜重凡八百兩。

有思泥古者，復以本部叛去，胡石改以兵五百追及之，獲其親屬部人以還。德州復叛，胡石改以兵五千克其城。從婁室擊敗敵兵二萬於歸化之南，并降歸化。從取居庸關，并燕之屬縣及其山谷諸屯。移失部既降，復叛去，胡石改引兵追及，戰敗之，俘獲甚衆。澤州諸部有逃者，皆追復之。又敗叛人於臨潢，誅其酋領而安撫其人民。

天眷二年，遷永定軍節度使，改武定軍，徙汴京留守。天德三年，授世襲猛安。卒，年六十八。

宗賢，本名阿魯。太祖伐遼，從攻寧江州、臨潢府。太宗監國，選侍左右，甚見親信。臨潢復叛，從宗望復取之。爲内庫都提點，再遷歸德軍節度使。政寬簡，境内大治。秩滿，士民數百千人相率詣朝廷請留。及改武定軍，百姓扶老携幼送數十里，悲號而去。改永定軍。秉德廉訪官吏，士民持盆水與鏡，前拜言曰：「使君廉明清直類此，民實賴之。」秉德曰：「吾聞郡僚廉能如一，汝等以爲如何？」衆對曰：「公勤清儉皆法則於使君耳。」因謂宗賢曰：「人謂君善治，當在甲乙，果然賢使君也。」用是超遷兩階。

天德初，授世襲謀克，馳驛召之。雄州父老相率張青繩懸明鏡於公署，老幼填門，三日乃得去。封定國公，再除忠順軍節度使，賜以玉帶。捕盜司執數人至府，宗賢問曰：「罪狀明白否？」對曰：「獄具矣。」宗賢閱其案，謂僚佐曰：「吾察此輩必冤。」不數日，賊果得，人服其明。改曷懶路兵馬都總管，歷廣寧尹，封廣平郡王。改崇義軍節度使，兼領北京宗室事。正隆例奪王爵，加金紫光禄大夫，改臨海軍。大定初，遣使召之。宗賢率諸宗室見於遼陽，除同簽大宗正事，封景國公，致仕。起爲婆速路兵馬都總管，復致仕，卒。

特進撻懶，宗室子。年十六，事太祖，未嘗去左右。出河店之役，太祖欲親戰，撻懶控其馬而止之曰：「主君何爲輕敵。臣請效力。」即挺槍前，手殺七人。已而槍折，騎士曳而下者九人。太祖壯之曰：「誠得此輩數十，雖萬衆不能當也。」及戰于達魯古城，遼兵一千陣于營外，太祖遣撻懶往擊之。撻懶衝出敵陣，大敗其衆。攻臨潢府、春、泰州、中、西二京，皆有功。天輔六年，授謀克。

天會四年〔一〇〕，從伐宋，屢以功受賞。明年，再舉至汴。宗望聞宋人會諸路援兵于睢陽，遣撻懶與阿里刮將兵二千往拒之。敗其前鋒軍三萬于杞縣〔一一〕，又破三寨，擒宋京東路都總管胡直孺、南路都統制隋師元及其三將并直孺二子，遂取拱州，降寧陵。復破二萬于睢陽，進取亳州。聞宋兵十萬且至，會宗望益兵四千，合擊，大敗之。其卒二千，陣而立，馳之不動，即麾軍去馬擊之，盡殪，擒其將石瑱而還〔二三〕。帥府嘉其功，賞賚優渥。睿宗駐兵熙州，分遣諸將略地。撻懶以軍五百入六盤山十六寨，降其官八十餘，民户四千，獲馬二千疋。

皇統中，累加銀青光禄大夫。天德初，加特進，授世襲猛安。卒，年六十五。海陵遷諸陵於大房山，以撻懶嘗給事太祖，命作石像，置睿陵前。

卞，本名吾母，上京司屬司人，大定二年，收充護衛，積勞授彰化軍節度副使，入爲都水監丞，累遷中都西京路提刑使，徙知歸德府、河平軍節度使。王汝嘉奏卞前在都水監導河有勞，除北京留守。未幾，改知大興府事。時有言，尚書左丞夾谷衡在軍不法，詔刑部問狀。事下大興府，卞輒令追攝，上以爲失體，杖四十。久之，乞致仕，不許。拜御史大夫。先是，左司諫赤盞高門上言，御史大夫久闕，憲紀不振，宜選剛正疾惡之人肅清庶務。上由是用卞。前時孫鐸、賈鉉俱爲尚書，鉉拜參知政事，而鐸再任，對賀客誦唐張在詩，有鬱鬱意。卞劾奏之，鐸坐降黜。既而復申前請，遂以金吾衛上將軍致仕，薨。

𠷭，本名阿里剌，隸上京司屬司。大定十年，以皇家近親，收充東宮護衞。轉十人長，授御院通進，從世宗幸上京。會皇太子守國薨，世宗以𠷭親密可委，特命與滕王府長史臺馳驛往護喪。時章宗爲金源郡王，亦留中都，且命𠷭等保護，諭之曰：「郡王遭此家難，哀哭當以禮節之，飲食尤宜謹視。」世宗還都，遷符寶郎，除吏部郎中。

章宗即位，坐與御史大夫唐括貢爲壽，犯夜禁，奪官一階，罷。明昌元年，起爲同知棣州防禦使事，上書歷詆宰執。帝以小臣敢譏訕宰輔，杖八十，削一官，罷之，發還本猛安。明年，降授同知宣德州事。召授武衞軍副都指揮使，四遷知大興府事，轉左右宣徽使。承安二年，拜尚書右丞，出爲泰定軍節度使，移知濟南府，卒。

弈，本名三寶，隸梅堅塞吾司屬司。大定七年，以近親充東宮護衞十人長，轉爲尚厩局使。章宗即位，遷左衞副將軍，累遷右副都點檢，兼提點尚厩局使。諭旨曰：「汝非有過人才，第以久次遷授。當謹乃職，勿復有非違事，使朕聞之。」未幾，坐厩馬瘦，決三十。承安二年，改左副都點檢〔一三〕，兼職如舊。俄授同簽大睦親府事，卒。

弈爲人貪鄙，數以贓敗，帝愛其能治圍場，故進而委信之。

阿喜，宗室子，好學問。襲父北京路筈栢山猛安，聽訟明決，人信而愛之。察廉能，除彰國軍節度副使，改上京留守判官。提刑司奏彰國軍治狀，遷同知速頻路節度事，改歸德軍，歷海、邳二州刺史，皆兼總押軍馬。

宋統領劉文謙以兵犯宿遷，阿喜逆擊，破之。復破戚春、夏興國舟兵萬餘人，斬夏興國于陣。遷鎮國上將軍，再賜銀幣，爲元帥左監軍紇石列執中前鋒。渡淮，破寶應、天長二縣。師還，遷同知歸德府事，改泗州防禦使。丁母憂，起復。大安二年，改華州防禦使，遷鎮南軍節度使。貞祐二年，改知大名府，充馬軍都提控，歷横海、安化軍節度使，充宣差山東路左翼都提控。尋知濟南府事，徙沁南軍節度使，遷河南統軍使，兼昌武軍節度使，卒。

贊曰：金諸宗室，自始祖至康宗凡八世。獻祖徙居海姑水納葛里村，再徙安出虎水。世祖稱海姑兄弟，蓋指其所居也。完顔十二部，皆以部爲氏，宣宗詔宗室皆書姓氏，然亦有部人以部爲氏，非宗室同姓者，遂不可辨矣。

校勘記

〔一〕合住子布輝　二人行輩顯誤。按，據傳文，合住子蒲速越，蒲速越子余里也，余里也長子布輝，則布輝乃合住之曾孫。

〔二〕改婆速路統軍使不受高麗遣使以土産獻却之　按，本書卷二四地理志上，婆速府路在東京路治下。其地與高麗接壤。傳主當已在婆速路統軍使任上，方有高麗遣使獻土産事，疑「不受」當在「却之」二字之後。

〔三〕以兄謀良虎孫唤端合扎謀克餘户　「孫」，原作「子」。按，本書卷七三宗雄傳，「宗雄本名謀良虎」，「子蒲魯虎」，「蒲魯虎襲猛安。蒲魯虎卒，（中略）子桓端襲之」。又卷五九宗室表載桓端世系與此同。唤端即桓端，爲謀良虎之孫。今據改。

〔四〕子鉤室　「鉤室」，原作「鉤空」，據本書卷五九宗室表改。

〔五〕破梁魚務　「梁魚務」，原作「魚梁務」。按，本書卷二四地理志上，北京路廣寧府望平有梁漁務。又卷八〇斜卯阿里傳，「攻顯州，下靈山縣，取梁魚務」，與此處所述是一事。今據乙正。

〔六〕功最　「功」，原作「攻」，據南監本、北監本、殿本、局本改。

〔七〕昭毅大將軍斡論　「昭毅」，本書卷六九太祖諸子宗强傳附可喜傳作「昭武」。

〔八〕尋爲夏國王李仁孝封册使　按，本書卷四熙宗紀、卷六〇交聘表上、卷一三四外國傳上西夏傳皆稱金册封西夏國王李仁孝在金熙宗天眷三年，與此不合。金史詳校卷七，「『封册』當作

『敕祭』。案：仁孝封册在天眷三年，若純佑封册，自有劉璣、慶裔，皆非也。當爲敕祭慰問大
磐之副，在明昌四年冬」。

〔九〕令賦民開種則公私有益　「賦民」，原作「賊民」，據北監本、殿本、局本改。

〔一〇〕天會四年　「四年」，當是「三年」之訛。按，下文有「明年，再舉至汴」及擒宋京東路都總管胡直孺事。本書卷七四宗望傳載，天會四年「詔復伐宋」。會編卷六六靖康元年閏十一月四日，「東道總管胡直孺（中略）自應天府以兵一萬來勤王，至拱州，與金人遇，兵敗被執」，兩事皆在天會四年，則其前一年事當繫於三年。

〔一一〕敗其前鋒軍三萬于杞縣　按，本書卷七七撻懶傳云，「撻懶、阿里刮破宋兵二萬於杞」。與此處所記「三萬」不同。

〔一二〕「遣撻懶與阿里刮將兵二千往拒之」至「擒其將石瑱而還」　此段史事又見於本書卷七七撻懶傳，二人女真本名同，撰史者不辨，分記二傳中，必有一誤。

〔一三〕左副都點檢　「副」，原作「司」。按，本書卷五六百官志二，殿前都點檢司有殿前左副都點檢。今據改。

金史卷六十七

列傳第五

石顯　桓赧 弟散達　烏春 温敦蒲剌附　臘醅 弟麻産　鈍恩

留可　阿疎　奚王回离保

石顯，孩懶水烏林荅部人。昭祖以條教約束諸部，石顯陸梁不可制。及昭祖没于逼剌紀村，部人以柩歸，至孩懶水，石顯與完顔部窩忽窩出邀於路，攻而奪之柩，揚言曰：「汝輩以石魯爲能而推尊之，吾今得之矣。」昭祖之徒告于蒲馬太彎，與馬紀嶺劾保村完顔部蒙葛巴土等募軍追及之，與戰，復得柩。衆推景祖爲諸部長，白山〔一〕、耶悔、統門、耶懶、土骨論、五國皆從服。

及遼使曷魯林牙來索逋人，石顯皆拒阻不聽命，景祖攻之，不能克。景祖自度不可以力取，遂以詭計取之。乃以石顯阻絶海東路請於遼，遼帝使人讓之曰：「汝何敢阻絶鷹路？審無他意，遣其酋長來。」石顯使其長子婆諸刊入朝，曰：「不敢違大國之命。」遼人厚賜遣還，謂婆諸刊曰：「汝父信無他，宜身自入朝。」石顯信之，明年入見於春蒐，婆諸刊從。遼主謂石顯曰：「罪惟在汝，不在汝子。」乃命婆諸刊還，而流石顯於邊地。蓋景祖以計除石顯而欲撫有其子與部人也。

婆諸刊蓄怨未發，會活剌渾水紇石烈部臘醅、麻産起兵，婆諸刊往從之。及敗於暮稜水，麻産先遯去，婆諸刊與臘醅就擒，及其黨與，皆獻之遼主。久之，世祖復使人言曰：「婆諸刊不還，則其部人自知罪重，因此恐懼，不肯歸服。」遼主以爲然，遂遣婆諸刊及前後所獻罪人皆還之。

桓赧、散達兄弟者，國相雅達之子也。居完顔部邑屯村。雅達稱國相，不知其所從來。景祖嘗以幣與馬求國相於雅達，雅達許之。景祖得之，以命肅宗，其後撒改亦居是官焉。

桓赧兄弟嘗事景祖。世祖初，季父跋黑有異志，陰誘桓赧欲與爲亂。昭肅皇后往邑屯村，世祖、肅宗皆從行，遇桓赧、散達各被酒，言語紛爭，遂相敺擊，舉刃相向。昭肅皇后親解之，乃止，自是謀益甚。

是時烏春、窩謀罕亦與跋黑相結，詭以烏不屯賣甲爲兵端，世祖不得已而與之和。間數年，烏春以其衆涉活論、來流二水，世祖親往拒之。桓赧、散達遂起兵。

肅宗以偏師拒桓赧、散達。世祖畏其合勢也，戒之曰：「可和則和，否則戰。」至斡魯紺出水，既陣成列，肅宗使盆德勃堇議和。桓赧亦恃烏春之在北也，無和意。盆德報肅宗曰：「敵欲戰。」或曰：「戰地迫近村墟，雖勝不能盡敵，宜退軍誘之寬地。」肅宗惑之，乃令軍少却，未能成列。桓赧、散達乘之，肅宗敗焉。桓赧乘勝，大肆鈔略。是役也，烏春以久雨不能前，乃罷兵。

世祖聞肅宗敗，乃自將，經舍很、貼割兩水取桓赧、散達之家，桓赧、散達不知也。世祖焚其所居，殺略百許人而還。未至軍，肅宗之軍又敗。世祖至，責讓肅宗失利之狀，使歡都、冶訶以本部七謀克助之，復遣人議和。桓赧、散達欲得盈歌之大赤馬、辭不失之紫騮馬，世祖不許，遂與不术魯部卜灰、蒲察部撒骨出及混同江左右、匹古敦水北諸部兵皆會，厚集爲陣，鳴鼓作氣馳騁。桓赧恃其衆，有必勝之心，下令曰：「今天門開矣，悉以爾車自隨。凡烏古迺夫婦寶貨財産恣爾取之，有不從者俘略之而去。」於是婆多吐水裴滿部斡不勃堇附於世祖，桓赧等縱火焚之〔二〕。斡不死，世祖厚撫其家，既定桓赧，以舊地還之。

桓赧軍復來，蒲察部沙祇勃堇、胡補荅勃堇使阿喜間道來告，且問曰：「寇將至，吾屬何以待之？」世祖復命曰：「事至此，不及謀矣。以衆從之，自救可也，惟以旗幟自別耳。」每有兵至，則輒遣阿喜穿林潛來，令與畢察往還大道，即故潛往來林中路也。桓赧至北隘甸，世祖將出兵，聞跋黑食于匏滿村死矣。乃沿安朮虎水行，且欲并取海故朮烈速勃堇之衆而後戰。覘者來報曰：「敵至矣。」世祖戒辭不失整軍速進，使待於脫豁改原。當是時，桓赧兵衆，世祖兵少，衆寡不敵。比世祖至軍，士氣衂甚。世祖心知之而不敢言，但令解甲少憩，以水洗面，飲麨水。頃之，士氣稍蘇息。是時，肅宗求救於遼，不在軍中。將戰，世祖屏人獨與穆宗私語，兵敗，則就與肅宗乞師以報讎。仍令穆宗勿預戰事，介馬以觀勝負，先圖去就。乃袒袖韔弓服矢，以縕袍下幅護前後心，三揚旗，三撾鼓，棄旗提劍，身爲軍鋒，盡銳搏戰。桓赧步軍以干盾進，世祖之衆以長槍擊之，步軍大敗。辭不失從後奮擊之，桓赧之騎兵亦敗。世祖乘勝逐北，破多退水水爲之赤。世祖止軍勿追，盡獲所棄車甲馬牛軍實，以戰勝告于天地，頒所獲於將士，各以功爲差。

未幾，桓赧、散達俱以其屬來降。卜灰猶保撒阿辣村，招之不出。撒骨出據阿魯紺出村，世祖遣人與之議和，撒骨出謾言爲戲，答之曰：「我本欲和，壯士巴的懣不肯和，泣而謂我曰：『若果與和，則美衣肥羊不可復得。』是以不敢從命。」遂縱兵俘略隣近村墅。有人從道傍射之，中口死。

卜灰之屬曰石魯，石魯之母嫁于駞滿部達魯罕勃堇而爲之妾。達魯罕與族兄弟抹腮引勃堇俱事世祖，世祖欲間石魯於卜灰，謂達魯罕曰：「汝之事我，不如抹腮引之堅固也。」蓋謂石魯母子一彼焉，一此焉，以此撼石魯。石魯聞之，遂殺卜灰而降。

石魯通於卜灰之妾，常懼得罪，及聞世祖言，惑之，使告于達魯罕曰：「將殺卜灰而來，汝待我于江。」伺卜灰睡熟，剸刃於胷而殺之。追者急，白日露鼻匿水中，逮夜，至江，方游以濟。達魯罕使人待之，乃得免。久之，醉酒，而與達魯罕很爭，達魯罕殺之。

烏春，阿跋斯水温都部人，以鍛鐵爲業。因歲歉，策杖負檐與其族屬來歸。景祖與之處，以本業自給。既而知其果敢善斷，命爲本部長，仍遣族人盆德送歸舊部。盆德，烏春之甥也。

世祖初嗣節度使，叔父跋黑陰懷覬覦，間誘桓赧、散達兄弟及烏春、窩謀罕等。烏春以跋黑居肘腋爲變，信之，由是頗貳於世祖，而虐用其部人。部人訴於世祖，世祖使人讓之曰：「吾父信任汝，以汝爲部長。今人告汝有實狀，殺無罪人，聽訟不平，自今不得復爾爲也。」烏春曰：「吾與汝父等輩舊人，汝爲長能幾日，干汝何事。」世祖内畏跋黑，恐羣朋爲變，故曲意懷撫，而欲以婚姻結其歡心。使與約婚，烏春不欲，笑曰：「狗彘之子同處，豈能生育。胡里改與女直豈可爲親也。」烏春欲發兵，而世祖待之如初，無以爲端。

加古部烏不屯，亦鐵工也，以被甲九十來售。烏春聞之，使人來讓曰：「甲，吾甲也。來流水以南、匹古敦水以北，皆吾土也。何故輒取吾甲，其亟以歸我。」世祖曰：「彼以甲來市，吾與直而售之。」烏春曰：「汝不肯與我甲而爲和解，則使汝叔之子斜葛及厮勒來。」斜葛蓋跋黑之子也。世祖度其意非真肯議和者，將以有爲也，不欲遣。衆固請曰：「不遣則必用兵。」不得已，遣之。謂厮勒曰：「斜葛無害。彼且執汝矣，半途辭疾勿往。」既行，厮勒曰：「我疾作，將止不往。」斜葛曰：「吾亦不能獨往矣。」同行者强之使行。既見烏春，烏春與斜葛厚爲禮，而果執厮勒，曰：「得甲則生，否則殺汝。」世祖與其甲，厮勒乃得歸。烏春自此益無所憚。

後數年，烏春舉兵來戰，道斜寸嶺，涉活論、來流水，舍於术虎部阿里矮村滓布乃勃堇家。是時十月中，大雨累晝夜不止，冰澌覆地，烏春不能進，乃引去。於是桓赧、散達亦舉兵。世祖自拒烏春，而使肅宗拒桓赧。已而烏春遇雨歸，叔父跋黑亦死，故世祖得併力於桓赧、散達，一戰而遂敗之。

斡勒部人盃乃，舊事景祖，至是亦有他志，徙于南畢懇忒村，遂以縱火誣歡都，欲因此除去之，語在歡都傳中。世祖獲盃乃，釋其罪，盃乃終不自安，徙居吐窟村，與烏春、窩謀罕結約。烏春舉兵度嶺，世祖駐軍屋闢村以待之。進至蘇素海甸，兩皆陣，將戰，世祖不親戰，命肅宗以左軍戰，斜列、辭不失助之，徵異夢也。肅宗束緼縱火，大風從後起，火熾烈，時八月，野草尚青，火盡燎，烟焰張天。烏春軍在下風，肅宗自上風擊之，烏春大敗，復獲盃乃，獻于遼，而城蘇素海甸以據之。

紇石烈臘醅、麻産與世祖戰於野鵲水。世祖中四創，軍敗。臘醅使舊賊禿罕等過青嶺，見烏春，賂諸部與之交結。臘醅、麻産求助於烏春，烏春以姑里甸兵百十七人助之。世祖擒臘醅獻于遼主，并言烏春助兵之狀，仍以不脩鷹道罪之。遼主使人至烏春問狀，烏春懼，乃爲讕言以告曰：「未嘗與臘醅爲助也。德隣石之北，姑里甸之民，所管不及此。」

臘醅既敗，世祖盡得烏春姑里甸助兵一百十七人，而使其卒長斡善、斡脱往招其衆，繼遣斜鉢勃堇撫定之。斜鉢不能訓齊其人，蒲察部故石、跋石等誘三百餘人入城，盡陷之。世祖治鷹道還，斜列來告，世祖使歡都爲都統，破烏春、窩謀罕於斜堆，故石、跋石皆就擒。世祖自將過烏紀嶺〔三〕，至竊謀海村，胡論加古部勝昆勃堇居〔四〕、烏延部富者郭赧請分一軍由所部伐烏春，蓋以所部與烏春近，欲以自蔽故也。乃使斜列、躍盤以支軍道其所居，世祖自將大軍與歡都合。至阿不塞水，嶺東諸部皆會，石土門亦以所部兵來。

是時，烏春前死，竊謀罕聞知世祖來伐，訴於遼人，乞與和解。使者已至其家，世祖軍至，竊謀罕請緩師，盡以前所納亡人歸之。世祖使烏林荅故德黑勃堇往受所遣亡者。竊謀罕以三百騎乘懈來攻，世祖敗之。遼使惡其無信，不復爲主和，乃進軍圍之。太祖衣短甲行圍，號令諸軍，竊謀罕使太峪潛出城攻之。太峪馳馬援槍，將及太祖，活臘胡擊斷其槍，太祖乃得免。斜列至斜寸水，用郭赧計，取先在烏春軍者二十二人。烏春軍覺之，殺二人，餘二十人皆得之，益以土軍來助。竊謀罕自知不敵，乃遁去。遂克其城，盡以貲産分賚軍中，以功爲次，諸部皆安輯焉。穆宗常嘉郭赧功，後以斜列之女守寧妻其子胡里罕。

烏春之後爲温敦氏，裔孫曰蒲剌。

温敦蒲剌始居長白山阿不辛河，徙隆州移里閔河。蒲剌初從希尹征伐，攝猛安謀克事，遇賊突出，力擊敗之，手殺二十餘人，用是擢脩武校尉。天德初，充護衛，遷宿直將軍，與衆護衛射遠，皆莫能及，海陵以玉鞍銜賞之。往曷懶路選可充護衛者，使還稱旨，遷耶盧椀羣牧使，改遼州刺史。正隆伐宋，召爲武翼軍副都總管，將兵二千，至汝州南，遇宋兵二萬餘，邀擊敗之，手殺將士十餘人。是時，嵩、汝兩州百姓多逃去，蒲刺招集，使之復其業。改莫州刺史，徵爲太子左衞率府率，再遷隴州防禦使，歷鎮西、胡里改、顯德軍節度使。致仕，卒。

臘醅、麻產兄弟者，活刺渾水訶隣鄉紇石烈部人。兄弟七人，素有名聲，人推服之。及烏春、窩謀罕等爲難，故臘醅兄弟乘此際結陶溫水之民，浸不可制。其同里中有避之者，徙於苾罕村野居女直中，臘醅怒，將攻之，乃約烏古論部騷臘勃堇、富者撻懶、胡什滿勃堇、海羅勃堇、斡茁火勃堇。海羅、斡茁火間使人告野居女直，野居女直有備，臘醅等敗歸。臘醅乃由南路復襲野居女直，勝之，俘略甚衆。海羅、斡茁火、胡什滿畏臘醅，求援于世祖。斜列以輕兵邀擊臘醅等于屯睦吐村，敗之，盡得所俘。

臘醅、麻產驅掠來流水牧馬。世祖至混同江，與穆宗分軍。世祖自姑骨魯津倍道兼行，馬多乏，皆留之路傍，從五六十騎，遇臘醅于野鵲水。日已曛，臘醅兵衆，世祖兵少，歡都鏖戰，出入數四，馬中創，死者十數。世祖突陣力戰，中四創，不能軍。穆宗自庵吐渾津度江，遇敵于蒲蘆買水。敵問爲誰，應之曰：「歡都。」問者射穆宗，矢著于弓箙。是歲，臘醅、麻産使其徒舊賊禿罕及馳朵剽取户魯不濼牧馬四百，及富者粘罕之馬合七百餘匹，過青嶺東，與烏春、窩謀罕交結。世祖自將伐之，臘醅等僞降，還軍。臘醅復求助於烏春、窩謀罕。窩謀罕以姑里甸兵百有十七人助之。臘醅據暮稜水，保固險阻，石顯子婆諸刊亦往從之。世祖率兵圍之，克其軍，麻産遯去，遂擒臘醅及婆諸刊，皆獻之遼。盡獲其兵，使其卒長斡善、斡脱招撫其衆，使斜鉢撫定之。復使阿离合懣察暮稜水人情，并募兵與斜鉢合，語在烏春傳。

世祖既没，肅宗襲節度使。麻産據直屋鎧水，繕完營堡，招納亡命，杜絶往來者。恃陶温水民爲之助，招之不聽，使康宗伐之。是歲，白山混同江大溢，水與岸齊，康宗自阿隣岡乘舟至於帥水，舍舟沿帥水而進。使太祖從東路取麻産家屬，盡獲之。康宗圍麻産急，太祖來會軍，於是麻産先亡在外，其人乘夜突圍遯去。太祖曰：「麻産之家蕩盡矣，走將安歸」，追之。麻産不知太祖急求己也，與三騎來伺軍，其一人墜馬下，太祖識之，問狀。其人曰：「我隨麻産來伺軍，彼走者二人，麻産在焉。」麻産與其人分道走，太祖命劾魯古追東走者，而自追西走者。至直屋鎧水，失麻産不見，急追之，得遺甲於路，迹而往，前至大澤，濘淖。麻産棄馬入萑葦，太祖亦棄馬追及之，與之挑戰。烏古論壯士活臘胡乘馬來，問曰：「此何人也。」太祖初不識麻産，佯應曰：「麻産也。」活臘胡曰：「今亦追及此人邪。」遂下馬援槍進戰。麻産連射活臘胡，活臘胡中二矢，不能戰。有頃，軍至，圍之。歡都射中麻産首，遂擒之。無有識之者，活臘胡乃前扶其首而視之，見其齒豁，曰：「真麻産也。」麻産張目曰：「公等事定矣。」遂殺之。太祖獻馘於遼。

鈍恩，阿里民忒石水紇石烈部人。祖曰劾魯古，父納根涅，世爲其部勃堇。斡准部人冶剌勃堇、海葛安勃堇暴其族人斡達罕勃堇及諸弟屋里黑、屋徒門，抄略其家，及抄略阿活里勃堇家，侵及阿根涅所部。穆宗使納根涅以本部兵往治冶剌等。行至蘇濱水，輒募人爲兵，主者拒之，輒抄略其人。遂攻烏古論部敵庫德，入米里迷石罕城。及斡賽、冶訶來問狀，止蘇濱水西納木汗村，納根涅止蘇濱水東屋邁村。納根涅雖款伏而不肯徵償，時甲戌歲十月也。明年八月，納根涅遯去，斡賽追而殺之，執其母及其妻子以歸，而使鈍恩復其所。

留可，統門、渾蠢水合流之地烏古論部人，忽沙渾勃堇之子。詐都，渾蠢水安春之忽沙渾之子也。間誘奧純、塢塔兩部之民作亂。敵庫德、鈍恩皆叛而與留可、詐都合。兩黨揚言曰：「徒單部之黨十四部爲一，烏古論部之黨十四部爲一，蒲察部之黨七部爲一，凡三十五部。完顏部十二而已，以三十五部戰十二部，三人戰一人也，勝之必矣。」世祖降附諸部亦皆有離心。當是時，惟烏延部斜勒勃堇及統門水溫迪痕部阿里保勃堇、撒葛周勃堇等皆使人來告難。斜勒，達紀保之子也，先使其兄保骨臘來，既而以其甲來歸。阿里保等曰：「吾等必不從亂，但乞兵爲援耳。」

穆宗使撒改伐留可，使謾都訶伐敵庫德。既而太祖以七十甲詣撒改軍，中道以四十甲與謾都訶。石土門之軍與謾都訶會于米里迷石罕城下。而鈍恩將援留可，聞謾都訶之兵寡，以爲無備，而未知石土門之來會也，欲先攻謾都訶。謾都訶、石土門迎擊，大破鈍恩。米里迷石罕城遂降，獲鈍恩、敵庫德，皆釋弗誅。太祖至撒改軍，明日遂攻破留可城，城中渠帥皆誅之，取其孥累貲産而還。塢塔城亦撤守備而降。留可先在遼，塢塔已脱身在外，由是皆未獲。詐都亦詣蒲家奴降，太祖釋之。於是，諸部皆安業如故。久之，留可、塢塔皆來降。

阿疎，星顯水紇石烈部人。父阿海勃堇事景祖、世祖。世祖破烏春還，阿海率官屬士民迎謁于雙宜大濼，獻黄金五斗。世祖喻之曰：「烏春本微賤，吾父撫育之，使爲部長，而忘大恩，乃結怨於我，遂成大亂，自取滅亡。吾與汝等三十部之人，自今可以保安休息。吾大數亦將終。我死，汝等當念我，竭力以輔我子弟，若亂心一生，則滅亡如烏春矣。」阿海與衆跪而泣曰：「太師若有不諱，衆人賴誰以生，勿爲此言。」未幾，世祖没，阿海亦死，阿疎繼之。

阿疎自其父時常以事來，昭肅皇后甚憐愛之，每至，必留月餘乃遣歸。阿疎既爲勃堇，嘗與徒單部詐都勃堇爭長，肅宗治之，乃長阿疎。

穆宗嗣節度，聞阿疎有異志，乃召阿疎賜以鞍馬，深加撫諭，陰察其意趣。阿疎歸，謀益甚，乃斥其事。復召之，阿疎不來，遂與同部毛睹禄勃堇等起兵。

穆宗自馬紀嶺出兵攻之。撒改自胡論嶺往略，定潺春、星顯兩路，攻下鈍恩城。穆宗略阿茶檜水，益募軍，至阿疎城。是日辰巳間，忽暴雨，晦噎，雷電下阿疎所居，既又有大光，聲如雷，墜阿疎城中。識者以謂破亡之徵。

阿疎聞穆宗來，與其弟狄故保往訴于遼。遼人來止勿攻。穆宗不得已，留劾者勃堇守阿疎城而歸。金初亦有兩劾者，其一撒改父，贈韓國公。其一守阿疎城者，後贈特進云。

劾者以兵守阿疎城者二年矣。阿疎在遼不敢歸，毛睹祿乃降。遼使復爲阿疎來。穆宗聞之，使烏林荅石魯濟師，且戒劾者令易衣服旗幟與阿疎城中同色，使遼使不可辨。遼使至，乃使蒲察部胡魯勃堇、邈遜勃堇與俱至劾者軍，而軍中已易衣服旗幟，與阿疎城中如一，遼使果不能辨。劾者詭曰：「吾等自相攻，干汝何事，誰識汝之太師。」乃刺殺胡魯、邈遜所乘馬，遼使驚怖走去，遂破其城。狄故保先歸，殺之。

阿疎聞穆宗以計却遼使，破其城，殺狄故保，復訴於遼。遼使奚節度使乙烈來問狀，且使備償阿疎。穆宗復使主隈、禿荅水人僞阻絶鷹路者，而使鼈故德部節度使言於遼，平鷹路非己不可。遼人不察也，信之。穆宗畋於土温水，謂遼人曰：「吾平鷹路也。」遼人以爲功，使使來賞之。穆宗盡以其物與主隈、禿荅之人而不復備償阿疎。遼人亦不復問。

阿疎在遼無所歸，後二年，使其徒達紀至生女直界上，曷懶甸人畏穆宗，執而送之，阿疎遂終于遼。

及太祖伐遼，底遼之罪告于天地，而以阿疎亡命遼人不與爲言，凡與遼往復書命必及之。天輔六年，闍母、婁室略定天德、雲内、寧邊、東勝等州，獲阿疎。軍士問之曰：「爾爲誰？」曰：「我破遼鬼也。」

贊曰：金之興也，有自來矣。世祖擒臘醅、婆諸刊，既獻之遼以爲功，則又曰：「若不遣還，其部人疑懼，且爲亂階。」遼人不察，盡以前後所獻罪人歸之。景祖止曷魯林牙、止同幹，穆宗止遼使阿疎城，始終以鷹路誤之，而遼人不悟。景祖有黄馬，服乘如意，景祖没，遼貴人爭欲得之。世祖弗與，曰：「難未息也，馬不可以與人。」遂割其兩耳，謂之秃耳馬，遼貴人乃弗取。其削平諸部則借遼以爲己重，既獻而求之則市以爲己重。戰陣一良馬終弗與遼人，而遼人終不悟，豈興亡有數，蓋天奪其魄歟。

奚，與契丹俱起，在元魏時號庫莫奚，歷宇文周、隋、唐，皆號兵强。其後契丹破走奚，奚西保冷陘，其留者臣服于契丹，號東、西奚。厥後遼太祖稱帝，諸部皆内屬矣。鐵勒者，古部族之號，奚有其地，號稱鐵勒州，又書作鐵驪州。奚有五王族，世與遼人爲昏，因附姓述律氏中，事具遼史，今不載。

奚有十三部、二十八落、一百一帳、三百六十二族。甲午歲，太祖破耶律謝十，諸將連戰皆捷，奚鐵驪王回离保以所部降，未幾，遯歸于遼。及遼主使使請和，太祖曰：「歸我叛人阿踈、降人回离保、迪里等，餘事徐議之。」久之，遼主至鴛鴦濼，都統杲襲之，亡走天德。

回离保與遼大臣立秦晉國王耶律揑里于燕京。揑里死，蕭妃權國事。太祖入居庸關，蕭妃自古北口出奔。回离保至盧龍嶺，遂留不行，會諸奚吏民于越里部，僭稱帝，改元天復，改置官屬，籍渤海、奚、漢丁壯爲軍。太祖詔回离保曰：「聞汝脅誘吏民，僭竊位號。遼主越在草莽，大福不再。汝之先世臣服于遼，今來臣屬，與昔何異。汝與余睹有隙，故難其來。余睹設有睚眦，朕豈從之。儻能速降，盡釋汝罪，仍俾主六部族，總山前奚衆，還其官屬財產。若尚執迷，遣兵致討，必不汝赦。」回离保不聽。天輔七年五月，回离保南寇燕地，敗於景、薊間，其衆奔潰。耶律奧古哲及甥八斤、家奴白底哥等殺之。其妻阿古聞之，自剄而死。

先是，速古部人據劾山，奚路都統撻懶招之不服，往討之。鐵泥部衆扼險拒戰，殺之殆盡。至是，速古、啜里、鐵泥三部所據十三巖皆討平之。達魯古部節度使乙列已降復叛，奚馬和尚討達魯古并五院司等諸部，諸部皆降，遂執乙列，杖之一百，其父及其家人先被獲者皆還之。

初，太祖破遼兵于達魯古城，九百奚營來降。至是，回离保死，奚人以次附屬，亦各置猛安謀克領之。

贊曰：庫莫奚、契丹起於漢末，盛於隋、唐之間，俱彊爲隣國，合并爲君臣，歷八百餘年，相爲終始。奚有五，大定間，類族著姓有遥里氏、伯德氏、奥里氏、梅知氏、揣氏。

校勘記

〔一〕白山　原作「自山」，據局本改。按，本書卷一世紀，「景祖稍役屬諸部，自白山、耶悔、統門、耶懶、土骨論之屬，以至五國之長，皆聽命」。

〔二〕桓赧等縱火焚之　「縱」，原作「從」，據南監本、北監本、殿本、局本改。

〔三〕世祖自將過烏紀嶺　按，本書卷一世紀、卷二四地理志上、卷六五始祖以下諸子斡帶傳、本卷石顯傳、阿踈傳、卷七〇撒改傳、卷一三五外國傳下高麗傳皆見「馬紀嶺」。「烏紀嶺」僅此一見，疑是「馬紀嶺」之誤。

〔四〕胡論加古部勝昆勃堇居　局本無「居」字。按，本書卷六五始祖以下諸子傳，「胡論加古部勝昆勃堇、蟬春水烏延部富者郭赦，畏烏春彊，請世祖兵出其間，以爲重也」，即其事。「居」字當爲衍文。

金史卷六十八

列傳第六

歡都 子謀演　**冶訶** 子阿魯補　**骨赧**　**訛古乃**　**蒲查**

歡都，完顏部人。祖石魯，與昭祖同時同部同名，交相得，誓曰：「生則同川居，死則同谷葬。」土人呼昭祖爲勇石魯，呼石魯爲賢石魯。

初，烏薩扎部有美女名罷敵悔〔一〕，青嶺東混同江蜀束水人掠而去，生二女，長曰達回，幼曰滓賽。昭祖與石魯謀取之，遂偕至嶺右，炷火於箭端而射。蜀束水人怪之，皆走險阻，久之，無所復見，却還所居。昭祖及石魯以衆至，攻取其貲産，虜二女子以歸。昭祖納其一，賢石魯納其一，皆以爲妾。是時，諸部不肯用條教，昭祖耀武于青嶺、白山，入于蘇濱、耶懶之地，賢石魯佐之也。其後別去。

至景祖時，石魯之子劾孫舉部來歸，居於安出虎水源胡凱山南。胡凱山者，所謂和陵之地是也。

歡都，劾孫子。世祖初襲節度使，而跋黑以屬尊，蓄異謀，不可制。諸部不肯受約束，相繼爲變。歡都入與謀議，出臨戰陣，未嘗去左右。

斡勒部人盃乃，自景祖時與其兄弟俱居安出虎水之北，及烏春作難，盃乃將與烏春合，間誘斡魯紺出水居人與之相結，欲先除去歡都。會其家被火，陰約隸人不歌束，詭稱放火乃歡都、胡土二人，使注都來謂世祖曰：「不歌束來告曰『前日之火，歡都等縱之』。若不棄舊好，其執縱火之人以來。」世祖疑之。石盧斡勒勃堇曰〔二〕：「盃乃兄弟也，豈以一二人之故，而與兄弟構怨乎。彼自取之，又將尤誰，不如與之便。」歡都被甲執戟而起曰：「彼爲亂之人也，若取太師兄弟，則亦與之乎。今取我輩，我輩決不可往，若必用戰，當盡力致死。」穆宗曰〔三〕：「壯哉歡都，以我所見，正如此爾。」贈歡都以馬，曰：「戰則乘此。」衆皆稱善。世祖乃往見盃乃，隔鼈刺水而與之言曰：「不歌束既告縱火由歡都等，謹當如約。當先遣不歌束來。」不歌束至，世祖於馬前殺之，使盃乃見之。既而聞之，放火者盃乃家人阿出胡山也，盃乃欲開此釁，故以誣歡都云。

臘醅、麻産與世祖遇于野鵲水。日已曛，惟從五六十騎，歡都入敵陣鏖擊之，左右出入者數四，世祖中創乃止。烏春、窩謀罕據活剌渾水，世祖既許之降，遂還軍。於是騷臘勃堇、富者撻懶觀勝負不助軍，而騷臘、撻懶先曾與臘醅、麻產合，世祖欲因軍還而遂滅之，馳馬前進。撻懶者，貞惠皇后之弟也。歡都下馬執轡而諫曰：「獨不念愛弟蒲陽温與弟婦乎。」世祖感其言，遂止。蒲陽温者，漢語云幼弟也。世祖母弟中穆宗最少，故云然。穆宗德歡都言，後以撻懶女曷羅哂妻其子谷神。太祖追麻產，歡都射中其首，遂獲之。遼人命穆宗、太祖、辭不失、歡都俱爲詳穩。

斡善、斡脱以姑里甸兵來歸，使斜鉢勃堇撫定之。蒲察部故石、拔石等，誘其衆入城，陷三百餘人。歡都爲都統，往治斜鉢失軍之狀，盡解斜鉢所將軍、大破烏春、窩謀罕於斜堆，擒故石、拔石。

初，耶悔水納喝部撒八之弟曰阿注阿，與人爭部族官，不得直，來歸穆宗。阿注阿之甥曰三濱、曰撒達。辭不失破烏春窩謀罕城，獲三濱、撒達，并獲其母，以爲次室，撫其二子。撒達告阿注阿必爲變，不信而殺之。撒達臨刑歎曰：「後必知之。」至是，阿注阿果爲變。因穆宗晨出獵，糾率七八人操兵入宅，奪據寢門，劫貞惠皇后及家人等。歡都入見阿注阿曰：「汝輩所謀之事柰何。閨門眷屬豈足劫質，徒使之驚恐耳。汝固識我，盍以我爲質也。」再三言之，阿注阿從之，貞惠皇后乃得解，而質歡都。而撒改、辭不失使人告急于獵所。穆宗亦心動，罷獵。中途逢告者，日午至，阿注阿謂穆宗曰：「可使係案女直知名官僚相結，送我兄弟親屬由咸州路入遼國，庫金厩馬與我勿惜，歡都亦當送我至遼境，然後還。」而要穆宗盟，穆宗皆從之。遂執歡都及阿魯太彎、阿魯不太彎等七人，以衣裾相結，與阿注阿俱行，至遼境，乃釋歡都。歡都至濟州，實黃龍府，使人馳驛要遮阿注阿黨屬，惟縱其親人使去。遂殺三濱并其母，具報於遼，乞還阿注阿，遼人流之曷董城。其後，阿注阿懷思鄉土，亡歸，附于係案女直，因亂其官僚之室，捕之，不伏，乃見殺。

穆宗襲位之初，諸父之子習烈、斜鉢及諸兄有異言，曰：「君相之位，皆渠輩爲之，奈何？」歡都曰：「汝輩若紛爭，則吾必不默默但已。」衆聞之遂帖然，自是不復有異言者。

歡都事四君，出入四十年，征伐之際遇敵則先戰，廣延大議多用其謀。世祖嘗曰：「吾有歡都，則何事不成。」肅宗時，委任冠於近僚。穆宗嗣位，凡圖遼事皆專委之。康宗以爲父叔舊人，尤加敬禮，多所補益。

康宗十一年癸巳二月，得疾，避疾於米里每水，薨，年六十三。喪歸，康宗親迓於路，送至其家，親視葬事。天會十五年，追贈儀同三司、代國公。明昌五年，贈開府儀同三司，謚曰忠敏。子谷神、謀演。谷神別有傳。

謀演，當阿注阿之難，從歡都代爲質。後與宗峻俱侍太祖，宗峻坐謀演上，上怒，命坐其下。孛堇老孛論、拔合汝轄、拔速三人爭千户，上曰：「汝輩能如歡都父子有勞於國者乎。」乃命謀演爲千户，三人者皆隸焉，其眷顧如此。天輔五年十二月卒，天會十五年贈太子少傅。

冶訶系出景祖，居神隱水完顏部，爲其部勃堇。與同部人把里勃堇，斡泯水蒲察部胡都化勃堇、厮都勃堇，泰神忒保水完顏部安團勃堇，統門水温迪痕部活里蓋勃堇〔四〕，俱來歸，金之爲國，自此益大。

肅宗拒桓赧已再失利，世祖命歡都、冶訶，以本部謀克之兵助之。冶訶與歡都常在世祖左右，居則與謀議，出則涖行陣，未嘗不在其間。

天會十五年，贈銀青光禄大夫。明昌五年，贈特進，謚忠濟，與代國公歡都、特進劾者、開府儀同三司盆納、儀同三司拔達，俱配享世祖廟廷。

冶訶子阿魯補、骨赧、訛古乃、散荅。散荅子蒲查。

阿魯補，冶訶之子。爲人魁偉多智略，勇於戰。未冠從軍，下咸州、東京。遼人來取海州，從勃堇麻吉往援，道遇重敵，力戰，斬首千級。從斡魯古攻豪、懿州，以十餘騎破敵七百，進襲遼主。阿魯補徇北地，招降營帳二十四，民户數千。時已下西京，闍母攻應州未下，退營於州北十餘里，夜遣阿魯補率兵四百伺敵，城中果出兵三千來襲，阿魯補道與之遇，斬首百餘，獲馬六十。後遼兵三萬出馬邑之境，以千兵擊之，斬其將於陣。

天會初，宋王宗望討張覺於平州，聞應州有兵萬餘來援，遣阿魯補與阿里帶迎擊之，斬馘數千而還。復從其兄虞劃，率兵三千攻乾州，虞劃道病卒，代領其衆，至乾州，降其軍及營帳三十，獲印四十，與僕虺攻下義州。

宗望伐宋，與郭藥師戰于白河。宗望命阿魯補以二謀克先登，奮戰，賞賚特異。至汴，破淮南援兵，斬其二將。大軍退次孟陽。姚平仲夜以重兵來襲，阿魯補適當其中，力戰敗之。既還，聞大名、開德合兵十餘萬來爭河。至河上，知去敵尚遠，乃以輕兵夜發，詰旦至衞縣，遇敵，斬首數千級，餘皆潰去。師次邢州，滹沱橋已焚，阿魯補先以偏師營於水上，比軍至而橋成。宗望嘉其功，出真定庫物賞之，爲長勝軍千户。

及再伐宋，從宗望破敵於井陘，遂下欒城。師自大名濟河，阿魯補屯於洺州之境。時康王留相州，大名府以兵來攻我營，阿魯補乘夜以騎二百潛出其後，反擊敗之。居數日，敵復來，蘇統制以兵二萬先至，阿魯補乘其未集，以三百騎出戰，大敗其衆，生擒蘇統制，殺之。大軍既克汴京，攻洺州，敗大名救兵，遂下洺州。從撻懶攻恩州還，洺人復叛，阿魯補先至城下，城中出兵來戰，敗之，執其守佐，遂與蒲魯懽取信德軍。

梁王宗弼取開德，阿魯補以步兵五千赴之。大名境内多盜，命阿魯補留屯其地。賊犯莘縣，聞阿魯補至，即潰去，追襲一晝夜，至館陶及之，皆俘以歸。

從宗弼襲康王，既渡淮，阿魯補以兵四千留和州，總督江、淮間戍將，以討未附郡縣。遂攻下太平州，隳其城。廬州叛，以偏師討之，敗其騎六千，擒三校。明日復破敵二萬於慎縣，斬首五百。張永合步騎數萬來戰，阿魯補兵止二千，敵圍之，阿魯補潰圍力戰，竟敗之，追殺四十里，獲馬三百而還。再攻廬州，與迪古不敗敵萬衆於拓皋，至廬州，騎兵五百出戰，敗之，斬其二校。師還。宗弼趨陝西，道聞大名復叛，遣阿魯補經略之，獨與譯者至城下，招之，大名果降。翌日，下令民間兵器，悉上送官，於是吏民按堵如故。爲大名開德路都統。

齊國建，阿魯補屯兵於汴城外。天會十五年，詔廢齊國，已執劉麟，阿魯補先入汴京備變。明年，除歸德尹。割河南地與宋，入爲燕京内省使。宗弼復河南，阿魯補先濟河，撫定諸郡〔五〕，再爲歸德尹、河南路都統。宋兵來取河南地，宗弼召阿魯補，與許州韓常、潁州大臭、陳州赤盞暉，皆會於汴，阿魯補以敵在近，獨不赴。而宋將岳飛、劉光世等，果乘間襲取許、潁、陳三州，旁郡皆響應。其兵犯歸德者，阿魯補連擊敗之，復取亳、宿等州，河南平，阿魯補功最。

皇統五年，爲行臺參知政事，授世襲猛安，兼合扎謀克。改元帥右監軍，婆速路統軍，歸德軍節度使，累階儀同三司。

其在汴時，嘗取官舍材木，構私第於恩州，至是事覺，法當「議勳」、「議親」。海陵嘗在軍中，惡阿魯補，詔曰：「若論勳勞，更有過於此者。況官至一品，足以酬之。國家立法，貴賤一也，豈以親貴而有異也。」遂論死。年五十五。

阿魯補以將家子從征伐，屢立功，歷官有惠愛，得民心。及死，人皆惜之。大定三年，贈儀同三司，詔以其子爲右衞將軍，襲猛安及親管謀克，賜銀五百兩、重綵二十端、絹三百匹。

骨赧，冶訶子，善騎射，有材幹。從討桓赧、散達、烏春、窩謀罕、留可之叛，皆有功。從太祖伐遼，骨赧從軍戰寧江州出河店，破遼主親軍，皆以力戰受賞，襲其父謀克。領秦王宗翰千户，攻下中、西兩京。

宗翰伐宋，圍太原未下，宗翰還西京，骨赧以右翼軍佐銀术可守太原。是時汾州、團柏、榆次、嵐、憲、潞皆有兵來援，骨赧凡四戰，皆破之。大軍圍汴，骨赧引萬户軍，屢敗其援兵。憲、潞等州復叛，骨赧引兵復取之，并收撫保德、火山而還。

後領軍鎮夏邊，在職十二年。天會八年，授世襲猛安。天眷初，爲天德軍節度使，致仕。累遷開府儀同三司，卒，年八十五。子喜哥襲猛安，加宣武將軍。

訛古乃，冶訶子，姿質魁偉。年十四，隸秦王宗翰軍中，常領兵行前爲偵候。及大軍襲遼主，訛古乃以甲騎六十，追遼招討徒山，獲之，又以七騎追獲遼公主牙不里以獻。有軍來爲遼援，方臨陣，中有躍馬而出者，軍帥謂之曰：「爾能爲我取此乎？」訛古乃曰：「諾。」果生擒而還，問其名，曰同瓜，蓋北部中之勇者也。

訛古乃善馳驛，日能千里。及伐宋，屢遣將命以行。天會八年，從秦王在燕，聞余睹反於西北，秦王令訛古乃馳驛以往，訛古乃黎明走天德，及至，日未曛也。

皇統元年，以功授寧遠大將軍，豪剌唐古部節度使。五年，授千户。六年，遷西北路招討使。九年，再遷天德尹、西南路招討使。天德二年，召見。四年，遷臨洮尹，加金紫光禄大夫。卒官，年五十三。

蒲查，自上京梅堅河徙屯天德。初爲元帥府扎也，使於四方稱職，按事能得其實，領猛安。皇統間，除同知開遠軍節度使，斥候嚴整，邊境無事。正隆初，爲中都路兵馬判官。是時，京畿多盜，蒲查捕得大盜四十餘人，百姓稍安。改安化軍節度副使。大定二年，領行軍萬户，充邳州刺史、知軍事，領本州萬户，管所屯九猛安軍。昌武軍節度使〔六〕、山東副都統撒改南征，元帥府以蒲查行副統事。入爲太子少詹事，再遷開遠軍節度使，襲伯父骨赧猛安，歷婆速路兵馬都總管，西北路招討使，卒。

蒲查性廉潔忠直，臨事能斷，凡被任使，無不稱云。

贊曰：賢石魯與昭祖爲友，歡都事景祖、世祖爲之臣。蓋金自景祖始大，諸部君臣之分始定，故傳異姓之臣，以歡都爲首。冶訶雖宗室，與歡都同功，故列敘焉。

校勘記

〔一〕烏薩扎部有美女名罷敵悔　「烏薩扎」，原作「烏扎薩」。按，本書卷六五始祖以下諸子謝里忽傳，「昭祖往烏薩扎部以國俗治之」。又同卷烏古出傳，昭祖「次室達胡末，烏薩扎部人」。皆作「烏薩扎」。今據乙正。

〔二〕石盧斡勒勃菫曰　疑此處部姓「斡勒」與人名「石盧」倒誤。

〔三〕穆宗　原作「穆宴」，據南監本、北監本、殿本、局本改。

〔四〕統門水温迪痕部活里蓋勃菫　「統」下原衍「八」字。按，本書卷一世紀，「斡泯水蒲察部、泰神忒保水完顏部、統門水温迪痕部、神隱水完顏部，皆相繼來附」。又卷六七留可傳有「統門水温迪痕部」。皆作「統門水」。今據删。

〔五〕撫定諸郡　「郡」，原作「都」，據元刻本、南監本、北監本、殿本、局本改。

〔六〕昌武軍節度使　按，本書卷九一完顏撒改傳，撒改除昌武軍節度使在世宗初，此後歷官山東路元帥副都統，安化軍節度使，兼副都統如故。大定四年，率軍渡淮伐宋之前，已「徙鎮安武，仍兼副統」。疑此「昌武軍」乃「安武軍」之訛。

金史卷六十九

列傳第七

太祖諸子

宗雋本名訛魯觀　宗傑本名没里野　宗强本名阿魯　爽本名阿鄰

可喜　阿瑣　宗敏本名阿魯補　元〔一〕

太祖聖穆皇后生景宣帝、豐王烏烈、趙王宗傑。光懿皇后生遼王宗幹。欽憲皇后生宋王宗望、陳王宗雋、瀋王訛魯。宣獻皇后生睿宗、豳王訛魯朵。元妃烏古論氏生梁王宗弼、衞王宗强、蜀王宗敏。崇妃蕭氏生紀王習泥烈、息王寧吉、莒王燕孫。娘子獨奴可生鄴王斡忽。宗幹、宗望、宗弼自有傳。

宗雋，本名訛魯觀。天會十四年，爲東京留守。天眷元年，入朝，與左副元帥撻懶建議，以河南、陝西地與宋。俄爲尚書左丞相，加開府儀同三司，兼侍中，封陳王。二年，拜太保，領三省事，進封兗國王，既而以謀反，誅。

宗傑，本名没里野。天會五年，薨。天會十三年，謚孝悼。天眷元年，追封越王。以其長子奭爲會寧牧，封鄧王。後爲上京留守，再改燕京、西京。皇統三年，薨。子阿楞、撻楞。海陵爲相，將謀弑立，搆而殺之。海陵簒立，并殺宗傑妻。大定間，贈宗傑太師，進封趙王。

宗强，本名阿魯。天眷元年，封紀王。三年，代宗固爲燕京留守，封衛王，太師。皇統二年十月，薨〔三〕，輟朝七日。喪至上京，上親臨哭之慟，仍親視喪事。子阿鄰、可喜、阿瑣。

爽，本名阿鄰。天德三年，授世襲猛安。正隆二年，除橫海軍節度使，改安武軍，留京師奉朝請。海陵將伐宋，嚴酒禁，爽坐與其弟阿瑣及從父兄京、徒單貞會飲，被杖，下遷歸化州刺史，奪猛安。未幾，復除安武軍節度使。

海陵渡淮，分遣使者翦滅宗室，爽憂懼不知所出。會世宗即位東京，宗室璋推爽弟阿瑣行中都留守，遣人報爽。爽棄妻子來奔，與弟忻州刺史可喜，俱至中都。東迎車駕，至梁魚務入見，世宗大悦，即除殿前馬步軍都指揮使。封溫王，改祕書監。母憂，尋起復，遷太子太保，進封壽王。

頃之，世宗第五女蜀國公主下嫁唐括鼎，賜宴神龍殿，謂爽曰：「朕與卿兄弟，在正隆時，朝夕常懼不保，豈意今日賴爾兄弟之福，可以享安樂矣。」爽泣下，頓首謝。未幾，判大宗正事，太子太保如故。

爽有疾，詔除其子符寶祇候思列爲忠順軍節度副使。爽入謝，上曰：「朕以卿疾，使卿子還官，冀卿因喜而愈也。思列年少，未閑政事〔三〕，卿訓以義方，使有善可稱，別加升擢。」爽疾少間，將從上如涼陘，賜錢千萬，進封英王，轉太子太傅。復世襲猛安，進封榮王，改太子太師。

顯宗長女鄴國公主下嫁烏古論誼，賜宴慶和殿，爽坐西向，迎夕照，面發赤似醉。上問曰：「卿醉邪？」對曰：「未也，臣面迎日色，非酒紅也。」上悅，顧羣臣曰：「此弟出言，未嘗不實，自小如此。」因謂顯宗兄弟曰：「汝等可以爲法。」以爽貲用有闕，特賜錢一萬貫。二十三年，爽疾久不愈，勑有司曰：「榮王告滿百日，當給以王俸。」既薨，上悼痛，輟朝，遣官致祭，賻銀千兩、重綵四十端、絹四百匹。陪葬山陵，親王、百官送葬。他日，謂大臣曰：「榮王之葬，朕以不果親送爲恨。」其見友愛如此。

可喜，以宗室子，累官唐括部族節度使，降忻州刺史。海陵遣使殺之，可喜聞世宗即位，即棄州來歸，與其兄歸化州刺史阿鄰會于中都〔四〕。是時，弟阿瑣權中都留守事，可喜謂阿鄰曰：「阿瑣愚戇，恐不能撫治，欲少留以助之。」阿鄰乃行。可喜留中都，聞世宗發東京，乃迎見于麻吉鋪。除兵部尚書，佩金牌，將兵往南京。行至中都，聞南京已定，遂止。

可喜材武過人，狠戾好亂，自以太祖孫，頗有異志。世宗初至中都，倥傯多事，扈從諸軍未暇行賞，或有怨言。昭武大將軍斡論〔五〕，正隆末，被詔佩金牌，取河南兵四百人，監完顏轂英軍于歸化，次彰德。會獨吉和尚持大定赦文至。和尚使人招之，斡論不聽，率兵來迎，和尚亦以所將蒲輦兵，列陣待之。斡論兵皆不肯戰，遂請降。和尚邀之入相州，收其甲兵，置酒相勞，斡論託腹疾，不肯飲。至夜，已張燈，時時出門，與其心腹密謀，欲就執和尚。稍具弓矢，和尚覺之，佯爲不知，使其從者迫而伺之，斡論不得發。上至中都近郊，斡論上謁，上亦撫慰之。斡論自慊，初無降志。及河南統軍司令史斡里朵，爲人狡險，憙圖事，斡論取兵于河南統軍使阤滿訛里也，斡里朵與俱來，俱不自安。同知延安尹李惟忠，與熙宗弑逆，構殺韓王亨，世宗疎斥之。同知中都留守璋，初自領其職，因而授之。完顏布輝爲副統，以罪解職，居京師。於是可喜、斡論、李惟忠、斡里朵、璋、布輝謀，欲因扈從軍士怨望作亂。斡論曰：「押軍猛安沃窟剌，必不違我。」惟忠曰：「惟忠嘗爲神翼軍總管，有兩銀牌尚在，可以矯發内藏賞士。萬户高松與我舊，必見聽。」衆曰：「若得此軍，舉事無難矣。」斡論往約沃窟剌，沃窟剌從之。惟忠往說高松，高松不聽，語在松傳。

大定二年正月甲戌，上謁山陵，可喜中道稱疾而歸。乙亥夜，召斡論、惟忠、斡里朵、璋、布輝會其家，沃窟剌以兵赴之，璋曰：「今不得高松軍，事不可成矣。」可喜、璋、布輝乃擒斡論、惟忠、斡里朵、沃窟剌，詣有司自首。既下詔獄，可喜不肯自言其始謀，及與斡論面質，然後款伏。上念兄弟少，太祖孫惟數人在，惻然傷之。詔罪止可喜一身，其兄弟子孫皆不緣坐。遂誅斡論、惟忠、斡里朵、沃窟剌等，其沃窟剌下謀克士卒皆釋之。除璋彰化軍節度使，布輝濬州防禦使。辛巳，詔天下。是日，賜扈從萬户銀百兩，猛安五十兩，謀克絹十匹，甲士絹五匹、錢六貫，阿里喜以下賜各有差。

阿瑣，宗强之幼子也。長身多力。天德二年，以宗室子，授奉國上將軍，累加金吾衛上將軍，居於中都。

海陵伐宋，以左衞將軍蒲察沙离只同知中都留守事，佩金牌，守管籥。世宗即位東京，阿瑣與璋率守城軍官烏林荅石家奴等，入留守府，殺沙离只、府判抹撚撒离喝。衆以阿瑣行留守事，璋自署同知留守事，即遣謀克石家奴、烏林荅愿、蒲察蒲查、大興少尹李天吉子磐等，奉表東京。

大定二年，授横海軍節度使，賜以名鷹，詔曰：「卿方年少，宜自戒慎，留心政事。」改武定軍，以母憂去官。起復興平軍節度使，賜以襲衣厩馬。遷廣寧尹，坐贓一萬四千餘貫，詔杖八十，削兩階，解職。入見于常武殿，上曰：「朕謂汝有才力，使之臨民。今汝在法當死，朕以親親之故，曲爲全貸。當思自今戒懼，勿復使惡聲達于朕聽。」改平涼、濟南尹，卒官，年三十七。上命有司致祭，賻銀千兩、重綵四十端、絹四百匹。

宗敏，本名阿魯補。天眷元年，封邢王。皇統三年，爲東京留守，拜左副元帥，兼會寧牧。進拜都元帥，兼判大宗正事。再進太保，領三省事，兼左副元帥，領行臺尚書省事，封曹國王〔六〕。

海陵謀弑立，畏宗敏屬尊且材勇，欲構誣以除之。時熙宗屢殺大臣，宗敏憂之，謂海陵曰：「主上喜殘殺，而國家事重，柰何。」宗敏言時，適左右無人，海陵將以此爲指斥構害之，自念無證不可發，乃止。

及弑熙宗，使葛王召宗敏。葛王者，世宗初封也。宗敏聞海陵召，疑懼不敢往，葛王曰：「叔父今不即往，至明日，如何與之相見。」宗敏入宮，海陵欲殺之，尚猶豫，以問左右。烏帶曰：「彼太祖子也，不殺之，衆人必有異議，不如除之。」乃使僕散忽土殺之，忽土刃擊宗敏，宗敏左右走避，膚髪血肉，狼藉遍地。葛王見殺宗敏，問於衆曰：「國王何罪而死？」烏帶曰：「天許大事，尚已行之，此蟣蝨耳，何足道者。」天德三年，海陵追封宗敏爲太師，進封爵。妃蒲察氏，進國號。封子撒合輦舒國公，賜名褒，進封王；阿里罕封密國公。正隆六年，契丹撒八反，海陵遣使殺諸宗室，阿里罕遂見殺。大定間，詔復官爵。

胙王元，景宣皇帝宗峻子也，本名常勝，爲北京留守。弟查剌爲安武軍節度使。

皇統七年四月戊午，左副點檢蒲察阿虎特子尚主，進禮物，賜宴便殿。熙宗被酒，酌酒賜元，元不能飲，上怒，仗劍逼之，元逃去。命左丞宗憲召元，宗憲與元俱去，上益怒，是時户部尚書宗禮在側，使之跪，手殺之。

海陵與唐括辯謀廢立，海陵曰：「若舉大事，誰當立者。」海陵意謂己乃太祖長房之孫，當立。而辯與秉德初意不在海陵，常勝乃熙宗之弟，辯答曰：「無胙王常勝乎。」海陵復問其次，辯曰：「鄧王子阿楞。」海陵曰：「阿楞屬疎。」由是海陵謂胙王有人望〔七〕，不除之將不得立，故心忌常勝并阿楞。是時，阿楞方爲奉國上將軍。

河南軍士孫進自稱「皇弟按察大王」，熙宗疑「皇弟」二字或在常勝也，使特思鞫之，無狀。特思乃嘗疑海陵與唐括辯時時竊議，告之悼后者。海陵知熙宗有疑常勝心，因此可以除之，謂熙宗曰：「孫進反有端，不稱他人，乃稱皇弟大王。陛下弟止有常勝、查剌。特思鞫不以實，故出之矣。」熙宗以爲然，使唐括辯、蕭肄按問特思，特思自誣服，故出常勝罪。於是，乃殺常勝及其弟查剌，并殺特思。海陵乘此并擠阿楞殺之。阿楞弟撻楞，熙宗本無意殺之，海陵曰：「其兄既已伏誅，其弟安得獨存。」又殺之。熙宗以海陵爲忠，愈益任之，而不知其詐也。

海陵篡立，追封常勝、查剌、阿楞官爵，親臨葬所致祭。大定十三年六月丁巳，世宗召皇太子諸王，侍食于清輝殿，曰：「或稱海陵多能，何也。海陵譎詐，睢盱殺人，空虛天下三分之二。太祖諸孫中，惟胙王元天性賢者也。」

元子育，本名合住，大定二十七年，自南京副留守遷大宗正丞，兼勸農副使。上問宰臣曰：「合住爲人如何？」平章政事襄、參政宗浩對曰：「爲人清廉幹治。」上曰：「乃父亦然。」又曰：「蒲陽温胙王元，外若愚訥，臨事明敏過人。朕於兄弟間，於元尤款密。」

贊曰：「太祖躬擐甲冑，以定國家，舉無遺策，而諸子勇略材識，足以遂父之志。傳及太宗，而諸孫享其成矣。

校勘記

〔一〕元　殿本、局本此下有小字注「本名常勝」。

〔二〕皇統二年十月薨　按，本書卷四熙宗紀稱，皇統元年六月「甲午，衛王宗強薨」。

〔三〕未閑政事　「閑」，原作「間」，據南監本、北監本、殿本、局本改。

〔四〕與其兄歸化州刺史阿鄰會于中都　按，本卷爽傳云，爽本名阿鄰，海陵將伐宋，「被杖，下遷歸化州刺史，奪猛安。未幾，復除安武軍節度使」。卷六世宗紀上稱，大定元年十一月，「安武軍節度使爽來歸」。世宗即位後不當仍稱歸化州刺史。

〔五〕昭武大將軍　本書卷六六宗室合住傳附布輝傳作「昭毅大將軍」。

〔六〕領行臺尚書省事封曹國王　按，本書卷五九宗室表稱宗敏爲「左丞相、曹王」。

〔七〕由是海陵謂胙王有人望　「王」字原脱，據文義補。

金史卷七十

列傳第八

撒改　宗憲本名阿懶　習不失　宗亨本名撻不也〔一〕

宗賢本名賽里　石土門　忠本名迪古乃　習室　思敬本名撒改

撒改者，景祖孫，韓國公劾者之長子，世祖之兄子也。劾者於次最長。景祖方計定諸部〔二〕，愛世祖膽勇材略。及諸子長，國俗當異宮居，而命劾者與世祖同邸，劾者專治家務，世祖主外事。世祖襲節度使，越劾孫而傳肅宗、穆宗，皆景祖志也。穆宗初襲位，念劾者長兄不得立，遂命撒改爲國相。

穆宗履藉父兄趾業，鋤除强梗不服己者，使撒改取馬紀嶺道攻阿疎，穆宗自將，期阿疎城下會軍。撒改行次阿不塞水，烏延部斜勒勃堇來謁，謂撒改曰：「聞國相將與太師會軍阿疎城下，此爲深入必取之策，宜先撫定潺蠢、星顯之路，落其黨附，奪其民人，然後合軍未晚也。」撒改從之，攻鈍恩城，請濟師，穆宗與之，撒改遂攻下鈍恩城，而與穆宗來會阿疎城下。鈍恩在南，阿疎在北，穆宗初遣撒改分道，即會攻阿疎。聞其用斜勒計，先取鈍恩城，與初議不合，頗不然之。及遼使來止勿攻阿疎，然後深以先取鈍恩城爲功也。及以國相都統討留可、詐都、塢塔等軍，而阿疎亡入于遼，終不敢歸，留可、詐都、塢塔、鈍恩皆降。

康宗沒，太祖稱都勃極烈，與撒改分治諸部，匹脫水以北太祖統之，來流水人民撒改統之。明年甲午，嗣節度命方至。

遼主荒于遊畋，政事怠廢，太祖知遼可伐，遂起兵。九月，與遼人戰于界上，獲謝十，太祖使告克于撒改，賜以所獲謝十乘馬，撒改及將士皆驩呼曰：「義兵始至遼界，一戰而勝，滅遼必自此始矣。」遣子宗翰及完顏希尹來賀捷，因勸進，太祖未之從也。十月，師克寧江州，破遼師十萬于鴨子河，師還。十二月，太宗及撒改、辭不失率諸將復勸進。收國元年正月朔，太祖即位，撒改行國相如故。伐遼之計決於迪古迺，贊成大計實自撒改啓之。撒改自以宗室近屬，且長房，繼肅宗爲國相，既貴且重，故身任大計，贊成如此，諸人莫之或先也。

太祖即位後，羣臣奏事，撒改等前跪，上起，泣止之曰：「今日成功，皆諸君協輔之力，吾雖處大位，未易改舊俗也。」撒改等感激，再拜謝。凡臣下宴集，太祖嘗赴之，主人拜，上亦答拜。天輔後，始正君臣之禮焉。七月，太宗爲諳版勃極烈，撒改國論勃極烈，辭不失阿買勃極烈，杲國論昃勃極烈。勃極烈，女直之尊官也。太祖自正位號，凡半歲，未聞有封拜。太宗介弟優禮絶等，杲母弟之最幼者，撒改、辭不失以宗室，同封拜。九月，加國論胡魯勃極烈。天輔五年，薨。太祖往弔，乘白馬，剺額哭之慟。及葬，復親臨之，賵以所御馬。

撒改爲人，敦厚多智，長于用人，家居純儉，好稼穡。自始爲國相，能馴服諸部，訟獄得其情，當時有言：「不見國相，事何從決。」及舉兵伐遼，撒改每以宗臣爲内外倚重，不以戰多爲其功也。天會十五年，追封燕國王。正隆降封陳國公。大定三年，改贈金源郡王，配饗太祖廟廷，謚忠毅。十五年，詔圖像于衍慶宫。子宗翰、宗憲。宗翰别有傳。

宗憲本名阿懶。頒行女直字書，年十六，選入學。太宗幸學，宗憲與諸生俱謁，宗憲進止恂雅，太宗召至前，令誦所習，語音清亮，善應對。侍臣奏曰：「此左副元帥宗翰弟也。」上嗟賞久之。兼通契丹、漢字。未冠，從宗翰伐宋，汴京破，衆人爭趨府庫取財物，宗憲獨載圖書以歸。朝廷議制度禮樂，往往因仍遼舊，宗憲曰：「方今奄有遼、宋，當遠引前古，因時制宜，成一代之法，何乃近取遼人制度哉。」希尹曰：「而意甚與我合。」由是器重之。

撻懶、宗雋唱議以齊地與宋，宗憲廷爭折之，當時不用其言，其後宗弼復取河南、陝西地，如宗憲策。以捕宗磐、宗雋功，授昭武大將軍。修國史，累官尚書左丞。熙宗從容謂之曰：「嚮以河南、陝西地與宋人，卿以爲不當與，今復取之，是猶用卿言也。卿識慮深遠，自今以往，其盡言無隱。」宗憲拜謝，遂攝門下侍郎。

初，熙宗以疑似殺左丞相希尹，久之，察其無罪，深閔惜之，謂宗憲曰：「希尹有大功于國，無罪而死，朕將録用其孫，如之何？」宗憲對曰：「陛下深念希尹，録用其孫，幸甚。若不先明死者無罪，生者何由得仕。」上曰：「卿言是也。」即日復希尹官爵，用其孫守道爲應奉翰林文字。皇統五年，將肆赦，議覃恩止及女直人，宗憲奏曰：「莫非王臣，慶幸豈可有間邪。」遂改其文，使均被焉。轉行臺平章政事。天德初，爲中京留守、安武軍節度使。封河内郡王。改太原尹，進封鉅鹿郡王。正隆例奪王爵，再遷震武、武定軍節度使。

世宗即位，遣使召之，詔曰：「叔若能來，宜速至此，若爲紇石烈志寧、白彦敬所遏，亦不煩叔憂。」宗憲聞世宗即位，先已棄官來歸，與使者遇於中都，遂見上于小遼口，除中都留守，即遣赴任。詔與元帥完顏彀英同議軍事〔三〕。明年，改西京留守。八月，改南京。僕散忠義自行臺朝京師，宗憲攝行臺尚書省事。召爲太子太師，上謂宗憲曰：「卿年老舊人，更事多矣，皇太子年尚少，謹訓導之。」俄拜平章政事，太子太師如故。詔以太祖實録賜宗憲及平章政事完顏元宜、左丞紇石烈良弼、判秘書監温王爽各一本。

移剌高山奴前爲寧州刺史，以貪污免，世宗以功臣子孫宗族中無顯仕者，以爲祕書少監。是時，母喪未除，有司奏其事，宗憲曰：「高山奴傲很貪墨，不可致之左右。」世宗曰：「朕以其父祖有功耳，既爲人如此，豈可玷職位哉。」追還制命，因顧右丞蘇保衡、參政石琚曰：「此朕之過舉，不可不改，卿等當盡心以輔朕也。」有司言，諸路猛安謀克，怙其世襲多擾民，請同流官，以三十月爲考。詔下尚書省議，宗憲乃上議曰：「昔太祖皇帝撫定天下，誓封功臣襲猛安謀克，今若改爲遷調，非太祖約。臣謂凡猛安謀克，當明核善惡，進賢退不肖，有不職者，其弟姪中更擇賢者代之。」上從其議。進拜右丞相。大定六年，薨，年五十九。上輟朝，悼惜者久之，命百官致奠，賻銀一千五百兩、重綵五十端、絹五百匹。

習不失本作辭不失，後定爲習不失，昭祖之孫，烏骨出之次子也。初，昭祖久無繼嗣，與威順皇后徒單氏禱於巫〔四〕，而生景祖及烏骨出。烏骨出長而酗酒，屢悖其母。昭祖没，徒單氏與景祖謀而殺之。部人怒，欲害景祖，徒單氏自以爲事，而景祖乃得免。

習不失健捷，能左右射。世祖襲節度，肅宗與拒桓赧、散達，戰於斡魯紺出水，已再失利，世祖至軍，吏士無人色。世祖使習不失先陣於脱豁改原，而身出搏戰，敗其步軍。習不失自陣後奮擊之，敗其騎軍，所乘馬中九矢，不能馳，遂步趨而出。方戰，其外兄烏葛名善射，居敵騎中，將射，習不失熟視識之，呼曰：「此小兒，是汝一人之事乎，何爲推鋒居前如此。」以弓弰擊馬首而去〔五〕。是役也，習不失之功居多。桓赧、散達既敗，習不失馬棄陣中者亦自歸。

世祖嘗疑朮甲孛里篤或與烏春等爲變，遣習不失單騎往觀，孛里篤與忽魯置酒樓上以飲之。習不失聞其私語呢呢，若將執己者，一躍下樓，傍出藩籬之外，棄馬而歸〔六〕，其勇趫如此。盃乃約烏春舉兵，世祖至蘇素海甸與烏春遇〔七〕，肅宗前戰，斜列、習不失佐之，束緼縱火，煙焰蔽天，大敗烏春，執盃乃以歸。太祖獲麻產，獻馘于遼，遼人賞功，穆宗、太祖、歡都、習不失皆爲詳穩焉。後與阿里合懣、斡帶俱佐撒改攻留可城，下之。太祖伐遼，使領兵千人，夾侍左右。出河店之役，惟習不失之策與太祖合，卒破十萬之師，挫其軍鋒。遂與太宗、撒改等勸進。收國元年七月，與太宗、撒改、杲俱爲勃極烈，習不失爲阿買勃極烈云。

天輔七年，太宗與習不失居守，鄆王昂違紀律失衆，法當死。於是，遼人以燕京降，宋人約歲幣。三月，世宗生。習不失謂太宗曰：「兄弟骨肉，以恩掩義，寧屈法以全之。今國家迭有大慶〔八〕，可減昂以無死，若主上有責言，以我爲說。」太宗然之，遂杖昂以聞。太祖每伐遼，輒命習不失與太宗居守，雖無方面功，而倚任與撒改比侔矣。是歲七月，薨。會太祖班師道病，太宗奉迎謁見，恐太祖感動而疾轉甚，不敢以薨告。太祖輒問曰：「阿買勃極烈安在？」太宗紿對曰：「今即至矣。」正隆二年，贈開府儀同三司，追封曹國公。大定三年，進封金源郡王，配饗太祖廟廷，謚曰忠毅〔九〕。

子鶻沙虎，國初有功，天會間，爲真定留守。子撻不也。

宗亨本名撻不也，性忠謹。天眷初〔一〇〕，以宗室子，充護衛。擒宗磐、宗雋有功，加忠勇校尉，遷昭信校尉、尚厩局直長。三年，陞本局副使。丁父憂，時宗正官屬，例以材選，宗亨在選中，遂起復，爲淑温特宗室將軍。改會寧府少尹，歷登州刺史，改獻州刺史，爲特滿羣牧使、同知北京路轉運使，改澤州定國軍節度使〔一一〕。海陵庶人南伐，以本職領武揚軍都總管〔一二〕，過淮。

世宗即位，以手詔賜宗亨，宗亨得詔，即入朝。大定二年，授右宣徽使，未幾，爲北京路兵馬都統〔一三〕，以討契丹賊。右副元帥僕散忠義與窩斡遇于花道，宗亨與左翼萬户蒲察世傑等，以七謀克軍與之戰，失利。及窩斡敗，其黨括里、扎八率衆南奔，宗亨追及之。扎八詐降，宗亨信之。扎八詭曰：「括里遁，願往邀。」宗亨聽其去。大縱軍士，取賊所棄囊橐人畜，多自有之。括里、扎八亡入于宋。坐是，降爲寧州刺史。

宗賢本名賽里，習不失之孫也。從都統杲取中京，襲遼帝于鴛鴦濼。宗翰使撻懶襲耶律馬哥，都統使蒲家奴及賽里等，以兵助之。蒲家奴使賽里、斜野、裴滿胡撻、達魯古厮列、耶律吴十等各率兵分行招諭，獲遼留守迪越家人輜重，并降羣牧官木盧瓦，得馬甚多，使逐水草牧之。賽里等趨業迭，遂以偏師深入，敵邀擊之，撒合戰没。蒲家奴至旺國崖西，賽里兵會之。累官至左副點檢。

天眷二年，方捕宗雋，賽里坐會飲其家，奪官爵。未幾，復官。皇統四年，授世襲謀克，轉都點檢，封豳國公。拜平章政事。進拜右丞相，兼中書令。進拜太保、左丞相，監修國史。罷爲左副元帥。無何，復爲太保、左丞相，左副元帥如故。進太師，領三省事，兼都元帥，監修國史。出爲南京留守，領行臺尚書省事。復爲左副元帥，兼西京留守。再爲太保，領三省事。復爲左丞相，兼都元帥。

賽里自護衞，未十年位兼將相，常感激，思自効以報朝廷。雖於悼后爲母黨，后專政，大臣或因之以取進用，賽里未嘗附之。皇太子濟安薨，魏王道濟死，熙宗未有嗣子，賽里勸熙宗選後宮以廣繼嗣，不少顧忌於后，后以此怨之。與海陵同在相位，未嘗少肯假借，海陵雖專而心憚賽里，外以屬尊加禮敬而内常忌之。海陵知悼后怨賽里，因與后共力排出之，賽里亦不以是少變。

胙王常勝死，熙宗納其妻宫中，頃之，殺悼后及妃數人，將以常勝妻爲后，未果也。及海陵弑熙宗，詭以熙宗將議立后，召諸王大臣，賽里聞召，以爲信然，將入宫，謂人曰：「上必欲立常勝妻爲后，我當力爭之。」及被執，猶以爲熙宗將立常勝妻，而先殺之也，曰：「誰能爲我言者，我死固不足惜，獨念主上左右無助耳。」遂遇害。

石土門，漢字一作神徒門，耶懶路完顔部人，世爲其部長。父直离海，始祖弟保活里四世孫，雖同宗屬，不相通問久矣。景祖時，直离海使部人邈孫來，請復通宗系。景祖留邈孫歲餘，厚其餼廩飲食，善遇之。及還，以幣帛數篚爲贈，結其厚意。久之，耶懶歲饑，景祖與之馬牛，爲助糴費，使世祖往致之。會世祖有疾，石土門日夕不離左右，世祖疾愈辭歸，與握手爲別，約它日無相忘。石土門體貌魁偉，勇敢善戰，質直孝友，彊記辯捷，臨事果斷。

世祖襲位，交好益深，鄰部不悅，遂合兵攻之。石土門使弟阿斯懣率二百人南下拒敵，敵兵千人，已出其東據高阜〔一四〕，石土門將五千人迎擊之〔一五〕。敵將斡里本者，勇士也，出挑戰，石土門射中其馬，斡里本反射，射中石土門腹，石土門拔箭，戰愈力。阿斯懣與勇士七人步戰，殺斡里本，諸部兵遂敗。石土門因招諭諸部，使附於世祖，世祖嘉之。後伐烏春、窩謀罕及鈍恩、狄庫德等，皆以所部從戰，有功。

弟阿斯懣尋卒，及終喪，大會其族，太祖率官屬往焉，就以伐遼之議訪之。方會祭，有飛烏自東而西，太祖射之，矢貫左翼而墜，石土門持至上前稱慶曰：「烏鳶人所甚惡，今射獲之，此吉兆也。」即以金版獻之。後以本部兵從擊高麗。及伐遼，功尤多。王師攻下西京，賜以金牌。其子蟬蠢從行，上語之曰：「吾妃之妹白散者在遼，俟其獲，當以爲汝婦。」竟如其言。

上之西征，諸將皆從，石土門乃率善射者三百人來衛京師，時太宗居守，喜其至，親出迎勞。繼聞黃龍府叛，與睿宗討平之，睿宗賜以奴婢五百人，師還，賞賚良渥。至是卒，年六十一。正隆二年，封金源郡王。子習失、思敬。

完顏忠本名迪古乃，字阿思魁，石土門之弟。太祖器重之，將舉兵伐遼，而未決也，欲與迪古乃計事，於是宗翰、宗幹、完顏希尹皆從。居數日，少間，太祖與迪古乃馮肩而語曰：「我此來豈徒然也，有謀於汝，汝爲我決之。遼名爲大國，其實空虛，主驕而士怯，戰陣無勇，可取也。吾欲舉兵，杖義而西〔一六〕，君以爲如何？」迪古乃曰：「以主公英武〔一七〕，士衆樂爲用。遼帝荒于畋獵，政令無常，易與也。」太祖然之。明年，太祖伐遼，使婆盧火來徵兵，迪古乃以兵會師。收國元年十二月，上禦遼主兵，次爻剌，迪古乃與銀朮哥守達魯古路。二年，與斡魯、蒲察會斡魯古，討高永昌，破其兵，東京降。遂與斡魯古等禦耶律捏里，敗之于蒺藜山，拔顯州，乾、惠等州降。

天輔二年，與婁室俱入見，上曰：「遼主近在中京，而敢輒來，各杖之三十。」太祖駐軍草濼，迪古乃取奉聖州，破其兵五千于鷄鳴山，奉聖州降。太祖入燕京，迪古乃出德勝口，以代石土門爲耶懶路都勃堇。天會二年〔一八〕，以耶懶地薄斥鹵，遷其部於蘇濱水，仍以朮實勒之田益之。

熙宗即位，加太子太師。十四年，加保大軍節度使，同中書門下平章事，薨。天德二年，迪古乃配饗太祖廟廷。大定二年，追封金源郡王。

習室。康宗時，高麗築九城于曷懶甸，習室從斡賽軍。太祖攻寧江州，習室推鋒力戰，授猛安。後從斜也克中京，襲遼主于鴛鴦濼，略定山□〔一九〕，敗夏將李良輔兵，與婁室俱獲遼帝于余睹谷。

宗翰伐宋，與銀术可圍守太原。明年，攻襄垣，下潞城，降西京，至汴。元帥府以懷、孟北阻太行，南瀕河，控制險要，使習室統十二猛安軍鎮撫之。於是，殄平寇盜，招集流亡，四境以安。天會五年，薨。熙宗時，贈特進。大定間，謚威敏〔二〇〕。

世宗思太祖、太宗創業艱難，求當時羣臣勳業最著者，圖像于衍慶宮：遼王斜也、金源郡王撒改、遼王宗幹、秦王宗翰、宋王宗望、梁王宗弼、金源郡王習不失、金源郡王斡魯、金源郡王希尹、金源郡王婁室、楚王宗雄、魯王闍母、金源郡王銀术可、隋國公阿离合懣、金源郡王完顏忠、豫國公蒲家奴、金源郡王撒离喝、兗國公劉彦宗、特進斡魯古、齊國公韓企先，并習室凡二十一人。

初，海陵罷諸路萬户，置蘇濱路節度使。世宗時，近臣奏請改蘇濱爲耶懶節度使，不忘舊功。上曰：「蘇濱、耶懶二水相距千里，節度使治蘇濱，不必改。石土門親管猛安子孫襲封者，可改爲耶懶猛安，以示不忘其初。」

思敬本名撒改，押懶河人，金源郡王神土懣之子，習失弟也〔二一〕。初名思恭，避顯宗諱改焉。體貌雄偉，美鬚髯，純直有材幹。年十一，從其父謁見太祖。太祖在納鄰淀，方獵，因詔從獵，射黃羊獲之，太祖賜以從馬。

宗翰自太原伐宋，從其兄習室攻太原。宗翰取河南，思敬從完顏活女涉渡河，下洛陽、圍汴皆有功。師還，隸遼王宗幹麾下。太宗幸東京温湯，思敬權護衛，押衛卒百人從行。領謀克。從征朮虎麟有功，遂充護衛。天眷二年，以捕宗磐、宗雋功〔二二〕，遷顯武將軍。

熙宗捕魚混同江，網索絶，曹國王宗敏乘醉，鞭馬入江，手引繫網大繩，沉於水中。熙宗呼左右救之，倉卒莫有應者，思敬躍入水，引宗敏出。熙宗稱嘆，賞賚甚厚。擢右衛將軍，襲押懶路萬户，授世襲謀克。皇統七年〔二三〕，召見，賜以襲衣、廐馬、錢萬貫。及歸，復遣使賜弓劍。是年，入爲工部尚書，改殿前都點檢。無何，爲吏部尚書。

天德初，爲報諭宋國使。宋人以舊例，請觀錢塘江潮，思敬不觀，曰：「我國東有巨海，而江水有大於錢塘者。」竟不往。使還，拜尚書右丞，罷爲真定尹。用廉，封河内郡王，徙封鉅鹿。丁母憂，起復本官，改益都尹。正隆二年，例奪王爵，改慶陽尹。

大定二年，授西南路招討使，封濟國公，兼天德軍節度使。俄爲北路都統，佩金牌及銀牌二。西北路招討使唐括孛古底副之。將本路兵二千〔二四〕，會孛古底，視地形衝要，或于狗濼屯駐，伺契丹賊出没之地，置守禦，遠斥候，賊至則戰，不以晝夜爲限。詔孛古底曰：「爾兵少，思敬未至，不得先戰。」僕散忠義敗窩斡於陷泉，詔思敬選新馬三千，備追襲。窩斡入于奚中，思敬爲元帥右都監，以舊領軍入奚地張哥宅，會大軍討之。敗僞節度特末也，獲二百餘人。賊降將稍合住與其黨神獨斡，執窩斡并其母徐輦、妻子弟姪家屬及金銀牌印詣思敬降。思敬獻俘于京師，賜金百兩、銀千兩、重綵四十端、玉帶、厩馬、名鷹。拜右副元帥，經略南邊，駐山東。罷爲北京留守。復拜右副元帥，仍經略山東〔二五〕。

初，猛安謀克屯田山東，各隨所受地土，散處州縣。世宗不欲猛安謀克與民户雜處，欲使相聚居之，遣户部郎中完顏讓往元帥府議之。思敬與山東路總管徒單克寧議曰：「大軍方進伐宋，宜以家屬權寓州縣，量留軍衆以爲備禦。俟邊事寧息，猛安謀克各使聚居，則軍民俱便。」還奏，上從之。其後遂以猛安謀克自爲保聚，其田土與民田犬牙相入者，互易之。三年四月，召還京師，以爲北京留守，賜金鞍、勒馬。七年，召爲平章政事。先是，省併猛安謀克，及海陵時無功授猛克者，皆罷之〔二六〕，失職者甚衆。思敬請量才用之，上從其請。思敬前爲真定尹，其子取部民女爲妾。至是，其兄乞離異，其妾畏思敬在相位，不敢去。詔還其家。

九年，拜樞密使，上疏論五事：其一，女直人可依漢人以文理選試。其二，契丹人可分隸女直猛安。其三，鹽濼官可罷去。其四，與猛安同勾當副千户官亦可罷。其五，親王府官屬以文資官擬注，教以女直語言文字。上皆從之。其後女直人試進士，夾谷衡、尼厖古鑑、徒單鎰、完顔匡輩，皆由此致宰相，實思敬啓之也。

久之，上謂思敬曰：「朕欲修熙宗實録，卿嘗爲侍從，必能記其事跡。」對曰：「熙宗時，内外皆得人，風雨時，年穀豐，盜賊息，百姓安，此其大概也，何必餘事。」上大悦。世宗喜立事，故其微諫如此。大定十三年，薨。上輟朝，親臨喪，哭之慟，曰：「舊臣也。」賻贈加厚，葬禮悉從官給。

孫吾侃朮特，大定二十四年，除明威將軍，授速濱路寶鄰山猛安。

贊曰：劾者讓國世祖，以開帝業。撒改治國家，定社稷，尊立太祖，深謀遠略，爲一代宗臣，賢矣哉。習不失蓋前人之愆，著勳五世。易曰「有子考無咎」，其此之謂乎。始祖與季弟異部而處，子孫俱爲强宗，而取遼之策，卒定于迪古乃，豈天道陰有以相之邪。

校勘記

〔一〕本名撻不也　「撻不也」，原作「塔不也」，屬同名異譯，今據殿本、局本改，與傳文統一。

〔二〕景祖方計定諸部　「計」，永樂大典卷六七六四「王」字韻下宗室封王二十八「燕國王」條下引撒改傳作「討」。

〔三〕詔與元帥完顏穀英同議軍事　「元帥」，本書卷六世宗紀上作「左副元帥」。

〔四〕與威順皇后徒單氏禱於巫　「威順」，原作「昭順」，據局本改。按，本書卷三二禮志五上尊謚：「愛民立政曰『成』，辟土有德曰『襄』，强毅執正曰『威』，慈仁和民曰『順』」，請上皇五代祖孛堇尊謚曰成襄皇帝，廟號昭祖，妣曰威順皇后。」又卷六三后妃傳上昭祖威順皇后傳，「昭祖威順皇后徒單氏」。卷六五始祖以下諸子烏古出傳，「昭祖威順皇后生景祖，次曰烏骨出」。

〔五〕以弓弰擊馬首而去　「擊」，原作「繫」，據永樂大典卷六七六四「王」字韻下宗室封王二十八「金源郡王」條下引習不失傳改。

〔六〕棄馬而歸　「棄」，永樂大典卷六七六四「王」字韻下宗室封王二十八「金源郡王」條下引習不失傳作「乘」。

〔七〕世祖至蘇素海甸與烏春遇　「蘇素海甸」，原作「蘇素海春」，據局本、永樂大典卷六七六四「王」字韻下宗室封王二十八「金源郡王」條下引習不失傳改。按，本書卷一世紀，「盃乃誘烏春兵度嶺，世祖與遇于蘇素海甸」。又卷六七烏春傳，「烏春舉兵度嶺，世祖（中略）進至蘇素海甸」，「烏春大敗，復獲盃乃，獻于遼，而城蘇素海甸以據之」。

〔八〕今國家迭有大慶　「今」，原作「令」，據南監本、北監本、殿本、局本改。

〔九〕謚曰忠毅　「忠毅」，本書卷三一禮志四功臣配享作「毅武」。

〔一〇〕天眷初　「天眷」，原作「天輔」。按，天輔是金太祖年號，宗亨年歲不相及。又下文言「擒宗磐、宗雋有功」，則是天眷二年七月事，見本書卷四熙宗紀。今據改。

〔一一〕改獻州刺史爲特滿羣牧使同知北京路轉運使改澤州定國軍節度使　「獻州刺史」下原有「澤州定」三字，係下文錯入，今删。又本書卷二六地理志下，京兆府路同州有「定國軍節度」。疑「澤州」是「同州」之誤。或先後在「澤州」、「定國軍」任職。

〔一二〕以本職領武揚軍都總管　「武揚」，原作「武陽」。按，本書卷四四兵志兵制，正隆六年南伐，三道都統制府及左右領軍大都督，將三十二軍，卷五五百官志一，都元帥府下，正隆六年，海陵南伐，將三十二總管，卷一二九佞幸李通傳，海陵南伐，分諸道爲三十二軍，均有「武揚」之號。今據改。

〔一三〕爲北京路兵馬都統　「北京」，原作「西北」。按，本書卷一三三叛臣移剌窩斡傳記此事云，

「右宣徽使宗亨爲北京路都統，吏部郎中完顏達吉爲副統，會元帥府討擊之」，又「詔北京副統完顏達吉括本部馬」。今據改。

〔一四〕已出其東據高阜　「阜」，原作「泉」，據永樂大典卷六七六五「王」字韻下宗室封王二十九「金源郡王」條下引金史石土門傳改。

〔一五〕石土門將五千人迎擊之　按，五千人數太多，非當時所能有。且多於敵兵五倍，無以見石土門之英勇，與原意不合。疑「千」爲「十」字之誤。

〔一六〕吾欲舉兵杖義而西　「杖義」，原作「扶義」，南監本、北監本、殿本、局本作「仗義」。今據永樂大典卷六七六五「王」字韻下宗室封王二十九「金源郡王」條下引完顏忠傳改。

〔一七〕以主公英武　「主」，原作「王」，據局本、永樂大典卷六七六五「王」字韻下宗室封王二十九「金源郡王」條下引完顏忠傳改。

〔一八〕天會二年　「天會」二字原脱。按，本書卷三太宗紀，天會二年二月「丁酉，命徙移懶路都勃堇完顏忠于蘇瀕水」。又卷二四地理志上，恤品路，「太宗天會二年，以耶懶路都孛堇所居地瘠，遂遷于此」。今據補。

〔一九〕略定山□　「山」字下當有闕文。金史詳校卷七云「『山』下當加『西』」。按，亦或是「後」字，今以「□」誌闕。

〔二〇〕大定間謚威敏　「威敏」，本書卷三一禮志四功臣配享作「威敬」。

〔二一〕習失弟也　「習失」，原作「辭不失」。按，本卷石土門傳，「子習失、思敬」。本書卷五九宗室表同。又下文亦言「從其兄習室攻太原」。則「辭不失」當作「習失」。今據改。

〔二二〕以捕宗磐宗雋功　「捕」，原作「補」，據南監本、北監本、殿本、局本改。

〔二三〕皇統七年　「皇統」二字原脱。按，上文稱「天眷二年」，下文見「天德初」，天眷僅三年，此「七年」當指皇統七年。今據補。

〔二四〕將本路兵二千　「二千」，本書卷一三三叛臣移剌窩斡傳記此事作「五千」。

〔二五〕罷爲北京留守復拜右副元帥仍經略山東　「北京」，南監本、北監本、殿本、局本作「西京」。以上十七字與下文重複，且有錯誤。按，本書卷六世宗紀上，大定二年九月「壬子，以元帥右都監完顏思敬爲右副元帥。戊午，詔思敬經略南邊」。三年「四月辛酉朔，右副元帥完顏思敬罷」，五月「乙卯，以北京留守完顏思敬復爲右副元帥」。以後至七年十二月「甲辰，以北京留守完顏思敬爲平章政事」，與本傳記事相合。此「罷爲北京留守」在三年四月辛酉，「復拜右副元帥」在五月乙卯，惟此後皆在北京，無「仍經略山東」之事。

〔二六〕無功授猛克者皆罷之　「猛克」，當係「猛安謀克」或「謀克」之脱誤。

金史卷七十一

列傳第九

斡魯　斡魯古勃堇　婆盧火　吾扎忽　闍母　宗敘本名德壽

斡魯，韓國公劾者第三子〔一〕。康宗初，蘇濱水含國部斡豁勃堇及斡准、職德二部有異志，斡帶治之，斡賽、斡魯爲之佐，遂伐斡豁，拔其城以歸。高麗築九城於曷懶甸。斡賽母疾病，斡魯代將其兵者數月。斡魯亦對築九城與高麗抗，出則戰，入則守，斡賽用之，卒城高麗。

收國二年四月，詔斡魯統諸軍，與闍母、蒲察、迪古乃合咸州路都統斡魯古等，伐高永昌。詔曰：「永昌誘脅戍卒，竊據一方，直投其隙而取之耳。此非有遠大計，其亡可立而待也。東京渤海人德我舊矣，易爲招懷。如其不從，即議進討，無事多殺。」

高永昌渤海人，在遼爲裨將，以兵三千，屯東京八甔口。永昌見遼政日敗，太祖起兵，遼人不能支，遂覬覦非常。是時，東京漢人與渤海人有怨，而多殺渤海人。永昌乃誘諸渤海，并其戍卒入據東京，旬月之間，遠近響應，有兵八千人，遂僭稱帝，改元隆基。遼人討之，久不能克。

永昌使撻不野、杓合，以幣求救於太祖，且曰：「願併力以取遼。」太祖使胡沙補往諭之曰：「同力取遼固可。東京近地，汝輒據之，以僭大號可乎。若能歸款，當處以王爵。仍遣係遼籍女直胡突古來。」高永昌使撻不野與胡沙補、胡突古偕來，而永昌表辭不遜，且請還所俘渤海人。太祖留胡突古不遣，遣大藥師奴與撻不野往招諭之。

斡魯方趨東京，遼兵六萬來攻照散城，阿徒罕勃堇烏論石準與戰於益褪之地，大破之。五月，斡魯與遼軍遇於瀋州，敗之，進攻瀋州，取之。永昌聞取瀋州，大懼，使家奴鐸剌以金印一、銀牌五十來，願去名號，稱藩。斡魯使胡沙補、撒八往報之。會渤海高禎降，言永昌非真降者，特以緩師耳。斡魯進兵，永昌遂殺胡沙補等，率衆來拒。遇于沃里活水，我軍既濟，永昌之軍不戰而却，逐北至東京城下。明日，永昌盡率其衆來戰，復大敗之，遂以五千騎奔長松島。

初，太祖下寧江州，獲東京渤海人皆釋之，往往中道亡去，諸將請殺之，太祖曰：「既以克敵下城，何爲多殺。昔先太師嘗破敵，獲百餘人，釋之，皆亡去。既而，往往招其部人來降。今此輩亡，後日當有効用者。」至是，東京人恩勝奴、仙哥等，執永昌妻子以城降，即寧江州所釋東京渤海人也。先太師，蓋謂世祖云。未幾，撻不野執永昌及鐸剌以獻，皆殺之。於是，遼之南路係籍女直及東京州縣盡降。

以斡魯爲南路都統、迭勃極烈，留烏蠢知東京事。詔除遼法，省賦稅，置猛安謀克一如本朝之制。九月，斡魯上謁于婆魯買水，上慰勞之。辛亥，幸斡魯第，張宴，官屬皆預，賜賚有差。

燭偎水部實里古達，殺酬斡、僕忽得，斡魯分胡剌古、烏蠢之兵討之。酬斡宗室子，魁偉善戰，年十五，隸軍中，多見任用。以兵五百，敗室韋，獲其民衆。及招降燭偎水部，以功爲謀克。僕忽得初事撒改，從討蕭海里，降燭偎水部，領行軍千户。從破黃龍府，戰達魯古城，皆有功。其破寧江州，渤海乙塞補叛去，僕忽得追復之。至是，與酬斡同被害。

斡魯至石里罕河，實里古達遯去，追及于合撻剌山，誅其首惡四人，撫定餘衆。詔曰：「汝討平叛亂，不勞師衆，朕甚嘉之。酬斡等死於國事，聞其尸棄于河，俟冰釋，必求以葬。其民可三百户爲一謀克，以衆所推服者領之，仍以其子弟等爲質。」斡魯乃還。天眷中，酬斡贈奉國上將軍，僕忽得贈昭義大將軍〔二〕。

斡魯從都統襲遼主，遼主西走，西京已降復叛，敵據城西浮圖〔三〕，下射攻城者。斡魯與鶻巴魯攻浮圖，奪之，復以精鋭乘浮圖下射城中，遂破西京。夏國王使李良輔將兵三萬來救遼〔四〕，次于天德之境。婁室與斡魯合軍擊敗之，追至野谷，殺數千人。夏人渡澗水，水暴至，漂溺者不可勝計。遼主在陰山、青塚之間，斡魯爲西南路都統，往襲之。使勃剌淑、撒曷懣以兵二百，襲遼權六院司喝离質於白水濼，獲之。遼主留輜重於青塚，領兵一萬，往應州。遣照里、背荅各率兵邀之，宗望奄至遼主營，盡俘其妻、子、宗族，得其傳國璽。斡魯使使奏捷曰：「賴陛下威靈，屢敗敵兵，遼主無歸，勢必來降，已嚴戒鄰境毋納宋人合饋軍糧，令銀朮可往代州受之。」詔：「偏諭有功將士，俟朕至彼，當次第推賞。遼主戚屬勿去其輿帳，善撫存之。遼主伶俜去國，懷悲負恥，恐隕其命。孽雖自作，而嘗居大位，深所不忍。如招之肯來，以其宗族付之。已遣楊璞徵糧於宋，銀朮可不須往矣。遼趙王習泥烈及諸官吏，並釋其罪，且撫慰之。」

太祖還京師，宗翰爲西北、西南兩路都統，斡魯及蒲家奴副之。宗翰朝京師，詔：「以夏人言，宋侵略新割地，以便宜決之。」斡魯奏曰：「夏人不盡歸户口資帑，又以宋人侵賜地求援兵。宋之邊臣將取所賜夏人疆土，蓋有異圖。」詔曰：「夏人屢求援兵者，或不欲歸我户口，沮吾追襲遼主事也。宋人敢言自取疆土于夏，誠有異圖。宜謹守備，盡索在夏户口，通聞兩國，事審處之。」斡魯復請弗割山西與宋，則遼主不能與宋郭藥師交通。復詔曰：「宗翰請毋與宋山西地，卿復及此，疆埸之事當慎毋忽。」及宗翰等伐宋，斡魯行西南、西北兩路都統事。天會五年，薨。皇統五年，追封鄭國王。天德二年，配享太祖廟廷。

子撒八，銀青光禄大夫。子賽里。

斡魯古勃堇，宗室子也。太祖伐遼，使斡魯古、阿魯撫諭斡忽、急賽兩路係遼女直，與遼節度使撻不也戰，敗之，斬撻不也，酷輦嶺阿魯臺罕等十四太彎皆降，斡忽、急賽兩路亦降。與遼都統實婁戰于咸州西，敗之，斬實婁于陣，與婁室克咸州。阤滿忽吐以所部降于斡魯古，鄰部户七千亦來歸，遂與遼將喝補戰，破其軍數萬人。太祖嘉之，以爲咸州軍帥。

斡魯伐高永昌于東京，斡魯古以咸州軍佐之。遼秦晉國王耶律捏里來伐，迪古乃、婁室、婆盧火等將二萬衆，合斡魯古咸州兵往擊之。

胡突古嘗叛入于遼，居于東京，高永昌據東京，太祖索之以歸。斡魯古伐永昌，以便宜署胡突古爲千户。散都魯、訛魯補皆無功，亦以便宜除官。及以便宜解權謀克斛拔魯、黄哥、達及保等職，皆非其罪。太祖聞之，盡復斛拔魯等謀克，胡突古等皆罷去。

太祖聞斡魯古軍中往往闕馬，而官馬多匿於私家，遂檢括之。耶律捏里、佛頂遣斡魯古書，請和。斡魯古以捏里書并所答書來上，且請曰：「復有書問，宜如何報之？」詔曰：「若彼再來請和，汝當以阿踈等叛亡，索而不獲至於交兵，我行人賽剌亦不遣還。若歸賽剌，及送阿踈等，則和好之議方敢奏聞。仍恐議和非實，無失備禦。」

耶律捏里軍蒺藜山，斡魯古以兵一萬，戍東京。太祖使迪古乃、婁室復以兵一萬益之，詔曰：「遼主失道，肆命徂征，惟爾將士，當體朕意，拒命者討之，服者撫安之，毋貪俘掠，毋肆殺戮。所賜捏里詔書，可傳致也。」詔捏里曰：「汝等誠欲請和，當廢黜昏主，擇立賢者，副朕弔伐之意，然後可議和約。不然，當盡并爾國。其審圖之。」捏里復書斡魯古，云：「降去人痕孛見還，則當送阿踈等。」上曰：「痕孛等乃交兵之後來降，阿踈則平日以罪亡去，其事特異。」復詔捏里，令此月十三日送阿踈至顯州，各遣重臣議疆埸事。

斡魯古等攻顯州，知東京事完顏斡論以兵來會，即以兵三千先渡遼水，得降户千餘，遂薄顯州。郭藥師乘夜來襲，斡論擊走之。斡魯古等遂與捏里等戰于蒺藜山，大敗遼兵，追北至阿里真陂，獲佛頂家屬。遂圍顯州，攻其城西南，軍士神篤踰城先入，燒其佛寺，煙焰撲人，守陴者不能立，諸軍乘之，遂拔顯州。於是，乾、懿、豪、徽、成、川、惠等州皆降。

乾州後爲閭陽縣，遼諸陵多在此，禁無所犯。徙成、川州人于同、銀二州居之。捏里再以書來請和，斡魯古承前詔，以阿疎爲言，答之。駐軍顯州以聽命。賜斡魯古等馬十匹，詔曰：「汝等力摧大敵，攻下諸城，朕甚嘉之。遼主未獲，人心易揺，不可恃戰勝而失備禦。」遼雙州節度使張崇降，斡魯古以便宜命復其職，仍令世襲。

斡魯古久在咸州，多立功，亦多自恣，劾里保、雙古等告斡魯古不法事：遼帝在中京可追襲而不追襲，咸州糧草豐足而奏數不以實，攻顯州獲生口財畜多自取。捏里、孛剌束等亦告孛堇蓸葛、麻吉、窩論、赤閏、阿剌本、乙剌等多取生口財畜。遂以闍哥代爲咸州路都統。

闍哥亦宗室子也，既代斡魯古治咸州。初，迪古乃、婁室奏，攻顯州新降附之民，可遷其富者于咸州路，其貧者徙内地。於是，詔使闍哥擇其才可幹事者授之謀克，其豪右誠心歸附者擬爲猛安，録其姓名以聞，饑貧之民，官賑給之，而使闍母爲其副統云。久之，遼通、祺、雙、遼四州之民八百餘家，詣咸州都統降。上曰：「遼人賦斂無度，民不堪命，相率求生，不可使失望，分置諸部，擇善地以處之。」

太祖召斡魯古自問之，斡魯古引伏。闍哥鞫窩論等。詔降斡魯古爲謀克，而禁錮窩論等。天輔六年，討賊于牛心山，道病卒。天眷中，贈特進。大德二年，配享太祖廟廷。

大定十五年，謚莊翼。

婆盧火，安帝五代孫。太祖伐遼，使婆盧火徵迪古乃兵，失期，杖之。後與渾黜以四千人，往助婁室、銀术哥攻黄龍府。辭勒罕、輸孛得兄弟，直撒里部人，嘗寇耶懶路，穆宗遣婆盧火討之。至阿里門河，辭勒罕僞降，遂略馬畜三百而去，復掠兀勒部二十五寨〔五〕。太祖復使婆盧火討之。婆盧火渡蘇衮河，招降旁近諸部，因籍丁壯爲軍，至特滕吴水，輸孛得僞降，復叛去，執而殺之。婆盧火至特鄰城，圍之，辭勒罕遯去。婆盧火破其城，執其妻子，辭勒罕遂降，曰：「我之馬牛財貨盡矣，何以爲生。」婆盧火與之馬十匹。直撒里部産良馬，太祖使紇石烈阿習罕掌其畜牧，婆盧火及子婆速，俱爲謀克。

天輔五年，摘取諸路猛安中萬餘家，屯田于泰州，婆盧火爲都統，賜耕牛五十。婆盧火舊居按出虎水，自是徙居泰州，而遣拾得、查端、阿里徒歡、奚撻罕等俱徙焉。唯族子撒刺喝嘗爲世祖養子，獨得不徙。

太祖取燕京，婆盧火爲右翼，兵出居庸關，大敗遼兵，遂取居庸。蕭妃遯去，都監高六等來送款乞降。習古乃追蕭妃至古北口，蕭妃已過三日，不及而還。上令婆盧火、胡實賚率輕騎追之，蕭妃已遠去，獲其從官統軍察剌、宣徽查剌，并其家族，及銀牌二、印十有一。及迭剌叛，婆盧火、石古乃討平之，其羣官率衆降者，就使領其所部。太宗以空名宣頭及銀牌給之。

同時有婆盧火者，婁室平陝西，婆盧火、繩果監戰。後爲平陽尹，西南路招討使，終於慶陽尹。

泰州婆盧火守邊屢有功，太宗賜衣一襲，并賜其子剖叔。八年，以甲冑賜所部諸謀克。天會十三年，加同中書門下平章事。天眷元年，駐烏骨迪烈地，薨。贈開府儀同三司，謚剛毅。

子剖叔，襲猛安，天眷二年，爲泰州副都統，子斡帶，廣威將軍。

婆速，官特進，子吾扎忽。

吾扎忽，善騎射，年二十，以本班祗候郎君都管，從征伐有功，授修武校尉。皇統二年，權領泰州軍〔六〕。平陝西，至涇州，大破宋兵於馬西鎮，超遷寧遠大將軍，襲猛安。復以本部軍從宗弼，權都統。正隆末，從海陵伐宋。契丹反，與德昌軍節度使移室懣同討契丹，許以便宜從事。

大定初，除咸平尹，駐軍泰州。俄改臨潢尹，攝元帥左都監。與廣寧尹僕散渾坦俱從元帥右都監神土懣解臨潢之圍。契丹引衆東行，吾扎忽追及于窊歷山。押軍猛安契丹忽剌叔以所部助敵，攻官軍，官軍失利。泰州節度使烏里雅來救，未至臨潢與敵遇，烏里雅敗，僅以數騎脫歸。敵攻泰州，其勢大振，城中震駭，將士不敢出戰，敵四面登城。押軍猛安烏古孫阿里補率軍士數人持鐏刀循城，應敵力戰，斫刈甚衆，敵乃退，泰州得完。吾扎忽廼使謀克蒲盧渾徙百姓旁邑及險阨之地，以俟大軍。明年，聚甲士萬三千於濟州，會元帥謀衍，敗窩斡於長濼。戰霿霳河，戰陷泉，皆有功，改胡里改節度使，卒。

吾扎忽性聰敏，有才智，善用軍，常出敵之不意，故能以寡敵衆，而所往無不克，號爲「鵲軍」云。

闍母，世祖第十一子〔七〕，太祖異母弟也。高永昌據東京，斡魯往伐之，闍母等爲之佐。已克瀋州，城中出奔者闍母邀擊殆盡。與永昌隔沃里活水，衆遇淖不敢進，闍母以所部先濟，諸軍畢濟。軍東京城下，城中人出城來戰，闍母破之于首山，殲其衆，獲馬五百匹。

及斡魯古以罪去咸州，闍母代之〔八〕，於是闍母爲咸州路副統。遼議和久不成，太祖進兵，詔咸州路都統司，令斜葛留兵一千鎮守，闍母以餘兵會于渾河。太祖攻上京，實臨潢府，諭之不下。遼人恃儲蓄自固。上親臨陣，闍母以衆先登，克其外城，留守撻不野率衆出降。都統杲兵至中京，闍母自城西沿土河以進，城中兵尚餘三千，皆不能守，遂克之。

宗翰等攻西京，闍母、婁室等於城東爲木洞以捍蔽矢石，於北隅以芻茭塞其隍，城中出兵萬餘，將燒之。温迪罕蒲匣率衆力戰，執旗者被創，蒲匣自執旗，奮擊却之。又爲四輪革車，高出於堞，闍母與麾下乘車先登，諸軍繼之，遂克西京。

與遼步騎五千戰于朔州之境，斬首三百級。復敗遼騎三百于河陰。遼兵五千屯于馬邑縣南，復擊破之，隳其營壘，盡得其車馬、器械。遼兵三萬，列營于西京之西，闍母以三千擊之。闍母使士卒皆去馬，陣於溝塹之間，曰：「以一擊十，不致之死地，不可使戰也。」謂衆曰：「若不勝敵，不可以求生。」於是人皆殊死戰，遼兵遂敗，追至其營而止。明日，復敗其兵七百餘人。

興中府宜州復叛，闍母討之，并下詔招諭，詔闍母曰：「遼之土地皆爲我有，彼雖復叛，終皆吾民，可縱其耕稼，毋得侵掠。」勃堇蒙刮、斜鉢、吾撻等獲契丹九斤，興中平〔九〕。

闍母爲南路都統，討回离保，詔曰：「回离保以烏合之衆，保據險阻，其勢必將自斃。若彼不出掠，毋庸攻討。」耶律奧古哲等殺回离保于景、薊之間，其衆遂潰。

張覺據平州叛，入于宋，闍母自錦州往討之。覺將以兵脅遷、來、潤、隰四州之民〔一〇〕，闍母至潤州，擊走張覺軍，逐北至榆關，遣俘持書招之。復敗覺兵於營州東北，欲乘勝進取南京。時方暑雨，退屯海壖，逐水草休息，使僕虺、蒙刮兩猛安屯潤州，制未降州縣，不得與覺交通。九月，闍母破覺將王孝古於新安，敗覺軍於樓峯口。復與覺戰於兔耳山，闍母大敗。太宗使宗望問闍母敗軍之狀，宗望遂以闍母軍討覺。及宗望破張覺，太宗乃赦闍母，召宗望赴闕。

闍母連破僞都統張敦固，遂克南京，執敦固殺之。上遣使迎勞之，詔曰：「聞下南京，撫定兵民，甚善。諸軍之賞，卿差等以給之。」又詔曰：「南京疆埸如舊，屯兵以鎮之。命有司運米五萬石于廣寧，給南京、潤州戍卒。」遂下宜州，拔叉牙山，殺其節度使韓慶民，得糧五千石。詔以南路歲饑，許田獵。

其後宋童貫、郭藥師治兵，闍母輒因降人知之，即具奏，語在宋事中。而宗翰、宗望皆請伐宋，於是闍母副宗望伐宋，宗望以闍母屬尊，先皇帝任使有功，請以爲都統，己監戰事。於是闍母爲都統，掃喝副之，敗郭藥師兵于白河，遂降燕山，以先鋒渡河圍汴，宋人請盟。將士分屯于安肅、雄、霸、廣信之境，宗望還山西，闍母與劉彥宗留燕京，節制諸軍。八月，復伐宋，大軍克汴州，諸軍屯于城上。城中諸軍潰而西出者十三萬人，闍母、撻懶分擊，大敗之。師還，闍母爲元帥左都監，攻河間，下之，大破敵兵萬餘於莫州。宗輔爲右副元帥，徇地淄、青。闍母與宗弼分兵破山谷諸屯。宋李成兵圍淄州，烏林荅泰欲破之。闍母克濰州。迪古補、朮烈速連破趙子昉等兵，至于河上。烏林荅泰欲破敵于靈城鎮。及議伐康王，闍母欲先定河北，然後進討，太宗乃酌取羣議之中，使婁室取陝西，宗翰、宗輔南伐。

天會七年，薨〔一一〕，年四十。熙宗時，追封吳國王。天德二年，配享太祖廟廷。正隆，改封譚王。大定二年，徙封魯王，謚莊襄〔一二〕。

子宗敍。

宗敍，本名德壽，闍母第四子也。奇偉有大志，喜談兵。天德二年，充護衛，授武義將軍。明年，授世襲謀克，擢御院通進，遷翰林待制，兼修起居注，轉國子司業，兼左補闕。正隆初〔一三〕，轉符寶郎，在宮職凡五年，皆帶劍押領宿衛。遷大宗正丞，以母憂去官。以本官起復，未幾，遷侍衛親軍馬軍都指揮使，改左驍騎都指揮使。明年，海陵幸南京，宗敍至汴。契丹撒八反〔一四〕，宗敍爲咸平尹，兼本路兵馬都總管，以甲仗四千付之，許以便宜。

宗敍出松亭關，取牛遞于廣寧。聞世宗即位，將歸之。廣寧尹按荅海弟燕京勸宗敍，乃還興中。白彥敬、紇石烈志寧使宗敍奉表降。宗敍見世宗於梁魚務，授寧昌軍節度使。

明年二月，契丹攻寧昌，宗敍止有女直、渤海騎兵三十、漢兵百二十人，自將擊之。遇賊千餘騎，漢兵皆散走，宗敍與女直、渤海三十騎盡銳力戰，身被二創，所乘馬中箭而仆，遂爲所執。居百餘日，會賊中有臨潢民移剌阿塔等，盜馬授之，得脫歸。

宗敍陷賊久，盡得其虛實，見元帥完顏謀衍、平章政事完顏元宜，謂之曰：「賊衆烏合，無紀律，破之易耳。」於是帥府欲授軍職，宗敍見謀衍貪鹵掠，失事幾，欲歸白上，不肯受職，曰：「我有機密，須面奏。」是夕，乃遁去，至廣寧，矯取驛馬，馳至京師。而帥府先事以聞，上遣中使詰之曰：「汝爲節度，不度衆寡，戰敗被獲，幸得脫歸，乃拒帥府命，輒自乘傳赴都，朕姑置汝罪，可速還軍，併力破賊。」宗敍附奏曰：「臣非辭難者，事須面奏，不得不來。」遂召入，乃條奏賊中虛實，及諸軍進退不合事機狀。詔大臣議，皆以其言爲然。是時，已詔僕散忠義代謀衍爲元帥進討，於是拜宗敍爲兵部尚書，以本職領右翼都統，率宗寧、烏延查剌、烏林荅剌撒兵各千人，號三萬，佐忠義軍。至花道，遇賊，與戰，左翼都統宗亨先敗走〔一五〕，忠義亦引却，宗敘勒本部遮擊之，麾帳下士三百，捨馬步戰，賊不得逞。大軍整列復至，合勢擊之，賊遂敗去。而元帥右監軍紇石烈志寧率軍至，追及窩斡於陷泉，大破之。復與志寧及徒單克寧，追至七渡河，復大敗之。元帥忠義遂留宗敘自從。賊平，入爲右宣徽使。

宋兵據海州，將謀深入。詔以宗敘爲元帥右監軍，往禦之。宗敘駐山東，分兵據守要害，敵不得西。尋奉詔，與左副元帥紇石烈志寧參議軍事。四年，宗敘入朝，奏曰：「暑月在近，頓兵邊陲，飛輓頗艱，乞俟秋涼進發。」上從其請。及還軍，授以成筭，賜襲衣、弓矢。九月，渡淮，宗敘出唐、鄧，比至襄陽，屢戰皆捷。明年，宋人請和，軍還，除河南路統軍使。

河決李固渡，分流曹、單之間。詔遣都水監梁肅視河決，宗敘言：「河道填淤不受水，故有決溢之患。今欲河復故道，卒難成功，幸而可塞，它日不免決溢山東，非曹、單比也。沿河數州，驟興大役，人心動摇，恐宋人乘間扇誘，構爲邊患。」梁肅亦請聽兩河分流，以殺水勢，遂止不塞。

十年，召至京師，拜參知政事，上曰：「卿奏黃河利害，甚合朕意。朕念百姓差調，官吏爲姦，率斂星火，所費倍蓰，委積經年，腐朽不可復用，若此等類，百孔千瘡，百姓何以堪之。卿參朝政，擇利而行，以副朕心。」及與上論南邊事，宗敘曰：「南人遣諜來，多得我事情。我遣諜人，多不得其實。蓋彼以厚賞故也。」上曰：「彼以厚利資諜人，徒費其財，何能爲也。」

十一年，奉詔巡邊〔一六〕。六月，至軍中，將戰，有疾，詔以右丞相紇石烈志寧代，宗敘還。七月，病甚，遺表朝政得失，及邊防利害，力疾，使其子上之。薨，年四十六。上見其遺表，傷悼不已，輟朝，遣宣徽使敬嗣暉致祭，賻銀千兩、綵四十端、絹四百匹。上謂宰臣曰：「宗敘勤勞國家，他人不能及也。」

初，宗敘嘗請募貧民戍邊屯田，給以廩粟，既貧者無艱食之患，而富家免更代之勞，得專農業。上善其言，而未行也。十七年，上謂宰臣曰：「戍邊之卒，歲冒寒暑，往來番休，以馬牛往戍，往往皆死。且奪其農時，敗其生業，朕甚閔之。朕欲使百姓安于田里，而邊圉彊固，卿等何術可以致此。」左丞相良弼曰：「邊地不堪耕種，不能久戍，所以番代耳。」上曰：「卿等以此急務爲末事耶。往歲，參政宗敘嘗爲朕言此事。若宗敘，可謂盡心於國者矣。今以兩路招討司、烏古里石壘部族、臨潢、泰州等路，分置堡戍，詳定以聞，朕將親覽。」

上追念宗敘，聞其子孫家用不給，詔賜錢三千貫。明昌五年，配享世宗廟廷。

校勘記

〔一〕斡魯韓國公勀者第三子　「三」，南監本、北監本、殿本、局本作「二」。按，本書卷五九宗室表，勀者子「撒改、斡魯」，共二人。疑「三」爲「二」之誤。

〔二〕僕忽得贈昭義大將軍　「昭義」，局本作「昭毅」。按，本書卷五五百官志一，武散官正四品「中曰昭毅大將軍」。范成大攬轡録所載金朝武散官亦有「昭毅」，無「昭義」。「昭義」疑爲「昭毅」之誤。

〔三〕敵據城西浮圖　按，本書卷一九世紀補景宣皇帝紀記其事稱「西京城南有浮圖，敵先據之」。疑「城西」爲「城南」之誤。

〔四〕夏國王使李良輔將兵三萬來救遼　「李良輔」，原作「李仁輔」。按，本書卷六〇交聘表上，天輔六年「六月，夏遣李良輔率兵三萬救遼，斡魯、婁室敗之于野谷」。又卷一三四外國傳上西夏傳，天輔六年，「夏將李良輔將兵三萬來救遼，次天德境野谷」。今據改。

〔五〕復掠兀勒部二十五寨　「掠」字原在「部」字之下，據文義乙正。

〔六〕皇統二年權領泰州軍　按，下文記吾扎忽伐宋陜西之事，而皇統二年至正隆末海陵王伐宋前金、宋無戰事。疑「皇統」爲「天眷」之誤。

〔七〕闍母世祖第十一子　「第十一子」當誤。按，本書卷五九宗室表稱世祖子「與康宗、太祖、太宗凡十一人」，闍母排倒數第三位，鄆王昂爲最末一位；卷六五始祖以下諸子昂傳稱昂爲「世祖最幼子」。則世祖第十一子爲鄆王昂，非闍母。

〔八〕及斡魯古以罪去咸州闍母代之　「闍母」，疑爲「闍哥」之誤。按，本卷斡魯古勃堇傳記此事稱「劾里保、雙古等告斡魯古不法事」，太祖「遂以闍哥代爲咸州路都統。（中略）而使闍母爲其副統云」。本書卷二太祖紀亦載，天輔二年三月癸未朔，命闍哥代斡魯古爲都統。

〔九〕興中平　「興中」，原作「與中」，據南監本、北監本、殿本、局本、永樂大典卷六七六四「王」字韻下宗室封王二十八「魯王」條下引闍母傳改。

〔一〇〕覺將以兵脅遷來潤隰四州之民　「隰」，原作「濕」，據局本、永樂大典卷六七六四「王」字韻下宗室封王二十八「魯王」條下引闍母傳改。按，遼史、本書地理志無「濕州」之名。本書卷七四宗望傳有「遷、潤、來、隰四州」。又卷二太祖紀記載，天輔七年二月乙酉朔，「遼來州節度使田顥、隰州刺史杜師回、遷州刺史高永福、潤州刺史張成皆降」，與宗望傳合。

〔一一〕天會七年薨　「七年」，原作「六年」。按，本書卷三太宗紀，天會七年正月「辛巳，吴國王闍母薨」。今據改。

〔一二〕謚莊襄　「莊襄」，本書卷三一禮志四功臣配享作「莊明」。

〔一三〕正隆初　「初」，原作「幼」，據南監本、北監本、殿本、局本改。

〔一四〕契丹撒八反　「契丹」，原作「奚丹」，據南監本、北監本、殿本、局本改。按，本書卷六九太祖諸子宗敏傳、卷八四白彦敬傳、卷八七紇石烈志寧傳、卷九一蕭懷忠傳、卷一三二逆臣僕散師恭傳並稱「契丹撒八反」。

〔一五〕「以本職領右翼都統率宗寧烏延查剌烏林荅剌撒兵各千人」至「左翼都統宗亨先敗走」「右翼」，原作「左翼」；「左翼」，原作「右翼」。按，本書卷八七僕散忠義傳，「忠義追之，及于花道，宗亨爲左翼，宗敍爲右翼，與賊夾河而陣」。卷一三三叛臣移剌窩斡傳，「僕散忠義至軍中。是時，窩斡西走花道，（中略）萬户查剌、蒲查爲左翼，宗亨統之，宗寧、剌撒爲右翼，宗敍統之」。今據改。又本書卷八六烏延查剌傳，「擊窩斡，戰于花道。大軍未集，查剌在左翼，領六百騎與賊戰」。據此則知烏延查剌當時在左翼宗亨軍，右翼軍中不當有其名。

〔一六〕十一年奉詔巡邊　按，本書卷六世宗紀上，大定十年八月「壬申，遣參知政事宗敍北巡」。「十一年」，疑當作「十年」。

金史卷七十二

列傳第十

婁室　活女　謀衍　仲本名石古乃　海里　銀朮可
穀英本名撻懶　麻吉子沃側　拔離速[一]　習古迺

婁室，字斡里衍，完顏部人。年二十一，代父白荅爲七水諸部長。太祖克寧江州，使婁室招諭係遼籍女直，遂降移懶、益海路太彎照撒等。敗遼兵丁婆剌赶山。復敗遼兵，擒兩將軍。既而益改、捺末懶兩路皆降。進兵咸州，克之。諸部相繼來降，獲遼北女直係籍之户。遼都統耶律訛里朵以二十餘萬衆來戍邊。太祖趨達魯古城，次寧江州西，召婁室。婁室見上于軍中。上見婁室馬多疲乏，以三百給之，使隸右翼宗翰軍[二]，與銀朮可縱兵衝其中堅，凡九陷陣，皆力戰而出。復與銀朮可戍邊。

及九百奚營等部來降，則與銀术可攻黄龍府，上使完顔渾黜、婆盧火、石古乃以兵四千助之，敗遼兵萬餘于白馬濼。宗雄等下金山縣，使婁室分兵二千，招沿山逃散之人。耶律捏里軍蒺藜山，斡魯古、婁室等破之，遂取顯州。太祖取黄龍府，婁室請曰：「黄龍一都會，且僻遠，苟有變，則鄰郡相扇而起。請以所部屯守。」太祖然之，仍合諸路謀克，命婁室爲萬户，守黄龍府。進都統，從杲取中京，與希尹等襲走迪六、和尚、雅里斯等，敗奚王霞末，降奚部西節度訛里剌。遼主自鴛鴦濼西走，婁室等追至白水濼，獲其内庫寶物。婁室遂與闍母攻破西京。復與闍母至天德、雲内、寧邊、東勝，其官吏皆降，獲阿疎。

夏人救遼，兵次天德，婁室使突撚、補擷以騎二百爲候兵，夏人敗之，幾盡。阿土罕復以二百騎往，遇伏兵，獨阿土罕脱歸。時久雨，諸將欲且休息，婁室曰：「彼再破吾騎兵，我若不復往，彼將以我怯，即來攻我矣。」乃選千騎，與習失、拔离速往。斡魯壯其言，從之。婁室遲明出陵野嶺，留拔离速以兵二百據險守之。獲生口問之，其帥李良輔也。將至野谷，登高望之〔三〕。夏人恃衆而不整，方濟水爲陣，乃使人報斡魯。婁室分軍爲二，迭出迭入，進退轉戰三十里。過宜水，斡魯軍亦至，合擊敗之。

遼都統大石犯奉聖州，壁龍門東二十五里，婁室、照里、馬和尚等以兵取之，生獲大石，其衆遂降。遼闢里剌守奉聖州，棄城遁去。後與宗望追遼帝，婁室、蒲察以二十騎候敵，敗其軍三千人于三山，有千人將趨奉聖州，蒲察復敗之，擒其主帥而還。夏人屯兵於可敦館，宗翰遣婁室戍朔州，築城於霸德山西南二十里，遂破朔州西山兵二萬，擒其帥趙公直。其後復襲遼帝于余都谷，獲之。賜鐵券，惟死罪乃笞之，餘罪不問。

銀朮可圍太原，宋統制劉臻救太原，率衆十萬出壽陽，婁室擊破之，繼敗宋兵數千於榆次。宋張灝軍出汾州，拔离速擊走之。灝復營文水，婁室與突葛速、拔离速與戰，灝大敗。宗翰定太原，婁室取汾、石二州，及其屬縣温泉、方山、離石，蒲察降壽陽，取平定軍及樂平，復招降遼州及榆社、遼山、和順諸縣。宗翰趨汴州，使婁室等自平陽道先趨河南，曰：「若至澤州，與賽里、婆盧火、習失遇，當與俱進。」習失之前軍三謀克〔四〕，敗宋兵三千于襄垣，遇伏兵二千，又敗之。撒剌荅破天井關，復破步兵於孔子廟南，遂降河陽。婁室軍至，既渡河，遂薄西京。城中兵來拒戰，習失逆擊敗之，西京降。婁室取偃師，永安軍、鞏縣降。撒剌荅敗宋兵於汜水。於是，滎陽、滎澤、鄭州、中牟相次皆降。宗翰已與宗望會軍于汴，使婁室率師趨陝津，攻河東郡縣之未下者。阿离土罕敗敵于河上，撒按敗敵于陝城下，鶻沙虎降虢州守陴卒三百人，遂克陝府。習古乃、桑衮破陝之散卒于平陸西北。活女別破敵於平陸。婁室破蒲、解之軍二萬，盡覆之，安邑、解州皆降，遂克河中府，降絳、慈、隰、石等州。

宗翰往洛陽，使婁室取陝西，敗宋將范致虛軍，下同、華二州，克京兆府，獲宋制置使傅亮，遂克鳳翔。阿鄰等破宋大兵於河中，斡魯破宋劉光烈軍於馮翊，訛特剌、桑衮敗敵於渭水，遂取下邽。宗翰會宗輔伐康王，命婁室、蒲察專事陝西，以婆盧火、繩果監戰。繩果等遇敵於蒲城及同州，皆破之。婁室、蒲察克丹州，破臨真，進克延安府，遂降綏德軍及靜邊、懷遠等城寨十六，復破青澗城。宋安撫使折可求以麟、府、豐三州，及堡寨九，降于婁室。晉寧所部九寨皆降，而晉寧軍久不下，婁室欲去之，賽里不可，曰：「此與夏鄰，且生他變。」城中無井，日取河水以爲飲，乃決渠于東，泄其水，城中遂困。李位、石乙啓郭門降，諸將率兵入城。守將徐徽言據子城，戰三日，衆潰，徽言出奔，獲之。使之拜，不聽，臨之以兵，不爲動，縶之軍中。使先降者諭之使降，徽言大駡，與統制孫昂皆不屈，乃并殺之。遂降定安堡、渭平寨及鄜、坊二州。於是，婁室、婆盧火守延安，折可求屯綏德，蒲察還守蒲州。延安、鄜、坊州皆殘破，人民存者無幾，婁室置官府輯安之。別將斡論降建昌軍。京兆府叛，婁室復討平之，遂與阿盧補、謀里也至三原，訛哥金、阿骨欲擊淳化兵，敗之。婁室攻乾州，已築甬道，列礮具，而州降。遂進兵克邠州，軍于京兆。

陝西城邑已降定者，輒復叛，於是睿宗以右副元帥，總陝西征伐。時婁室已有疾，睿宗與張浚戰于富平，宗弼左翼軍已却，婁室以右翼力戰〔五〕，軍勢復振，張浚軍遂敗。睿宗曰：「力疾鏖戰，以徇王事，遂破巨敵，雖古名將何以加也。」以所用犀玉金銀器及甲冑，并馬七匹與之。

天會八年，薨。十三年，贈泰寧軍節度使，兼侍中〔六〕，加太子太師。皇統元年，贈開府儀同三司，追封莘王。以正隆例改贈金源郡王，配享太宗廟庭，謚莊義〔七〕。子活女、謀衍、石古乃。

活女，年十七從攻寧江州，力戰創甚，扶出陣間。太祖憑高望見，問之，知是婁室子，親撫慰賜藥，歎曰：「此兒他日必爲名將。」其攻濟州，敗敵八千。與敵遇于信州，移剌本陷于陣，活女力戰出之，敵遂北。敗耶律佛頂等兵于瀋州。及宗翰以兵襲奚王霞末，活女以兵三百，敗敵二千。從攻乙室部，敗之，破其二營。迭剌部族叛，率二謀克突入，大破之。

活女常從婁室圍太原，宋將种師中以兵十萬來援，活女擊敗之。大軍至河，無船，不得渡。婁室遣活女循水上下，活女率軍三百，自孟津而下，度其可渡，遂引軍以濟，大軍於是皆繼之。宋將郭京出兵數萬，趨婁室營，活女從旁奮擊，敵亂，遂破之。師還，破敵於平陸渡，得其船以濟。又以兵破敵於張店原。時屯留、太平、翼城皆有重敵，並破之。又分兵取陜西，蒲州降，留活女鎮之。攻鳳翔，活女先登。睿宗定陜西，活女爲都統，進攻涇州，敗其兵。王開山以兵拒歸路，邀戰，再擊，再敗之，遂降京兆、鳳翔諸縣。

婁室薨，襲合扎猛安，代爲黄龍府路萬户。天眷三年，爲元帥右都監，遷左監軍。元帥府罷，改安化軍節度使。歷京兆尹，封廣平郡王，以正隆例，改封代國公，進封隋國公，謚貞濟。卒年六十一。

謀衍，勇力過人，善用長矛突戰。天眷間，充牌印祗候，授顯武將軍，擢符寶郎。皇統四年，其兄活女襲濟州路萬户，以親管奥吉猛安讓謀衍，朝廷從之，權濟州路萬户。八年，爲元帥右都監。天德三年，爲順天軍節度使，歷河間、臨潢尹，數月改婆速路兵馬都總管。

撒八反，謀衍往討之，是時世宗爲東京留守，自將討括里還，遇謀衍于常安縣，盡以甲士付之。世宗還東京，完顔福壽、高忠建率所部南征軍，亡歸東京。謀衍亦率其軍來附，即以臣禮上謁，遂殺高存福、李彦隆等。謀衍、福壽、忠建及諸將吏民勸進，世宗即位，拜右副元帥。都統白彦敬，副統紇石烈志寧在北京，拒不受命，謀衍伐之，遇其衆于建州之境，皆不肯戰，彦敬、志寧遂降。

二年正月，謀衍率諸軍討窩斡，會兵於濟州，合甲士萬三千人，過泰州，至朮虎崖，乃捨輜重，持數日糧，輕騎追之。是時窩斡新敗于泰州，將走濟州。謀衍兵至長濼南，獲其諜者，知敵將由別路邀糧運，遂分軍往迎之。敵吏紇者來降，謀衍用其計，因夜亟往邀敵輜重，忽大風，不能燧火，路暗莫相辨，比曉纔行三十餘里。將至敵營，將士少憩，謀衍率善射者數十騎，往覘之。而都統志寧、克寧等，已敗敵衆二萬餘於長濼，追殺甚衆，敵遂西遁。志寧軍先追及於霿𩄍河，急擊敗之。而謀衍貪鹵掠，不復追，以故敵得縱去，遂涉懿州界，陷靈山、同昌、惠和等縣，窺取北京，西攻三韓縣。惟克寧軍追躡，謀衍託馬弱，引還懿州。上聞之，下詔切責謀衍，以僕散忠義爲右副元帥代之，紇石烈志寧爲右監軍代完顏福壽。而謀衍子斜哥暴橫軍中，詔勒歸本貫。

謀衍至京師，以爲同判大宗正事，世宗責之曰：「朕以汝爲將，汝不追賊，當正汝罪。以汝父婁室有大功，特免汝死。汝雖非宗室，而授此職，汝其勉之。」未幾，速頻路軍士朮里古，告斜哥寄書與謀衍謀反，有司并上其書，世宗察其誣，詔鞫告者，朮里古款伏，遂誅之。召謀衍謂之曰：「人有告卿子爲反謀者，朕知卿必不爲此，今告者果自服罪，宜悉此意。」

初，窩斡方熾，上使温迪罕阿魯帶守古北口。及窩斡敗于陷泉，入于奚中，率諸奚攻古北口。阿魯帶因其妻生日，輒離軍六十里，賊衆聞之，來襲，殺傷士卒甚衆。阿魯帶坐除名。詔謀衍、蒲察烏里雅、蒲察通以兵三千，會舊屯兵，擊之。擒賊黨猛安合住。未幾，窩斡平，乃還。

七年，出爲北京留守，上御便殿，賜食及御服衣帶佩刀，謂之曰：「以卿故老，欲以均勞逸，故授此職，卿其勉之。」改東京留守，封榮國公。大定十一年，薨，年六十四。

謀衍性忠厚，善擊毬射獵，時論以爲雖智略不及其父，而勇敢肖之云。

仲，本名石古乃。體貌魁偉，通女直、契丹、漢字。其兄斡魯爲統軍〔八〕，愛仲才，欲使通吏事，每視事，常在左右，遇事輒問之，應對如響，斡魯嘆曰：「此子必爲令器。」皇統初，充護衛，授世襲謀克。天德元年，攝其兄活女濟州萬户，部内稱治。除濱州刺史，以母憂去官。起復知積石軍事，轉同知河南尹。

正隆六年，伐宋，爲神勇軍副都總管。與大軍北還，除同知大興尹，將兵二千，益遵化屯軍，備契丹。遷西南路招討使，兼天德軍節度使，政尚忠信，決獄公平，蕃部不敢寇邊。召爲左副都點檢，宿衛嚴謹，每事有規矩，後來者守其法，莫能易也。世宗常謂侍臣曰：「石古乃入直，朕寢益安。」

五年，宋人請和，爲姪國，不稱臣，仲爲報問使。仲請與宋主相見禮儀，世宗曰：「宋主親起立接書，則授之。」及至宋，一一如禮。正隆用兵，宋人執商州刺史完顔守能以歸，至是，仲取守能與俱還，上嘉之。轉都點檢，兼侍衛親軍都指揮使，遷河南路統軍使，上曰：「卿在禁近，小心畏慎。河南控制江、淮，爲國重地，卿益勉之。」賜厩馬、金帶、玉吐鶻。後有罪〔九〕，解職。久之，起爲西北路招討使，改北京留守，卒。

海里，婁室族子。體貌豐偉，善用矟。婁室爲黄龍府萬户，海里從徙於孰吉泺母。從婁室追及遼主於朔州阿敦山，遼主從數十騎逸去，婁室遣海里及朮得，往見遼主，諭之使降。遼主已窮蹙，待於阿敦山之東，婁室因獲之，賞海里金五十兩、銀五百兩、幣帛二百匹、綿三百兩。睿宗經略陝西，海里戰却吴玠軍於涇、邠之南，尋遣修棧道，宋人恐棧道成，以兵來拒，破其兵，賞銀百五十兩、奴婢十人。

天眷元年，擢宿直將軍。與定宗磐、宗雋之亂〔一〇〕，再遷廣威將軍，除都水使者。改西北路招討都監，歷復州、灤州刺史、耶盧椀羣牧使，迭刺部族節度使，同知大興尹，兼中都路兵馬都總管，改武寧軍節度使，廣寧尹。卒，年六十二。

銀术可，宗室子。太祖嗣位，使蒲家奴如遼取阿踈，事久不決，乃使習古迺、銀术可繼往。當是時，遼主荒于政，上下解體。銀术可等還，具以遼政事人情告太祖，且言遼國可伐之狀〔二〕。太祖決意伐遼，蓋自銀术可等發之。

太祖與耶律訛里朵戰于達魯古城，遼兵二十餘萬，銀术可、婁室率衆衝其中堅，凡九陷陣，輒戰而出，大敗遼軍。銀术可爲謀克，遂與婁室戍邊，復與婁室、渾黜、婆盧火、石古乃等攻黄龍府，敗遼兵萬餘于白馬濼。太祖拒遼兵，銀术可守達魯古城。收國二年，分鴨撻、阿懶所遷謀克二千户，以銀术可爲謀克，屯寧江州。

遼大册使習泥烈遣回，約以七月半至，而盡九月習泥烈未來，上使諸軍過江屯駐。遼曳剌、麻荅十三人，兵士八人縱火於渾河，以絶芻牧。銀术可獲之，乃知遼邊吏乙薛使之，太祖命釋之。從都統杲克中京，銀术可與習古迺、蒲察胡巴魯率兵三千，擊奚王霞末于京西七十里，霞末棄兵遁。遼主西奔天德，銀术可以兵絶其後，遼主遂見獲。

後從宗翰伐宋，圍太原，宗翰進兵至澤州，及宗翰還西京，太原未下，皆命銀术可留兵圍之。招討都監馬五破宋兵於文水。節度使耿守忠等敗宋黄迪兵於西都谷，所殺不可勝計。宋樊夔、施詵、高豐等軍來救太原，分據近部，銀术可與習失、盃魯、完速大破之。索里、乙室破宋兵於太谷。宋兵據太谷、祁縣，阿鶻懶、拔离速復取之。种師中出井陘，據榆次，救太原，銀术可使斡論擊之，破其軍。活女斬師中於殺熊嶺，進攻宋制置使姚古軍于隆州谷〔一二〕，大敗之。撒里土敗宋軍於回馬口，郭企忠殲宋軍於五臺。及宗翰定太原，與宗望會兵于汴，銀术可等攻汴城，克之。師還，銀术可降嵓嵐、寧化等軍，攻嵐州拔之，招降火山軍。與希尹同賜鐵券。

宗翰趨洛陽，賽里取汝州，銀术可取鄧州，殺其將李操等。薩謀魯入襄陽，拔离速入均州，馬五取房州，擒轉運使劉吉、鄧州通判王彬。拔离速破唐、蔡、陳三州，克潁昌府，沙古質別克舊潁昌。

宗翰會伐康王，銀术可守太原。天會十年，爲燕京留守。天會十三年，致仕，加保大軍節度使，同中書門下平章事，遷中書令，封蜀王。天眷三年，薨，年六十八。以正隆例贈金源郡王，配饗太宗廟庭。大定十五年，謚武襄〔一三〕，改配享太祖廟庭，子㲄英。

㲄英，本名撻懶。幼警敏有志膽，初丱角，太祖見而奇之。年十六，父銀术可授以甲，使從伐遼，常爲先鋒，授世襲謀克。

宗翰自太原還西京，銀术可圍守之，㲄英在行間，屢有功。宋兵數萬救太原，至南關，銀朮可與弟拔离速、完顏婁室等擊之，當隘巷間，一卒揮刀向拔离速，毅英以刀斷其腕，一卒復從旁以槍刺之，毅英斷其槍，追殺之。拔太原，下河東諸州，攻汴京，皆有功。與都統馬五徇地漢上，至上蔡，以先鋒破孔家軍。睿宗攻開州，毅英先登，流矢中其口，睿宗親視之，創未愈，强起之，攻大名府。第功，宗弼第一，毅英次之。攻東平，毅英居最。

拔离速襲宋康王于揚州，毅英爲先鋒。拔离速追宋孟后於江南，毅英前行趨潭州。宋大兵在常武，毅英以選兵薄其城，敗千餘人。明日，城中出兵來戰，毅英以五百騎敗之，獲馬二百匹，遂攻常武。拔离速以諸軍爲大陣，居其後，毅英以五百騎爲小陣，當前行，即麾兵馳宋軍，宋軍亂，遂大敗之。拔离速觀其周旋，嘆賞之。

其後河東郡縣多叛，毅英以先鋒攻絳州，克之。復攻沁州，飛砲擊其右脅，舁歸營中。諸軍攻沁州，三日不能下，別將骨赧强起毅英指麾士卒，遂克之。

攝河東路都統，從左監軍移剌余睹招西北諸部〔一四〕。毅英將騎三千五百，平其九部，獲生口三千，馬牛羊十五萬。以先鋒破宋吴山軍，再戰再勝，遂衂宋兵于隘，死者不可勝計，宋兵遯去。

宗弼再取和尚原，毅英以本部破宋五萬人，遂奪新叉口，宗弼留兵守之。是夜，大雪，道路皆冰，和尚原宋兵勢重不可徑取，宗弼用毅英策，入自傍近高山叢薄翳薈間，出其不意，遂取和尚原。

鶻英請速入大散關，自以本部爲殿，以備伏兵。宗弼至仙人關，鶻英先攻之，宗弼止之，鶻英不止，宗弼以刀背擊其兜鍪，使之退，鶻英曰：「敵氣已沮，不乘此而取之，後必悔之。」已而果然。宗弼嘆曰：「既往不咎。」乃班師。鶻英殿，且戰且却，遂達秦中。

齊國初廢，元帥右監軍撒离喝馳驛撫治諸郡，至同州，故齊觀察使李世輔出迎，陽墜馬稱折臂，舁歸。撒离喝入城，世輔詐使通判獻甲，以壯士十人，被甲上廳事，世輔自壁後突出，執撒离喝。鶻英方索馬于外，變起倉卒，不得入。城門已閉，皆有兵衛，至東門，合荅雅領騎三十餘，與鶻英遇，遂斬門者出。而世輔擁衆自西門出，鶻英與合荅雅襲之，一進一退以綴世輔，使不得速。世輔慮救兵至，乃要撒离喝與之盟，勿使追之。留撒离喝於道側，鶻英識其聲，與騎而歸。除安遠大將軍，攝太原尹，四境咸治，兼攝河東南、北兩路兵馬都總管。

朝廷以河南、陝西與宋，已而復取之，師至耀州。宋人每旦出城，張旗閱隊，抵暮而還。道隘，騎不得逞。鶻英請兵五百，薄暮先使五十人趨山巔，令之曰：「旦日視敵出，舉幟指其所向。」乃以餘兵伏山谷間。明日，城中人出閱如前，山巔旗舉，伏兵發，宋兵爭馳入城。鶻英麾軍登城，拔宋幟，立金軍旗幟。宋兵後者望見之不敢入，遂降，城中人亦降。

宋吴玠擁重兵據涇州〔一五〕，涇原以西多應之。元帥撒离喝欲退守京兆，俟河南、河東軍。㝅英曰：「我退守，吴玠必取鳳翔、京兆、同、華，據潼關，吾屬無類矣。」撒离喝曰：「計將安出？」㝅英曰：「事危矣，不如速戰。我軍陣涇之南原，宋兵必自西原來。㝅英與斜補出各以選騎五百摧其兩翼，元帥當其中擊之，可以得志。」監軍拔离速曰〔一六〕：「二子當其左右，拔离速願當其中。元帥據岡阜，多張旗幟爲疑兵，可以得志。」撒离喝從之。吴玠兵果自西原來，㝅英、斜補出擊其左右，自旦至午，吴玠左右軍少退，拔离速當其前衝擊之，遂敗玠軍，僵尸枕藉，大澗皆滿。自此蜀人喪氣，不敢復出，關、陝遂定。

歷行臺吏部工部侍郎，從宗弼巡邊，遷刑部尚書，轉元帥左都監。天德二年，遷右監軍。元帥府罷，改山西路統軍使，領西南、西北兩路招討兵馬，坐無功，降臨海軍節度使，歷平陽、太原尹。正隆末，爲中都留守，兼西北面都統，討契丹撒八，駐軍歸化州。

世宗即位於遼陽，使㝅英姪阿魯瓦持詔往歸化，命㝅英爲左副元帥，就遣使召陜西統軍徒單合喜，宣大定改元詔，赦于西南、西北招討司，河東、河北、山東諸路州鎮，調猛安軍屯京畿。阿魯瓦見㝅英，㝅英猶豫未決，士卒皆欲歸世宗，㝅英不得已，乃受詔。以元帥令下諸路，亟泥馬槽二萬具，諸路聞之，以爲大軍且至，然後遣人宣赦，所至皆聽命。

大定元年十一月，斡英以軍至中都，同知留守璋請至府議事。斡英疑璋有謀，乃陽許諾，排節仗若將往者，遂率騎從出施仁門，駐兵通州。見世宗于三河。詔斡英以便宜規措河南、陝西、山東邊事。二年正月，至南京，遂復汝、潁、嵩等州縣，授世襲猛安。入拜平章政事，罷爲東京留守，未行，改濟南尹。

初，斡英宿將恃功，在南京頗瀆貨，不恤軍民。詔使問以邊事，斡英不答，謂詔使曰：「爾解何事，待我到闕奏陳。」及召入，竟無一語及邊事者。在相位多自專，己所欲輒自奏行之。除留守，輒忿忿不接賓客，雖近臣往亦不見。上怒，遂改濟南。上數之曰：「朕念卿父有大功于國，卿舊將亦有功，故改授此職，卿宜知之。若復不悛，非但不保官爵，身亦不能保也。」斡英頓首謝。

久之，改平陽尹，致仕。起爲西京留守，以母憂去官。尋以本官起復。俄復爲東京，歷上京，詔曰：「上京王業所起，風俗日趨詭薄，宗室聚居，號爲難治。卿元老大臣，衆所聽服，當正風俗，檢制宗室，持以大體。」十五年，致仕。

久之，史臣上太宗、睿宗實録，上曰：「當時舊人親見者，惟斡英在。」詔修撰温迪罕締達往北京就其家問之，多更定焉。

十九年，薨，年七十四。最前後以功被賞者十有一，金爲兩二百五十，銀爲兩六千五百，絹爲疋八百，綿爲兩二千，馬三百十有四，牛羊六千五百，奴婢百三十人。

麻吉，銀术可之母弟也。年十五，隸軍中，從破高麗兵，下寧江州，平係遼女直，克黄龍府，皆身先力戰，以功爲謀克，繼領猛安。破奚兵千餘。自斡魯古攻下咸、信、瀋州及東京諸城，麻吉皆有功。都統杲取中京，與稍合、胡拾荅别降楚里迪部，屯兵高州。以兵援蒙刮孛堇，大破敵兵，復敗恩州兵五萬人。討平遼人聚中京山谷者，降三千餘人。戰于高州境上，伏矢射之中目，遂卒。

麻吉大小三十餘戰，所至皆捷。皇統中，贈銀青光禄大夫，謚毅敏。子沃側。

沃側，年十七，隸軍中，從拔离速擊遼將馬五，敗之。麻吉死，領其職。宗望伐宋，至河上。宋兵屯于河外，以二舟來伺我師，乃遣沃側率勇士數輩，以一舟往迎之，盡俘以還。襲康王於江、淮間，沃側皆與焉。師還，駐東平。及廢齊，屯兵河北，招降旁近諸營，多獲畜産兵仗，軍帥嘉之，賞以甲馬。

從攻陝西，爲右翼都統，攻城破敵，皆與有功。師還，正授謀克。遷華州防禦使，屬闕中歲飢，盜賊充斥，沃側募兵討平之，部以無事。郡人列狀丐留，不報。未幾，除迪列部族節度使，改迭刺部〔一七〕。用廉入爲都水使者，秩滿，同知燕京留守事，爲西北路招討使。撒八秩滿已數月，冒其俸禄，不即解去，沃側發其事。撒八反，沃側遇害。

拔离速，銀术可弟。天輔六年，宗翰在北安州，將會斜也于奚王嶺，遼兵奄至古北口，使婆盧火、渾黜各領兵二百，擊之。渾黜請濟師，宗翰欲自往，希尹、婁室曰：「此易與耳，請以千人爲公破之。」渾黜以騎士三十人前行，至古北口，遇其游兵，逐入山谷，遼人以步騎萬餘迫戰，亡騎五人，渾黜退據關口。希尹、婁室至，拔离速、訛謀罕、胡實海推鋒奮擊，大破之，斬馘甚衆，盡獲甲冑輜重。希尹與撒里古獨、裴滿突撚敗其伏兵，殺千餘人，獲馬百餘匹。婁室拒夏人出陵野嶺，留拔离速以兵二百，據險守之。

銀术可圍太原，近縣先已降，宋軍來救太原者復據太谷、祁縣，拔离速、阿鶻懶復取之。宋姚古軍隆州谷，拔离速敗之，張灝兵出汾州，又擊走之。天會四年，克太原，拔离速爲管勾太原府路兵馬事，復與婁室敗宋兵于文水。遂從宗翰圍汴，與銀术可略地襄、鄧，入均州，還攻唐、蔡、陳三州，皆破之。克潁昌府，遂與泰欲、馬五襲宋康王于揚州，康王渡江入于建康。

天會十五年，遷元帥左都監。宗弼再定河南，撒离喝經略陝西，至涇州，拔离速大破宋軍于渭州，渭州、德順軍皆降，陝西平。遷元帥左監軍，加金吾衛上將軍，卒，謚敏定。

習古迺，亦書作實古迺。嘗與銀朮可俱往遼國取阿踈，還言遼人可取之狀，太祖始決意伐遼矣。婆盧火取居庸關，蕭妃自古北口出奔，太祖使習古迺追之，不及。後爲臨潢府軍帥，討平迭剌，其羣官率衆降者，請使就領諸部。太宗賜以空名宣頭及銀牌，使以便宜授之。獲遼許王莎邏、駙馬都尉蕭乙辛。遼梁王雅里在紇里水自立〔一八〕，不知果在何處，至是始知之。於是，徙遼降人於泰州，時暑未可徙，習古迺請姑處之嶺西。及習古迺築新城於契丹周特城，詔置會平州。

烏虎里部人迪烈、劃沙率部族降，朝廷以撻僕野爲本部節度使，烏虎爲都監。習古迺封還撻僕野等宣誥，以便宜加撻僕野散官，塡空名告身授之，及録上降附有勞故官八百九十三人，朝廷從之。於是，迪烈加防禦使，爲本部節度使。劃沙加諸司使，爲節度副使，知迪烈底部事。撻离荅加左金吾衛上將軍，節度副使，知突鞠部事。阿臬加觀察使，爲本部節度使。其餘遷授有差。以厖葛城地分賜烏虎里、迪烈底二部及契丹人，其未墾者聽任力占射。

久之，領咸州烟火事。天會六年〔一九〕，完顏慎思所部及其餘未置猛安謀克户口，命習古廼通閲具籍以上。天會十年，改南京路軍帥司爲東南路都統司，習古廼爲都統〔二〇〕，移治東京，鎮高麗。

贊曰：金啓疆土，斡魯、斡魯古方面功最先著，婆盧火、婁室最先封，泰州之邊圉，黄龍之衝要，寄亦重矣。若闍母之勤勞南路，婁室之經營陝西，銀术可之圍守太原，勞亦至矣。斡魯古之不治，闍母之敗，譴罰之亟，諸將慴焉。夫能以弱小終制彊大，其效驗與。銀术可、習古廼觀人之國而知其可伐，古語云「國有八觀」，善矣夫。

校勘記

〔一〕拔离速　原作「拔里速」，屬同音異譯，今與傳文統一。

〔二〕使隸右翼宗翰軍　「右翼」，原作「左翼」。按，本書卷七四宗翰傳：「遼都統耶律訛里朵以二十餘萬戍邊，太祖逆擊之，宗翰爲右軍。」又柳邊紀略卷四完顏婁室神道碑，「太祖自將進達魯古城，將與遼兵遇，遣使馳召王以軍赴之」，「命居右翼」。今據改。

〔三〕將至野谷登高望之　「谷」字原脫。本書卷二太祖紀天輔六年六月，「斡魯、婁室敗夏人於野谷」，卷六〇交聘表上天輔六年「六月，夏遣李良輔率兵三萬救遼，斡魯、婁室敗之于野谷」，又卷七一斡魯傳、卷一三四外國傳上西夏傳等記此事皆作「野谷」。今據補。

〔四〕習失之前軍三謀克　「謀克」，原作「謀合」，據本書卷四四兵志兵制載金軍制改正。

〔五〕宗弼左翼軍已却婁室以右翼力戰　按，本書卷一九世紀補睿宗紀：「婁室爲左翼，宗弼爲右翼。」又柳邊紀略卷四完顏婁室神道碑，婁室「領左翼」。與此異。

〔六〕十三年贈泰寧軍節度使兼侍中　按，柳邊紀略卷四完顏婁室神道碑稱「天會十四年，追贈使相」。

〔七〕莊義　柳邊紀略卷四完顏婁室神道碑作「壯義」。

〔八〕其兄斡魯爲統軍　按，本卷婁室傳，「子活女、謀衍、石古乃」，無「斡魯」。

〔九〕後有罪　「後」，原作「復」，據文義改。

〔一〇〕與定宗磐宗雋之亂　「宗雋」，原作「宗儁」。按，本書卷四熙宗紀天眷二年「七月辛巳，宋國王宗磐、兖國王宗雋謀反，伏誅」，卷六九太祖諸子宗雋傳亦作「宗雋」。今據改。

〔一一〕且言遼國可伐之狀　「可伐」二字原脫，據永樂大典卷五二四四「遼」字韻下「決意伐遼」條補。按，本卷習古迺傳：「嘗與銀朮可俱往遼國取阿疎，還言遼人可取之狀，太祖始決意伐遼矣。」所述正與此處同。

〔二〕隆州谷　原作「隆川谷」，據道光四年殿本、局本改。按，本書卷三太宗紀、本卷拔离速傳、卷八〇突合速傳記此事皆作「隆州谷」。

〔三〕武襄　按，本書卷三一禮志四功臣配享稱「開府儀同三司燕京留守金源郡襄武王完顏銀朮可」，作「襄武」，與此異。

〔四〕從左監軍移剌余睹招西北諸部　按，本書卷三太宗紀、卷一三三叛臣耶律余睹傳皆稱余睹爲「元帥右都監」。又本書卷三太宗紀天會五年四月「丙戌，以六部路都統撻懶爲元帥左監軍」，知太宗朝元帥左監軍爲完顏撻懶，非移剌余睹。

〔五〕宋吴玠擁重兵據涇州　按，上文「朝廷以河南、陝西與宋，已而復取之」，據本書卷四熙宗紀，事在天眷三年五月，而宋史卷二九高宗紀六載，紹興九年（即金天眷二年）六月「己巳，吴玠薨」。則此傳「吴玠」必誤。宋史同卷接言「乙亥，（中略）樓炤承制以楊政爲熙河經略使，吴璘爲秦鳳經略使，仍並聽四川宣撫司節制」，「丙子，分宣撫司兵四萬人出屯熙、秦，（中略）留吴玠精兵二萬人屯興元府、興洋二州」。則此處「吴玠」或爲「吴璘」之誤。

〔六〕監軍拔离速　按，本卷拔离速傳，「天會十五年，遷元帥左都監。（中略）陝西平。遷元帥左監軍」，此處所敍之事在「陝西平」之前，疑「監軍」當作「都監」。

〔一七〕未幾除迪列部族節度使改迭剌部　按，本書卷二四地理志上，西京路部族節度使，「迪烈又作迭剌」。疑此處有誤。

〔一八〕遼梁王雅里在紇里水自立　「雅里」，原在「紇里水」下。按，本書卷三太宗紀天輔七年六月，太祖詔稱「今遼主盡喪其師，奔于夏國。遼官特列、遥設等劫其子雅里而立之」。遼史卷三〇天祚皇帝紀四載，耶律雅里爲天祚皇帝第二子，封梁王，「天祚渡河奔夏，隊帥耶律敵列等劫雅里北走。（中略）後三日，羣僚共立雅里爲主」。今據乙正。

〔一九〕天會六年　「天會」，原作「天輔」。按，本書卷三太宗紀，天會六年「三月壬辰，命南路軍帥實古迺，籍節度使完顏慎思所領諸部及未置猛安謀克户來上」。今據改。

〔二〇〕習古迺爲都統　「習古迺」，原作「習迺古」，據南監本、北監本、殿本乙正。

金史卷七十三

列傳第十一

阿离合懣〔一〕 **晏**本名斡論 **宗尹**本名阿里罕 **宗寧**本名阿土古

宗道本名八十 **宗雄**本名謀良虎 **阿鄰** **按荅海**

希尹本名谷神 **守貞**本名左靨 **守能**本名胡剌

阿离合懣，景祖第八子也。健捷善戰。年十八，臘醅、麻產起兵據暮稜水，烏春、窩謀罕以姑里甸兵助之。世祖擒臘醅，暮稜水人尚反側，不自安，使阿离合懣往撫察之，與斜鉢合兵攻窩謀罕。烏春已死，窩謀罕棄城遁去。後從撒改討平留可，阿离合懣功居多。

太祖擒蕭海里，使阿离合懣獻馘于遼。太祖謀伐遼，阿离合懣實贊成之。及舉兵，阿离合懣在行間屢戰有功。及太宗等勸進，太祖未之許也。阿离合懣、昱、宗翰等曰：「今大功已集，若不以時建號，無以繫天下心。」太祖曰：「吾將思之。」收國元年，太祖即位。阿离合懣與宗翰以耕具九爲獻，祝曰：「使陛下毋忘稼穡之艱難。」太祖敬而受之。頃之，爲國論乙室勃極烈。

爲人聰敏辨給，凡一聞見，終身不忘。始未有文字，祖宗族屬時事並能默記，與斜葛同修本朝譜牒。見人舊未嘗識，聞其父祖名，即能道其部族世次所出。或積年舊事，偶因他及之，人或遺忘，輒一一辨析言之，有質疑者皆釋其意義。世祖嘗稱其强記，人不可及也。

天輔三年，寢疾，宗翰日往問之，盡得祖宗舊俗法度。疾病，上幸其家問疾，問以國家事，對曰：「馬者甲兵之用，今四方未平，而國俗多以良馬殉葬，可禁止之。」乃獻平生所乘戰馬。及以馬獻太宗，使其子蒲里迭代爲奏，奏有誤語，即哂之，宗翰從傍爲改定。進奏訖，薨，年四十九。

上聞阿离合懣臨薨有奏事，曰：「臨終不亂，念及國家事，真賢臣也。」哭之慟。及葬，上親臨。熙宗時，追封隋國王。天德中，改贈開府儀同三司、隋國公〔二〕。大定間，配饗太祖廟廷，謚曰剛憲。子賽也、斡論。賽也子宗尹。

晏本名斡論，景祖之孫，阿离合懑次子也。明敏多謀略，通契丹字。天會初，烏底改叛。太宗幸北京，以晏有籌策，召問，稱旨，乃命督扈從諸軍往討之。至混同江，諭將士曰：「今叛衆依山谷，地勢險阻，林木深密，吾騎卒不得成列，未可以歲月破也。」乃具舟楫艤江，令諸軍據高山，連木爲柵，多張旗幟，示以持久計，聲言俟大軍畢集而發。乃潛以舟師浮江而下，直擣其營，遂大破之，據險之衆不戰而潰。月餘，一境皆定。師還，授左監門衛上將軍，爲廣寧尹，入爲吏、禮兩部尚書。

皇統元年，爲北京留守，改咸平尹，徙東京。天德初，封葛王，入拜同判大宗正事，進封宋王〔三〕，授世襲猛安。海陵遷都，晏留守上京，授金牌一、銀牌二，累封豫王、許王，又改越王。貞元初，進封齊。時近郊禁圍獵，特畀晏三百人從獵。在上京凡五年。正隆二年，例削王爵，改西京留守。未幾，爲臨潢尹，遂致仕，還居會寧。

海陵南伐，世宗爲東京留守，將士皆自淮南來歸，晏之子恧里乃亦自軍前率衆來歸世宗。白彥敬等在北京聞恧里乃等逃還，使會寧同知高國勝拘晏家族。上既即位，遣使召晏，既又遣晏兄子鶻魯補馳驛促之。晏遂率宗室數人入見，即拜左丞相，封廣平郡王，宴勞彌日。未幾，兼都元帥。

大定二年正月，上如山陵。禮畢，上將獵，有司已夙備。晏諫曰：「邊事未寧，畋游非所宜也。」上嘉納之。因謂晏等曰：「古者帝王虛心受諫，朕常慕之。卿等盡言毋隱。」進拜太尉。復致仕，還鄉里。是歲，薨。詔有司致祭，賻贈銀幣甚厚。

宗尹，本名阿里罕。以宗室子充護衛，改牌印祗候，授世襲謀克，爲右衛將軍。歷順天、歸德、彰化、唐古部族、横海軍節度使。正隆南伐，領神略軍都總管，先鋒渡淮，取揚州及瓜洲渡。大定二年，改河南路副都統，駐軍許州之境。

是時，宋陷汝州，殺刺史烏古孫麻潑及漢軍二千人。宗尹遣萬户孛术魯定方、完顔阿喝懶、夾谷清臣、烏古論三合、渠雛訛只將騎四千往攻之，遂復取汝州〔四〕。除大名尹，副統如故。頃之，爲河南路統軍使，遷元帥左都監，除南京留守。上曰：「卿年少壯，而心力多滯。前任點檢京尹，勤力不怠，而處事迷錯。勉修職業，以副朕意。」賜通犀帶、廄馬。八年，置山東路統軍司，宗尹爲使。遷樞密副使。録其父功，授世襲蒲與路屯河猛安，并親管謀克。除太子太保，樞密副使如故。

上問宰臣曰：「宗尹雖才無大過人者，而性行淳厚，且國之舊臣，昔爲達官，卿等尚未仕也。朕欲以爲平章政事何如？」宰執皆曰：「宗尹爲相，甚協衆望。」即日拜平章政事，封代國公，兼太子太傅。

是時民間苦錢幣不通，上問宗尹，對曰：「錢者有限之物，積於上者滯於下，所以不通。海陵軍興，爲一切之賦，有菜園、房稅、養馬錢。大定初，軍事未息，調度不繼，故因仍不改。今天下無事，府庫充積，悉宜罷去。」上曰：「卿留意百姓，朕復何慮。太尉守道老矣，捨卿而誰。」於是，養馬等錢始罷。

他日，上謂宰臣曰：「宗尹治家嚴密，他人不及也。」顧謂宗尹曰：「政事亦當如此矣。」有頃，北方歲饑，軍食不足，廷議輸粟賑濟。或謂此雖不登，而舊積有餘，秋成在近，不必更勞輸輓。宗尹曰：「國家平時積粟，本以備凶歲也，必待秋成，則僨者衆矣。人有損瘠，其如防戍何。」上從之。

宗尹乞令子銀术可襲其猛安，會太尉守道亦乞令其子神果奴襲其謀克。凡承襲人不識女直字者，勒令習學。世宗曰：「此二子，吾識其一習漢字，未習女直字。自今女直、契丹、漢字曾學其一者，即許承襲。」遂著于令。

宗尹有疾，不能赴朝。上問宰臣曰：「宗尹何爲不入朝？」太尉守道以疾對。上曰：「丞相志寧嘗言，『若詔遣征伐，所不敢辭。宰相之職，實不敢當』。宗尹亦豈此意耶。」

二十四年，世宗將幸上京。上曰：「臨潢、烏古里石壘歲皆不登，朕欲自南道往，三月過東京，謁太后陵寢，五月可達上京。春月鳥獸孳孕，東作方興，不必蒐田講事，卿等以爲何如？」宗尹曰：「南道歲熟，芻粟賤，宜如聖旨。」遂由南道往焉。世宗至上京，聞同簽大宗正事宗寧不能撫治上京宗室，宗室子往往不事生業。上謂宗尹曰：「汝察其事，宜懲戒之。」宗尹奏曰：「隨仕之子，父没不還本土，以此多好游蕩。」上命召還。宴宗室于皇武殿，擊毬爲樂。上曰：「賞賜宗室，亦是小惠，又不可一概遷官，欲令諸局分收補，其間人材孰可者？」宗尹對曰：「奉國斡準之子按出虎、豫國公昱之曾孫阿魯可任使。」上曰：「度可任何職，更訪其餘以聞。」詔以按出虎、阿魯爲奉御。

二十七年，乞致仕。世宗曰：「此老不事事，從其請可也。」宰臣奏曰：「舊臣宜在左右。」上曰：「宰相總天下事，非養老之地。若不堪其職，朕亦有愧焉。如賢者在朝，利及百姓，四方瞻仰，朕亦與其光美。」宰臣無以對。宗尹入謝。上曰：「卿久任外官，不聞有過失，但恨用卿稍晚，今精力似衰矣。省事至煩，若勉留卿，則四方以朕爲私，卿亦不自安也。」頃之，上問宗尹子：「汝父致仕，將居何所？」其子曰：「聚屬既多，不能復在京師。」上遣使問宗尹曰：「朕欲留卿，時相從游，卿子之言如此，今定何如？」宗尹曰：「臣豈不欲在此，但餘閑之年，猶在輦下，恐聖主心困耳。既哀老臣不忍擯棄，時時得瞻望天顔，臣豈敢他往。鄉里故老無存者，雖到彼，尚將與誰游乎。」於是賜甲第一區，凡宴集畋獵皆從焉。二十八年，薨。

宗寧本名阿土古，系出景祖，太尉阿离合懣之孫〔五〕。性勤厚，有大志。起家爲海陵征南都統，戰瓜洲渡，功最。歷祁州刺史。

大定二年，爲會寧府路押軍萬户，擢歸德軍節度使。時方旱蝗，宗寧督民捕之，得死蝗一斗，給粟一斗，數日捕絶。移鎮寧昌軍，改知臨潢府事，移天德軍。世宗嘗謂宰臣曰：「宗寧智慮雖淺，然所至人皆愛之。」即命爲行軍右翼都統，爲賀宋正旦使。累遷兵部尚書，授隆州路和團猛安烈里没世襲謀克。出知大名府事，徙鎮利涉軍，俄同簽大睦親府事。

宗寧多病，世宗欲以涼地處之，俾知咸平，詔以其子符寶郎㫛爲韓州刺史，以便養。無幾，入授同判大睦親府事，拜平章政事〔六〕。明昌二年，薨。宗寧居家約儉如寒素，臨事明敏。其鎮臨潢，鄰國有警，宗寧聞知乏糧，即出倉粟，令以牛易之，敵知得粟，即遁去。邊人以窩斡亂後，苦無牛，宗寧復令民入粟易牛，既而民得牛而倉粟倍於舊，其經畫如此。

宗道本名八十，上京司屬司人，系出景祖，太尉訛論之少子也。通周易、孟子，善騎射。大定五年，充閤門祇候，累除近侍局使。右丞相烏古論元忠、左衛將軍僕散揆等嘗燕集〔七〕，有所竊議，宗道即密以聞。世宗嘉之，授右衛將軍，出爲西南路副招討。章宗即位，改同知平陽府事，陝西路副統軍。左宣徽使移剌仲方舉以自代，除西北路招討使。故事，諸部賀馬八百餘疋，宗道辭不受，諸部悅服，邊鄙順治。提刑司察廉，召爲殿前右副都點檢。尋除陝西路統軍使，以鎮靜得軍民心，特遷三階，兼知京兆府事。時夏旱，俾長安令取太白湫水，步迎於遠郊，及城而雨。是歲大稔，人以爲精意所感，刊石紀之。

承安二年，爲賀宋正旦使，尋授河南路統軍使。泗州民張偉獲宋人王萬，言彼界事情，宗道疑其寃，乃廉問得實。萬，楚州賈人，偉負萬貨五千餘貫，三年不償，萬理索，爲偉所誣。乃坐偉而歸萬，時人服其明。後乞致仕，朝廷知非本心，改知河中府，有惠政，民立像於層觀，以時祭之。移知臨洮，以病解。泰和四年，卒。贈龍虎衛上將軍。

宗雄本名謀良虎，康宗長子。其始生也，世祖見而異之，曰：「此兒風骨非常，他日必爲國器。」因解佩刀，使常置其側，曰：「俟其成人則使佩之。」九歲能射逸兔。年十一，射中奔鹿。世祖坐之膝上曰：「兒幼已然，異日出倫輩矣。」以銀酒器賜之。既長，風表奇偉，善談辯，多智略，孝敬謙謹，人愛敬之。康宗没，遼使阿息保來，乘馬至靈帷階下，擇取賵贈之馬。太祖怒，欲殺阿息保，宗雄諫，太祖乃止。

太祖將舉兵，宗雄曰：「遼主驕侈，人不知兵，可取也。不能擒一蕭海里，而我兵擒之。」太祖善其言。攻寧江州，渤海兵鋭甚。宗雄以所部敗渤海兵，以功授世襲千户謀克。太祖敗遼兵于出河店，宗雄推鋒力戰，功多。達魯古城之役，宗雄將右軍，身先士卒戰，遼兵當右軍者已却，上命宗雄助左軍擊遼兵。宗雄繞遼兵後擊之，遼兵遂大潰，乘勝逐北。日已暮，圍之。黎明，遼兵突圍出，追殺至乙呂白石而還〔八〕。上撫其背曰：「朕有此子，何事不濟。」以御服賜之。

及遼帝以七十萬衆至駞門，諸將皆曰：「遼軍勢甚盛，不宜速戰。」宗雄曰：「不然。遼兵雖衆，而皆庸將，士卒惴惴，不足畏也。戰則破之掌握間耳。」上曰：「善。」追及遼帝于護步荅岡。宗雄率衆直前，短兵接。宗雄令前行持挺擊遼兵馬首，後行者射之，大敗遼兵。上嘉宗雄功，執其手勞之，以御介胄及御戰馬、寶貨、奴婢賜之。

斜也攻春州，宗雄與宗幹、婁室取金山縣。行近白鷹林，獲候者七人，縱其一人使歸。

縣人聞大軍至，廼潰，遂下金山縣。與斜也俱取泰州。

太祖自將取臨潢府，遣宗雄先啓行，遇遼兵五千，宗雄與戰，大軍亦至，大破之。及留守撻不野降，上以其女與宗雄，賞其啓行破遼援兵之功也。既而與蒲家奴按視泰州地土，宗雄包其土來奏曰：「其土如此，可種植也。」上從之。由是徙萬餘家屯田泰州，以宗雄等言其地可種藝也。

西京既降復叛，時糧餉垂盡，議欲罷攻。宗雄曰：「西京，都會也，若委而去之，則降者離心，遼之餘黨與夏人得以窺伺矣。」乃立重賞以激士心。既而，夜中有火，大如斗，墜于城中。宗雄曰：「此城破之象也。」及克西京，賜宗雄黃金百兩，衣十襲及奴婢等。與宗翰等擊耿守忠兵七千于西京之東四十里，大破之〔九〕。迎謁太祖于鴛鴦濼，從至歸化州。疾篤，宗幹問所欲言。宗雄曰：「國家大業既成，主上壽考萬年，肅清四方，死且無恨。」天輔六年，薨，年四十。太祖來問疾，不及見，哭之慟。謂羣臣曰：「此子謀略過人，臨陣勇決，少見其比。」賻贈加等。詔合扎千户駙馬石家奴護喪歸，葬於歸化州〔一〇〕，仍於死所建佛寺。

宗雄好學嗜書，嘗從上獵，誤中流矢，而神色不變，恐上知之而罪及射者。既拔去其矢，託疾歸家，卧兩月，因學契丹大小字，盡通之。凡金國初建，立法定制，皆與宗幹建白行焉。及與遼議和，書詔契丹、漢字，宗雄與宗翰、希尹主其事。而材武蹻捷，挽强射遠，幾三百步。嘗走馬射三麞，已中其二，復彎弓，馬蹶，躍而下，控弦如故，遂彀滿步射獲之。宗雄方逐兔，撻懶亦從後射之，已發矢，撻懶大呼曰：「矢及矣。」宗雄反顧，以手接其矢，就射兔，中之，其輕健如此。

天眷中，追封太師、齊國王。天德二年，加秦漢國王。正隆二年，改太傅、金源郡王。大定二年，追封楚王，謚威敏，配享太祖廟廷。十五年，詔圖像于衍慶宫。子蒲魯虎、按荅海、阿鄰。孫常春、胡里剌、胡剌、鶻魯、茶札、怕八、訛出。

初，宗幹納宗雄妻，海陵銜之。及篡位，使宿直將軍晁霞、牌印門山往河間，因宗雄妻於府署，明日，與其子婦及常春兄弟、茶札之子七人皆殺而焚之，棄其骨於濠水。大定十七年，詔有司收葬。

初，蒲魯虎襲猛安。蒲魯虎卒，贈金紫光禄大夫，子桓端襲之，官至金吾衛上將軍。桓端卒，子㬊頻未襲而死。章宗命宗雄孫蒲帶襲之。

蒲帶，大定末，累官同簽大睦親府事。章宗即位，初置九路提刑司，蒲帶爲北京臨潢提刑使〔一二〕。詔曰：「朕初即位，憂勞萬民，每念刑獄未平，農桑未勉，吏或不循法度，以隳吾治。朝廷遣使廉問，事難周悉。惟提刑勸農采訪之官，自古有之。今分九路專設是職，爾其盡心，往懋乃事。」自熙宗時，遣使廉問吏治得失。世宗即位，凡數歲輒一遣黜陟之，故大定之間，郡縣吏皆奉法，百姓滋殖，號爲小康。或謂廉問使者，頗以愛憎立殿最，以問宰相。宰相曰：「臣等復爲陛下察之。」是以世宗嘗欲立提刑司而未果。章宗追述先朝，遂於即位之初行之。

及九路提刑使朝辭于慶和殿，上曰：「建立官制，當寬猛得中。凡軍民事相涉者，均平決遣，鈐束家人部曲，勿使沮擾郡縣事。今以司獄隸提刑司，惟冀獄犴無冤耳。」既退，復遣近臣諭之曰：「卿等皆妙簡才良，付以專責，盡心舉職，別有旌賞，否則有罰。」明年，蒲帶乃襲猛安云。

阿鄰，穎悟辯敏，通女直、契丹大小字及漢字。幼時嘗入宮，熙宗見而奇之，曰：「是兒他日必能宣力國家。」年十八，授定遠大將軍，爲順天軍節度使。天德二年，用廉，遷益都尹兼山東東路兵馬都總管，歷泰寧、定海、鎮西、安國等軍節度。

海陵南伐，以爲神勇、武平等軍都總管，由壽州道渡淮，與勸農使移剌元宜合兵三萬爲先鋒。是歲十月，至廬州，與宋將王權軍十餘萬戰于柘皋鎮、渭子橋〔一二〕，敗之。至和州南，復與王權軍八萬餘會戰，又敗之，追殺至江上，斬首數千級。

上即位于遼陽。海陵死，大軍北還。將渡淮而舟楫甚少，軍士爭舟不得亟渡。阿鄰得生口，知可涉處，識以柳枝，命本部涉濟。既至北岸，而諸軍之爭渡者果爲宋人邀擊之。及入見，上聞阿鄰淮上戰功，又以全軍還，遷兵部尚書，監督經書征窩斡諸軍糧餉，授以金牌一、銀牌四。窩斡敗，還至懿州，以疾卒。喪至京師，上命致祭于永安寺，百官赴弔，賻銀五百兩、重綵三十端、絹百匹。

按荅海，又名阿魯綰，宗雄次子也〔一三〕。性端重，不輕發，有父之風。年十五，太祖賜以一品傘。二十餘，御毬場分朋擊毬，連勝三籌，宗工舊老咸異之。進呈所勝禮物，按荅海爲班首，太宗喜曰：「今日之勝，此孫之力也。」賞之獨厚。

天眷二年，襲父猛安。除大宗正丞，以猛安讓兄子喚端，加武定軍節度使，奉朝請。改侍衛親軍都指揮使，封金源郡王，進封譚王，遷同判大宗正事，別授世襲猛安。海陵將遷中都，按荅海諫曰：「棄祖宗興王之地而他徙，非義也。」海陵不悅，留之上京。久之，進封鄆王，改封魏王，除濟南尹。按荅海不堪卑濕，多在病告，海陵聞之，改西京留守。正隆例奪王爵，改廣寧尹。

世宗即位于東京，赦令至廣寧，弟燕京勸按荅海拒弗受。按荅海受之。會海陵遣使至城下，按荅海登城告使者曰：「此府迫近遼陽，勢不能抗，聊且從命，非得已也。」燕京亦登譙樓與使者語，指斥不遜。及諸郡皆詣東京，按荅海兄弟亦上謁。有司議，既拜赦令，復有異言，持兩端，請併誅之。上曰：「正隆剪刈宗室，朕不可效尤。按荅海爲弟所惑耳。」於是釋按荅海，乃誅燕京。不數日，復判大宗正事，再遷太子太保，封蘭陵郡王。改勸農使。

海陵時，自上京徙河間，土瘠，詔按荅海一族二十五家，從便遷居近地，乃徙平州。詔給平州官田三百頃，屋三百間，宗州官田一百頃。進金源郡王，致仕。

大定八年，召見，上曰：「宗室耆老如卿者，能幾人邪。」賜錢萬貫，甲第一區，留京師，使預巡幸毬獵宴會。十四年，薨，年六十七。臨終，戒諸子曰：「汝輩勿以生富貴中而爲暴戾，宜自謙退。海陵以猜忌剪滅宗室，我以純謹得免死耳。汝輩惟日爲善，勿墜吾家。」

完顏希尹本名谷神，歡都之子也。自太祖舉兵，常在行陣，或從太祖，或從撒改，或與諸將征伐，比有功。

金人初無文字，國勢日强，與鄰國交好，迺用契丹字。太祖命希尹撰本國字，備制度。

希尹乃依倣漢人楷字，因契丹字制度，合本國語，製女直字。天輔三年八月，字書成，太祖大悦，命頒行之。賜希尹馬一匹、衣一襲。其後熙宗亦製女直字，與希尹所製字俱行用。希尹所撰謂之女直大字，熙宗所撰謂之小字。

遼人迪六、和尚、雅里斯棄中京走，希尹與迪古乃、婁室、余睹襲之。迪六等聞希尹兵，復走。遂降其旁近人民而還。奚人落虎來降，希尹使落虎招其父西節度使訛里剌。訛里剌以本部降。

宗翰駐軍北安，使希尹經略近地，獲遼護衞耶律習泥烈，知遼主獵于鴛鴦濼。宗翰遂請進兵。宗翰將會都統杲于奚王嶺。遼兵屯古北口。使婆盧火將兵二百擊之，渾黜亦將二百人爲後援。渾黜聞遼兵衆，請益兵。宗翰欲親往，希尹、婁室曰：「此小寇，請以千兵爲公破之。」渾黜至古北口，遇遼遊兵，逐之入谷中。遼步騎萬餘迫戰，死者數人。渾黜據關口，希尹等至，大破遼兵，斬馘甚衆，盡獲甲冑輜重。復敗其伏兵，殺千餘人，獲馬百餘匹。遂與宗翰至奚王嶺，期會於羊城濼。

宗翰襲遼帝于五院司，希尹爲前驅，所將纔八騎，與遼主戰，一日三敗之。明日，希尹得降人麻哲，言遼主在漠，委輜重，將奔西京。幾及遼主于白水濼南。遼主以輕騎遯去。盡獲其内庫寶物，遂至西京。西京降，使蒲察守之。希尹至乙室部，不及遼主而還。及宗翰入朝，希尹權西南、西北兩路都統。

是時，夏人已受盟，遼主已獲，耶律大石自立，而夏國與斐室書責諸帥棄盟，軍入其境，多掠取者。希尹上其書，且奏曰：「聞夏使人約大石取山西諸郡，以臣觀之，夏盟不可信也。」上曰：「夏事酌宜行之。軍入其境，不知信與否也。大石合謀，不可不察，其嚴備之。」

及大舉伐宋，希尹爲元帥右監軍。再伐宋，執二主以歸。師還，賜希尹鐵券，除常赦不原之罪，餘釋不問。宗翰伐康王，希尹追之于揚州，康王遯去。後與宗翰俱朝京師，請立熙宗爲儲嗣，太宗遂以熙宗爲諳班勃極烈。

熙宗即位，希尹爲尚書左丞相兼侍中，加開府儀同三司。希尹爲相，有大政皆身先執咎。天眷元年，乞致仕，不許，罷爲興中尹。二年，復爲左丞相兼侍中，俄封陳王。與宗幹共誅宗盤、宗雋。三年，賜希尹詔曰：「帥臣密奏〔一四〕，姦狀已萌，心在無君，言宣不道。逮燕居而竊議，謂神器以何歸，稔於聽聞，遂致章敗。」遂賜死，并殺右丞蕭慶并希尹子同修國史把荅、符寶郎漫帶。是時，熙宗未有皇子，故嫉希尹者以此言譖之。

皇統三年，上知希尹實無他心，而死非其罪，贈希尹儀同三司、邢國公，改葬之，蕭慶銀青光禄大夫。天德三年，追封豫王。正隆二年，例降金源郡王。大定十五年，謚貞憲。孫守道、守貞、守能。守道自有傳。

守貞本名左靨〔一五〕，貞元二年，襲祖谷神謀克。大定改元，收充符寶祇候，授通進，除彰德軍節度副使，遷北京留守，移上京。坐安置契丹户民部内娶妻，杖一百，除名。二十五年，起爲西京警巡使。世宗愛其剛直，授中都左警巡使，遷大興府治中，進同知，改同知西京留守事。御史臺奏守貞治有善狀，世宗因謂侍臣曰：「守貞勳臣子，又有材能，全勝其兄守道，它日可用也。」

章宗即位，召爲刑部尚書，兼右諫議大夫。守貞與修起居注張暐奏言：「唐中書門下入閤，諫官隨之，欲其預聞政事，有所開説。又起居郎、起居舍人，每皇帝視朝，左右對立，有命則臨階俯聽，退而書之，以爲起居注。緣侍從官每遇視朝，正合侍立。自來左司上殿，諫官、修起居注不避，或侍從官除授及議便遣，始令避之。比來一例令臣等迴避，及香閤奏陳言文字，亦不令臣等侍立。則凡有聖訓及所議政事，臣等無緣得知，何所記録，何所開説，似非本設官之義。若漏泄政事，自有不密罪。」上從之。尋爲賀宋生日使，還拜參知政事。時上新即政，頗鋭意於治，嘗問漢宣帝綜核名實之道，其施行之實果何如。守貞誦「樞機周密，品式詳備」以對。上曰：「行之果何始？」守貞曰：「在陛下厲精無倦耳。」久之，進尚書左丞，授上京世襲謀克。

明昌三年夏，旱，天子下詔罪己。守貞惶恐，表乞解職。詔曰：「天嗇時雨，薦歲爲災，所以警懼不逮。方與二三輔弼圖回遺闕，宜思有以助朕修政。上答天戒，消沴召和，以康百姓。卿達機務，朕所親倚，而引咎求去，其如思助何。」守貞懇辭，乃出知東平府事。命參知政事夾谷衡諭之曰：「卿勳臣之裔，早登膴仕，才用聲績，朕所素知。故嗣位之初，擢任政府，于今數載，毗贊實多。既久任繁劇，宜均適逸安，矧內外之職，亦當更治，今特授卿是命。東平素號雄藩，兼比年飢歉，正賴經畫，卿其爲朕往綏撫之。」仍賜金幣、廐馬，以寵其行。它日，上問宰臣：「守貞治東平如何？」對曰：「亦不勞力。」上曰：「以彼之才，治一路誠有餘矣。」右丞劉瑋曰：「方今人材無出守貞者，淹留于外，誠可惜也。」上默然。尋改西京留守。

監察御史蒲剌都劾奏守貞前宴賜北部有取受事，不報。右拾遺路鐸上章辯之。四年，召拜平章政事，封蕭國公。上御後閤，召守貞曰：「朕以卿乃太師所舉，故特加委用。然比者行事多太過，門下人少慎擇，復與丞相不協，以是令卿補外。載念我昭祖、太祖開創以來，乃祖佐命，積有勳勞，兹故召用。卿其勉盡乃心，與丞相議事宜相和諧，率循舊章，無輕改革。」因賜玉帶，併以蒲剌都所彈事與之，曰：「朕度卿必不爾，故以示卿。」

舊制，監察御史凡八員，漢人四員皆進士，而女直四員則文資右職參注。守貞曰：

「監察乃清要之職，流品自異，俱宜一體純用進士。」一日奏事次，上問司吏移轉事。守貞曰：「今吏權重而積弊深，移轉爲便。」上嘗歎文士卒無如党懷英者，守貞奏進士中若趙渢、王庭筠甚有時譽。上曰：「出倫者難得耳。」守貞曰：「間世之才，自古所難。然國家培養久，則人材將自出矣。」守貞因言：「國家選舉之法，惟女直、漢人進士得人居多，此舉更宜增取。其諸司局承應人舊無出身，大定後才許敍使。經童之科，古不常設，唐以諸道表薦，或取五人至十人。近代以爲無補，罷之。本朝皇統間，取及五十人，因爲常選。天德間，尋以停罷。陛下即位，復立是科，朝廷寬大，放及百數，誠恐積久不勝銓擬。宜稍裁減，以清流品。」又言節用省費之道，並嘉納焉。

先是，鄭王允蹈等伏誅，上以其家産均給諸王，户部郎中李敬義言恐因之生事，上又以董壽爲宫籍監都管勾，並下尚書省議。守貞奏：「陛下欲以允蹈等家産分賜懿親，恩命已出，恐不可改。今已減諸王弓矢，府尉司其出入，臣以爲賜之無害。如董壽罪人也，特恩釋之，已爲幸矣，不宜更加爵賞。」上是守貞所言。

自明昌初，北邊屢有警，或請出兵擊之。上曰：「今方南議塞河，而復用兵於北，可乎？」守貞曰：「彼屢突軼吾圉，今一懲之，後當不復來，明年可以見矣。」上因論守禦之法。守貞曰：「惟有皇統以前故事，捨此無法耳。」

守貞讀書，通法律，明習國朝故事。時金有國七十年，禮樂刑政因遼、宋舊制，雜亂無貫，章宗即位，乃更定修正，爲一代法。其儀式條約，多守貞裁訂，故明昌之治，號稱清明。又喜推轂善類，接援後進，朝廷正人，多出入門下。

先是，上以疑忌誅鄭王允蹈，後張汝弼妻高陀斡獄起，意又若在鎬王允中。時右諫議大夫賈守謙上疏陳時事，思有以寬解上意。右拾遺路鐸繼之，言尤切直。帝不悦。守貞持其事，獄久不決。帝疑有黨，乃出守貞知濟南府事，仍命即辭，前舉守貞者董師中、路鐸等皆補外。上語宰臣曰：「守貞固有才力，至其讀書，方之真儒則未也。然太邀權譽，以彼之才而能平心守正，朝廷豈可少離。今茲令出，蓋思之熟矣。」俄以在政府日嘗與近侍竊語宮掖事，而妄稱奏下，上命有司鞫問，守貞款伏，奪官一階，解職。遣中使持詔責諭之曰：「挾姦罔上，古有常刑〔一六〕，結援養交，臣之大戒。孰謂予相，乃蹈厥辜。爾本出勳門，寖登膴仕。朕初嗣位，亟欲用卿。未閱歲時，升爲宰輔，每期納誨，共致太平。蓋求所長，不考其素，拔擢不爲不峻，任用不爲不專。曾報効之弗思，輒私權之自樹，交通近侍，密問起居，窺測上心，預圖趨向。謡患失之心重，故欺君之罪彰，指所無之事而妄以肆誣，實未始有言而謂之嘗諫。義豈知於歸美，意專在於要君。其飾詐之若然，豈爲臣之當耳。復觀彈奏，益見私情，求親識之援而列布宮中，縱罪廢之餘而出入門下。而又凡有官使，歛爲己恩，謂皆涉於回邪，不宜任之中外。質之清議，固所不容，揆之乃心，烏得無愧。姑從輕典，庸示薄懲。」仍以守貞不公事，宣諭百官於尚書省。

承安元年，降授河中防禦使〔一七〕。五年，改部羅火扎石合節度使。過闕，上賜手詔責諭之，令赴職。久之，遷知都府事。時南鄙用兵，上以山東重地，須大臣安撫，乃移知濟南府，卒。上聞而悼之。勑有司致祭，賻贈禮物依故平章政事蒲察通例。謚曰肅。

守貞剛直明亮，凡朝廷論議及上有所問，皆傅經以對。上嘗與泛論人材，守貞乃迹其心術行事，臧否無少隱，故爲胥持國輩所忌，竟以直罷。後趙秉文由外官入翰林，遽上書言：「願陛下進君子退小人。」上問君子小人謂誰。秉文對：「君子故相完顏守貞，小人今參知政事胥持國。」其爲天下推重如此。

守能本名胡刺，累官商州刺史。正隆末，宋人陷商州，守能被執。大定五年，宋人請和，誓書曰：「俘虜之人，盡數發還。」完顏仲爲報問國信使，求守能及新息縣令完顏按辰於宋，遂與俱歸。守能等至京師，入見，詔給舊官之俸。

大定十九年，爲西北路招討使。是時，詔徙窩斡餘黨于臨潢、泰州。押剌民列嘗從窩斡，其弟聞敵也當徙，僞稱身亡，以馬賂守能，固匿不遣。及受賕補賽也蕃部通事，事覺。

是時，烏古里石壘部族節度副使奚沙阿補杖殺無罪鎮邊猛安，尚書省俱奏其事。上曰：「守能由刺史超擢至此，敢恣貪墨。向者招討司官多進良馬、橐駞、鷹鶻等物，蓋假此以率斂爾，自今並罷之。」因責其兄守道曰：「守能自刺史躐遷招討，外官之尊，無以踰此。前招討哲典以貪墨伏誅，守能豈不知，乃敢如此，其意安在。爾之親弟，何不先訓戒之也。」上謂宰臣曰：「監察專任糾彈。宗州節度使阿思滿初之官，途中侵擾百姓，到官舉動皆違法度。完顏守能爲招討使，貪冒狼籍。凡達官貴人，皆未嘗舉劾。斡睹只羣牧副使僕散那也取部人毬杖兩枝，即便彈奏。自今，監察御史職事修舉，然後遷除。不舉職者，大則降罰，小則決責，仍不得去職。」尚書省奏，守能兩贓俱不至五十貫，抵罪。奚沙阿補解見居官，并解世襲謀克。上曰：「此舊制之誤。居官犯除名者，與世襲併罷之，非犯除名者勿罷。」遂著于令。特詔守能杖二百，除名。

贊曰：阿离合懣之善頌，宗雄之强識，希尹之敏學，益之以征伐之功，豈不偉哉。

校勘記

〔一〕阿离合懣　原作「阿里合懣」，屬同音異譯，今據南監本、北監本、殿本、局本改，與傳文統一。

〔二〕天德中改贈開府儀同三司隋國公　按，本書卷五海陵紀，正隆二年二月「癸卯，改定親王以下封爵等第」。「天德」，或當作「正隆」。

〔三〕進封宋王　「宋王」疑有誤。此處上文稱「天德初，封葛王」，下文稱「累封豫王、許王，又改越王」。據集禮卷九親王所載天眷元年所定國封等第，宋居大國封號第四位，葛居小國封號第二十七位，豫居大國封號第十六位。按，完顏晏由葛王進封，其王號應高於葛，但不應高於後來進封的豫。本書卷五五百官志一稱小國封號第十六位爲萊，小字注「舊爲宗，以避諱改」，「宋王」或爲「宗王」形誤。

〔四〕「大定二年改河南路副都統」至「遂復取汝州」　「河南路副都統」，本書卷六世宗紀上、卷八六孛朮魯定方傳作「河南統軍使」，卷九四夾谷清臣傳作「河南統軍」。

〔五〕系出景祖太尉阿离合懣之孫　按，阿离合懣未嘗追贈太尉。本卷宗道傳，「系出景祖，太尉訛論之少子也」。太尉當指阿离合懣子斡論。此處「太尉」二字疑爲衍文，或有脱誤。

〔六〕入授同判大睦親府事拜平章政事　按，本書卷九章宗紀一，明昌元年八月「己丑，以判大睦親府事宗寧爲平章政事」。與此處「同判大睦親府事」有異。

〔七〕左衛將軍僕散揆等嘗燕集　「衛」字原脱。按，本書卷九三僕散揆傳稱僕散揆嘗爲「殿前左衛將軍」。金史詳校卷七謂「『左』下當加『衛』」。今據補。

〔八〕追殺至乙吕白石而還　本書卷二太祖紀收國元年正月庚子記此事作「逐北至阿婁岡」。

〔九〕與宗翰等擊耿守忠兵七千于西京之東四十里大破之　本書卷七四宗翰傳稱耿守忠兵「五千」。

〔一〇〕葬於歸化州　按，本書卷一二〇世戚石家奴傳稱「自山西護齊國王謀良虎之喪歸上京」。疑「歸化州」當作「上京」。

〔一一〕蒲帶爲北京臨潢提刑使　本書卷五九宗室表稱蒲帶爲「上京路提刑使」。與此異。

〔一二〕與宋將王權軍十餘萬戰于柘皋鎮渭子橋　「渭子橋」，本書卷五海陵紀正隆六年十月丁未記此事作「蔚子橋」，宋史卷三二高宗紀九、卷四五三忠義傳八姚興傳、要録卷一九三作「尉子橋」。

〔一三〕宗雄次子也　按，本書卷五九宗室表列按荅海爲宗雄第三子。

〔一四〕帥臣密奏　「帥」，原作「師」。會編卷一九七引金虜節要誅兀室蕭慶詔、永樂大典卷六七七六五「王」字韻下宗室封王二十九「陳王」條下引完顏希尹傳均作「帥」，今據改。

〔一五〕守貞本名左靨　「左靨」，原作「左靨」，據南監本、北監本、殿本及本卷傳目改。

〔一六〕古有常刑　「有」，原作「人」，據文義改。

〔一七〕承安元年降授河中防禦使　按，本書卷二六地理志下，河中府，「天會六年降爲蒲州，置防禦使。天德元年升爲河中府」。疑此處所載「河中防禦使」有誤。

金史卷七十四

列傳第十二

宗翰 本名粘罕 子斜哥(一) 宗望 本名斡离不 子齊 京 文

宗翰本名粘没喝，漢語訛爲粘罕，國相撒改之長子也。年十七，軍中服其勇。及議伐遼，宗翰與太祖意合。太祖敗遼師于境上，獲耶律謝十。撒改使宗翰及完顔希尹來賀捷，即稱帝爲賀。及太宗以下宗室羣臣皆勸進，太祖猶謙讓。宗翰與阿离合懣、蒲家奴等進曰：「若不以時建號，無以繫天下心。」太祖意乃決。遼都統耶律訛里朵以二十餘萬戍邊，太祖逆擊之，宗翰爲右軍，大敗遼人于達魯古城。

天輔五年四月，宗翰奏曰：「遼主失德，中外離心。我朝興師，大業既定，而根本弗除，後必爲患。今乘其釁，可襲取之。天時人事，不可失也。」太祖然之，即命諸路戒備軍事。五月戊戌，射柳，宴羣臣。上顧謂宗翰曰：「今議西征，汝前後計議多合朕意。宗室中雖有長於汝者，若謀元帥，無以易汝。汝當治兵，以俟師期。」上親酌酒飲之，且命之釂，解御衣以衣之。羣臣言時方暑月，乃止。無何，爲移賚勃極烈，副蒲家奴西襲遼帝，不果行。

十一月，宗翰復請曰：「諸軍久駐，人思自奮，馬亦壯健，宜乘此時進取中京。」羣臣言時方寒，太祖不聽，竟用宗翰策。於是，忽魯勃極烈杲都統内外諸軍，蒲家奴、宗翰、宗幹、宗盤副之，宗峻領合扎猛安，皆受金牌，余睹爲鄉導，取中京實北京。既克中京，宗翰率偏師趨北安州，與婁室、徒單綽里合兵，大敗奚王霞末，北安遂降。

宗翰駐軍北安，遣希尹經略近地，獲遼護衛耶律習泥烈，廼知遼主獵于鴛鴦濼，殺其子晉王敖魯斡，衆益離心，西北、西南兩路兵馬皆羸弱，不可用。宗翰使耨盌温都移剌保報都統杲曰：「遼主窮迫於山西，猶事畋獵，不恤危亡，自殺其子，臣民失望。攻取之策，幸速見諭。若有異議，此當以偏師討之。」杲使奔睹與移剌保同來報曰：「頃奉詔旨，不令便趨山西，當審詳徐議。」當時，宗翰使人報杲，即整衆俟兵期。及奔睹至，知杲無意進取，宗翰恐待杲約或失機會，即決策進兵。使移剌保復往報都統曰：「初受命雖未令便取山西，亦許便宜從事。遼人可取，其勢已見，一失機會，後難圖矣。今已進兵，當與大軍會于何地，幸以見報。」宗幹勸杲當如宗翰策，杲意乃決，約以奚王嶺會議。

宗翰至奚王嶺，與都統杲會。杲軍出青嶺，宗翰軍出瓢嶺，期于羊城濼會軍。宗翰以精兵六千襲遼主，聞遼主自五院司來拒戰，宗翰倍道兼行，一宿而至，遼主遁去。乃使希尹等追之。西京復叛，耿守忠以兵五千來救〔二〕，至城東四十里，蒲察烏烈、谷赧先擊之，斬首千餘。宗翰、宗雄、宗幹、宗峻繼至，宗翰率麾下自其中衝擊之，使餘兵去馬從旁射之。守忠敗走，其衆殲焉。宗翰弟扎保迪没于陣。天眷中，贈扎保迪特進云。

宗翰已撫定西路州縣部族，謁上于行在所，遂從上取燕京。燕京平，賜宗翰、希尹、撻懶、耶律余睹金器有差。太祖既以燕京與宋人，還軍次鴛鴦濼，不豫，將歸京師。以宗翰爲都統，昃勃極烈昱、迭勃極烈斡魯副之，駐軍雲中。

太宗即位，詔宗翰曰：「寄爾以方面，當遷官資者，以便宜除授。」因以空名宣頭百道給之。宋人來請割諸城，宗翰報以武、朔二州。宗翰請曰：「宋人不歸我叛亡，阻絶燕山往來道路，後必敗盟，請勿割山西郡縣。」太宗曰：「先皇帝嘗許之矣，當與之。」

諸將獲耶律馬哥，宗翰歸之京師。詔以馬七百匹給宗翰軍，以田種千石、米七千石賑新附之民。詔曰：「新附之民，比及農時，度地以居之。」宗翰請分宗望、撻懶、石古乃精兵討諸部。詔曰：「宗望軍不可分，别以精鋭五千給之。」宗翰朝太祖陵，入見上，奏曰：「先皇帝時，山西、南京諸部漢官，軍帥皆得承制除授。今南京皆循舊制，惟山西優以朝命。」詔曰：「一用先皇帝燕京所降詔勅從事，卿等度其勤力而遷授之。」

宗翰復奏曰：「先皇帝征遼之初，圖宋協力夾攻，故許以燕地。宋人既盟之後，請加幣以求山西諸鎮，先皇帝辭其加幣。盟書曰：『無容匿逋逃，誘擾邊民。』今宋數路招納叛亡，厚以恩賞。累疏叛人姓名，索之童貫，嘗期以月日，約以誓書，一無所致。盟未朞年，今已如此，萬世守約，其可望乎。且西鄙未寧，割付山西諸郡，則諸軍失屯據之所，將有經略，或難持久，請姑置勿割。」上悉如所請。

上以宗翰破遼，經略夏國奉表稱藩，深嘉其功，以馬十匹，使宗翰自擇二匹，餘賜羣帥。

及斡魯奏宋不遣歲幣户口事，且將渝盟，不可不備。太宗命宗翰取諸路户籍按籍索之。而闍母再奏宋敗盟有狀，宗翰、宗望俱請伐宋。於是，諳班勃極烈杲領都元帥，居京師，宗翰爲左副元帥，自太原路伐宋。

宗翰發自河陰，遂降朔州，克代州，圍太原府。宋河東、陝西軍四萬救太原，敗于汾河之北，殺萬餘人。宗望自河北趨汴，久不聞問，遂留銀术可等圍太原，宗翰率師而南。天會四年降定諸縣及威勝軍〔三〕，下隆德府實潞州。軍至澤州，宋使至軍中，始知割三鎮講和事。路允迪以宋割太原詔書來，太原人不受詔。宗翰取文水及盂縣，復留銀朮可圍太原。宗翰乃還山西。

宋少帝誘蕭仲恭貽書余睹，以興復遼社稷以動之。蕭仲恭獻其書，詔復伐宋。八月，宗翰發自西京。九月丙寅，宗翰克太原，執宋經略使張孝純等。鶻沙虎取平遥，降靈石、介休、孝義諸縣。十一月甲子，宗翰自太原趨汴，降威勝軍，克隆德府，遂取澤州。撒剌荅等先已破天井關，進逼河陽，破宋兵萬人，降其城。宗翰攻懷州，克之。丁亥，渡河。閏月，宗翰至汴，與宗望會兵。宋約畫河爲界，復請脩好。不克和。丙辰，銀朮可等克汴州。辛酉，宋少帝詣軍前，舍青城。十二月癸亥，少帝奏表降。詔元帥府曰：「將帥士卒立功者，第其功之高下遷賞之。其殞身行陣，没於王事者，厚卹其家，賜贈官爵務從優厚。」使勗就軍中勞賜宗翰、宗望，使皆執其手以勞之。五年四月〔四〕，以宋二主及其宗族四百七十餘人及珪璋、寶印、衮冕、車輅、祭器、大樂、靈臺、圖書，與大軍北還。七月，賜宗翰鐵券，除反逆外，餘皆不問，賜與甚厚。

宗翰奏河北、河東府鎮州縣請擇前資官良能者任之，以安新民。上遣耶律暉等從宗翰行。詔黄龍府路、南路、東京路於所部各選如耶律暉者遣之。宗翰遂趨洛陽。宋董植以兵至鄭州，鄭州人復叛。宗翰使諸將擊董植軍，復取鄭州。遂遷洛陽、襄陽、潁昌、汝、鄭、均、房、唐、鄧、陳、蔡之民於河北，而遣婁室平陝西州郡。是時河東寇盜尚多，宗翰乃分留將士，夾河屯守，而還師山西。昏德公致書「請立趙氏，奉職修貢，民心必喜，萬世利也。」宗翰受其書而不答。

康王遣王師正奉表，密以書招誘契丹、漢人。獲其書奏之。太宗下詔伐康王。河北諸將欲罷陝西兵，併力南伐。河東諸將不可，曰：「陝西與西夏爲鄰，事重體大，兵不可罷。」宗翰曰：「初與夏約夾攻宋人，而夏人弗應。而耶律大石在西北，交通西夏。吾舍陝西而會師河北，彼必謂我有急難。河北不足虞，宜先事陝西，略定五路，既弱西夏，然後取宋。」宗翰蓋有意于夏人也。議久不決，奏請于上，上曰：「康王構當窮其所往而追之。俟平宋，當立藩輔如張邦昌者。陝右之地，亦未可置而不取。」於是婁室、蒲察帥師，繩果、婆盧火監戰，平陝西。銀术可守太原，耶律余睹留西京。

宗翰會東軍于黎陽津，遂會睿宗于濮。進兵至東平，宋知府權邦彥棄家宵遯，降其城，駐軍東平東南五十里。復取徐州。先是，宋人運江、淮金幣皆在徐州官庫，盡得之，分給諸軍。襲慶府來降。宋知濟南府劉豫以城降于撻懶。乃遣拔离速、烏林荅泰欲、馬五襲康王于揚州，未至百五十里，馬五以五百騎先馳至揚州城下。康王聞兵來，已於前一夕渡江矣。於是，康王以書請存趙氏社稷。先是，康王嘗致書元帥府，稱「大宋皇帝構致書大金元帥帳前」，至是乃貶去大號，自稱「宋康王趙構謹致書元帥閤下」。其四月、七月兩書皆然。元帥府答其書，招之使降。於是，撻懶、宗弼、拔离速、馬五等分道南伐。宗弼之軍渡江取建康，入于杭州。康王入海，阿里、蒲盧渾等自明州行海三百里，追之弗及。宗弼乃還。其後宗翰欲用徐文策伐江南，睿宗、宗弼議不合，乃止。語在劉豫傳。歸德叛，都統大乣里平之。

初，太宗以斜也爲諳班勃極烈，天會八年，斜也薨，久虛此位。而熙宗宗峻子，太祖嫡孫，宗幹等不以言太宗，而太宗亦無立熙宗意。宗翰朝京師，謂宗幹曰：「儲嗣虚位頗久，合剌先帝嫡孫，當立，不早定之，恐授非其人。宗翰日夜未嘗忘此。」遂與宗幹、希尹定議，入言於太宗，請之再三。太宗以宗翰等皆大臣，義不可奪，乃從之，遂立熙宗爲諳班勃極烈。於是，宗翰爲國論右勃極烈，兼都元帥。

熙宗即位，拜太保、尚書令，領三省事，封晉國王。乞致仕，詔不許。天會十四年薨〔五〕，年五十八。追封周宋國王。正隆二年，例封金源郡王。大定間，改贈秦王，謚桓忠〔六〕，配享太祖廟廷。

孫秉德、斜哥。秉德別有傳。

斜哥，累官同知曷蘇館節度使事。大定初，除刑部侍郎，充都統，與副統完顏布輝自東京先赴中都，輒署置官吏，私用官中財物。世宗至中都，事覺，斜哥當死，布輝當除名。詔寬減，斜哥除名，布輝削兩階，解職。

二年，起爲大宗正丞，除祁州刺史。坐贓枉法，當死，詔杖一百五十，除名。遣左衛將軍夾谷查剌諭斜哥曰：「卿何面目至鄉中與宗族相見。今徙鄜州，以家人自隨，俟汝身死，聽家人從便。」久之，起同知興中尹，遷唐括部族節度使，歷開遠、順義軍。

斜哥前在雲内受贓，御史臺劾奏，上謂宰臣曰：「斜哥今三犯矣，蓋其資質鄙惡如此。」令强幹吏鞫之。獄成，法當死。上曰：「斜哥祖父秦王宗翰有大功，特免死，杖一百五十，除名。」久之，復起爲勸農副使。

贊曰：宗翰内能謀國，外能謀敵，決策制勝，有古名將之風。臨潢既捷，諸將皆有怠忽之心，而請伐不已。越千里以襲遼主，諸將皆有畏顧之心，而請期不已。觀其欲置江、淮，專事陝服，當時無有能識其意者。甫釋干戈，斂衽歸朝，以定熙宗之位，精誠之發，孰可掩哉。

宗望本名斡魯補，又作斡离不，太祖第二子也。每從太祖征伐，常在左右。

都統杲已克中京〔七〕，宗翰在北安州，獲遼護衛習泥烈，知遼主在鴛鴦濼，宗翰請襲之。杲出青嶺，遼兵三百餘掠降人家貲。宗望曰：「若生致此輩，可審得遼主所在虛實。」遂與宗弼率百騎進。騎多罷乏，獨與馬和尚逐越盧、孛古、野里斯等，留一騎趣後軍，即馳擊敗之，生擒五人。因審遼主尚在鴛鴦濼未去無疑也，於是進兵。宗翰倍道兼行，追遼主于五院司，不及。婁室等追之至白水濼，遼主走陰山。遼秦晉國王捏里自立于燕京。新降州部，人心不固，杲使宗望請太祖臨軍。

宗望至京師，百官入賀。上曰：「宗望與十餘騎經涉兵寇數千里，可嘉也。」上宴羣臣，歡甚。宗望奏曰：「今雲中新定，諸路遼兵尚數萬，遼主尚在陰山、天德之間，而捏里自立于燕京，新降之民，其心未固，是以諸將望陛下幸軍中也。」上曰：「懸軍遠伐，授以成筭，豈能盡合機事。朕以六月朔啓行。」既次大濼西南，杲使希尹奏請徙西南招討司諸部于內地。上顧謂羣臣曰：「徙諸部人當出何路？」宗望對曰：「中京殘弊，芻糧不給，由上京爲宜。然新降之人，遽爾騷動，未降者必皆疑懼。勞師害人，所失多矣。」上京謂臨潢府也。上迺下其議，命軍帥度宜行之。

上聞遼主在大魚濼，自將精兵萬人襲之。蒲家奴、宗望率兵四千爲前鋒，晝夜兼行，馬多乏，追及遼主于石輦驛〔八〕，軍士至者才千人，遼軍餘二萬五千。方治營壘，蒲家奴與諸將議。余睹曰：「我軍未集，人馬疲劇，未可戰。」宗望曰：「今追及遼主而不亟戰，日入而遯，則無及。」遂戰，短兵接，遼兵圍之數重，士皆殊死戰。遼主謂宗望兵少必敗，遂與嬪御皆自高阜下平地觀戰。余睹示諸將曰：「此遼主麾蓋也。若萃而薄之，可以得志。」騎兵馳赴之，遼主望見大驚，即遯去，遼兵遂潰。宗望等還。上曰：「遼主去不遠，亟追之。」宗望以騎兵千餘追之，蒲家奴爲後繼。

太祖已定燕京，斡魯爲都統，宗望副之，襲遼主于陰山、青塚之間。宗望、婁室、銀朮可以三千軍分路襲之。將至青塚，遇泥濘，衆不能進。宗望與當海四騎以繩繫遼都統林牙大石，使爲鄉導，直至遼主營。時遼主往應州，其嬪御諸女見敵兵奄至驚駭欲奔，命騎下執之。有頃，後軍至。遼太叔胡盧瓦妃，國王捏里次妃，遼漢夫人，并其子秦王、許王，女骨欲、餘里衍、斡里衍、大奧野、次奧野，趙王妃斡里衍，招討迪六，詳穩六斤，節度使孛迭、赤狗兒皆降。得車萬餘乘，惟梁王雅里及其長女乘軍亂亡去〔九〕。婁室、銀朮可獲其左右輿帳。進至掃里門，爲書以招遼主。

遼主自金城來，知其族屬皆見俘，率兵五千餘決戰。宗望以千兵擊敗之。遼主相去百步，遯去。獲其子趙王習泥烈及傳國璽。追二十餘里，盡得其從馬，而照里、特末〔一〇〕、胡巴魯、背荅別獲牧馬萬四千匹、車八千乘。及獻傳國璽于行在，太祖曰：「此羣臣之功也。」遂寘璽于懷中，東面恭謝天地，乃大録諸帥功，加賞焉。

遼主乃使謀盧瓦持兔鈕金印請降。宗望受之，視其文，乃「元帥燕國王之印」也。宗望復以書招之，諭以石晉北遷事。遂使使諭夏國，示以和好，所以沮疑其救遼之心也。宗望趨天德，遼耶律慎思降。及候人吳十回，皆言夏國迎護遼主度大河矣。宗望乃傳檄夏國曰：「果欲附我，當如前諭，執送遼主。若猶疑貳，恐有後悔。」及遼秦王等以俘見太祖，太祖嘉宗望功，以遼蜀國公主餘里衍賜之。

闍母與張覺戰，大敗於兔耳山。上使宗望問狀，就以闍母軍討張覺，降瀕海郡縣。遂與覺戰于南京城東。覺敗，宵遯奔宋，語在覺傳。城中人執覺父及其二子來獻，宗望殺之。使以詔書宣諭城中張敦固等出降。使使與敦固俱入城收兵仗。城中人殺使者，立敦固爲都統，劫府庫，掠居民，乘城拒守。太宗賞破張覺功及有功將士各有差。

初，張覺奔宋，入于燕京，宗望責宋人納叛人，且徵軍糧。久不聞問，宗望欲移書督之，請空名宣頭千道，增信牌，安撫新降之民。詔以「新附長吏職員仍舊。已命諸路轉輸軍糧，勿督於宋。給銀牌十、空名宣頭五十道。及遷、潤、來、隰四州人徙于瀋州者，俟畢農各復其業」。乃詔咸州輸粟宗望軍。

張敦固以兵八千分四隊出戰，大敗。宗望再三開諭，敦固等曰：「屢嘗拒戰，不敢遽降。」宗望許其望闕遥拜。敦固乃開其一門。宗望使闍母奏其事，乃下詔赦南京官民，大小罪皆釋之，官職如舊。别勑有司輕徭賦、勸稼穡，疆埸之事，一決於宗望。又曰：「議索張覺及逋亡户口於宋。聞比歲不登，若如舊徵斂，恐民匱乏，度其糧數賦之。射糧軍願爲民者，使復田里。小大之事關白軍帥，無得專達朝廷。」詔宗望曰：「選勳賢及有民望者爲南京留守，及諸闕員，仍具姓名官階以聞。」是時，遷、潤、來、隰四州之民保山砦者甚衆，宗望乞選良吏招撫。上從之。

上召宗望赴闕，而闍母克南京，兵執僞都統張敦固殺之，南京平。赴京師。於是，宗翰請無割山西地與宋，斡魯亦言之。闍母論奏宋渝盟有驗，不可不備。及宗望還軍，上曰：「徵歲幣於宋，以銀二十萬兩、絹三十萬匹分賜爾軍及六部東京諸軍。」宗望至軍，宋兵三千自海道來，破九寨，殺馬城縣戍將節度使度盧斡，取其銀牌兵仗及馬而去。宗望索户口，宋人弗遣，且聞童貫、郭藥師治軍燕山。宗望奏請伐宋曰：「苟不先之，恐爲後患。」宗翰亦以爲言。故伐宋之策，宗望實啓之。

宗望爲南京路都統，闍母副之，自燕山路伐宋。宗望奏曰：「闍母於臣爲叔父，請以闍母爲都統，臣監戰事。」上從之。以宗望監闍母、劉彥宗兩軍戰事。宗望至三河，破郭藥師兵四萬五千于白河，蒲莧敗宋兵三千于古北口，郭藥師降。遂取燕山府，盡收其軍實，馬萬匹、甲冑五萬、兵七萬，州縣悉平。宋中山戍將王彥、劉璧率兵二千來降。蒲察、繩果以三百騎遇中山三萬人於阨隘之地，力戰，死之。朮烈速、活里改軍繼至，殺二萬餘人。宗望破宋真定兵五千人，遂克信德府，次邯鄲。宋李鄴請修舊好。宗望留軍中不遣。

自郭藥師降，益知宋之虛實。宗望請以爲燕京留守。及董才降，益知宋之地里。宗望請任以軍事。太宗俱賜姓完顏氏，皆給以金牌。

四年正月己巳，諸軍渡河，取滑州。使吳孝民入汴，以詔書問納平州張覺事，令執送童貫、譚稹、詹度，以黃河爲界，納質奉貢。癸酉，諸軍圍汴。宋少帝請爲伯姪國，效質納地，增歲幣請和。遂割太原、中山、河間三鎮，書用伯姪禮，以康王構、太宰張邦昌爲質。沈晦以誓書、三鎮地圖至軍中，歲幣割地一依定約，語在宋事中。

二月丁酉朔，與宋平，退軍孟陽。是夜，姚平仲兵四十萬來襲〔一〕。候騎覺之，分遣諸將迎擊，大破平仲軍，復進攻汴城，問舉兵之狀。少帝大恐，使宇文虛中來辨曰：「初不知其事，且將加罪其人。」宗望輟弗攻，改肅王樞爲質，康王構遣歸。師還，河北兩鎮不下，遂分兵討之。

宗望罷常勝軍，給還燕人田業，命將士分屯安肅、雄、霸、廣信之境。宗望還山西。未幾，爲右副元帥，有功將士遷賞有差。

頃之，宋少帝以書誘余睹，蕭仲恭獻其書，詔復伐宋。八月，宗望會諸將，發自保州。耶律鐸破敵兵三萬于雄州，殺萬餘人。那野敗宋軍七千於中山。高六、董才破宋兵三千於廣信。宋种師閔軍四萬人駐井陘，宗望大破之，遂取天威軍。東還，遂克真定，殺知府李邈，得户三萬，降五縣。遂自真定趨汴。

十一月戊辰，宗望至河上，降魏縣。諸軍渡河，留諸將分出大名之境。降臨河縣，至大名縣，德清軍、開德府，皆克之。阿里刮以騎兵三千先趨汴，破宋軍六千于路。取胙城，抵汴城下，覆宋兵千人，擒數將。宗望至汴，分遣諸將遏宋援兵，奔睹、那野、賽刺、臺實連破宋援兵。閏月壬辰朔，宋兵一萬出自汴城來戰。宗望選勁勇五千，使當海、忽魯、雛鶻失擊敗之。癸巳，宗翰自太原會軍于汴。丙辰，克汴州。辛酉，宋少帝詣軍前。十二月癸亥，宋帝奉表降。上使勗就軍中勞賜宗翰、宗望，使皆執其手以勞之。五年四月〔二〕，以宋二主及其宗族四百七十餘人，及珪璋、寶印、衮冕、車輅、祭器、大樂、靈臺、圖書，與大軍北還。

宗望乃分諸將鎮守河北。董才降廣信軍及旁近縣鎮。宗望乃西上涼陘。詔宗望曰：「自河之北，今既分畫，重念其民見城邑有被殘者，遂阻命堅守，其申諭招輯安全之。儻堅執不移，自當致討。若諸軍敢利於俘掠，輒肆毀蕩者，當底於罰。」

是月，宗望薨〔一三〕。天會十三年，封魏王。皇統三年，進許國王，又徙封晉國王。天德二年，贈太師，加遼燕國王，配享太宗廟廷。正隆二年，例降封。大定三年，改封宋王，謚桓肅〔一四〕。子齊、京、文〔一五〕。

初，遼帝之奔陰山也，遼節度使和尚與林牙馬哥男慎思俱被擒，都統杲使阿鄰護送得里底、和尚、雅里斯等入京師〔一六〕。得里底道亡，太祖誅阿鄰。和尚弟道温爲興中尹，太祖使謾都本以兵千人與和尚往招之。和尚欲亡去，不克，至興中城下，以矢繫書射城中，教道温毋降。事泄，謾都本責之曰：「汝何反覆如此？」對曰：「以忠報國，何反覆之有，雖死不恨。」乃殺之。既而宗望軍遇遼都統孛迭等，道温在其中，相與隔水而語。宗望承制招之，孛迭唯諾，無降意。宗望謂道温曰：「汝兄和尚因戰而獲，未嘗加罪，後以叛誅，能無痛悼。」道温曰：「吾兄辱於見獲，榮於死國。」宗望顧馬和尚曰：「能爲我取此乎？」對曰：「能。」遂以所部渡水擊敗其衆，直趨道温，射中其臂，獲而殺之。

齊本名受速，長身美髯。天眷三年，以宗室子授鎮國上將軍。皇統元年，遷光禄大夫。正隆六年，遷銀青榮禄大夫。大定初，遷特進，加安武軍節度使，留京師奉朝請。齊以近屬，上所寵遇，而性庸滯無材能。大定三年，罷節度官，給隨朝三品俸，累官特進。卒。

弟京、弟文皆以謀反誅〔一七〕。世宗盡以其家財産與齊之子斂住。詔齊妻曰：「汝等皆當緣坐，有至大辟及流竄者。朕念宋王，故置而不問，且以其家産賜汝子。宜悉朕意。」十五年，上召英王爽謂曰：「卿於諸公主女子中爲斂住擇婚，其禮幣命有司給之。」俄襲叔父京山東西路徒毋堅猛安。

京本名忽魯，以宗室子累遷特進。天德二年，除翰林學士承旨，兼修國史，加開府儀同三司，遷工部尚書，改禮部、兵部，判大宗正事，封曹王，除河間尹。正隆二年，例封瀋國公，北京留守，以喪去官。起復益都尹。六年，坐違制，立春日與徒單貞飲酒，降灤州刺史。未幾，改絳陽軍節度使。海陵遣護衛忽魯往絳州殺之。京由間道走入汾州境得免。世宗即位，來見于桃花塢。復判大宗正事，封壽王。二年正月戊辰朔，日食，伐鼓用幣，上不視朝，減膳徹樂。詔京代拜行禮。世宗懲創海陵疎忌宗室，加禮京兄弟，情若同生。謂京等曰：「朕每見天象變異，輒思政事之闕，寤寐自責不遑。凡事必審思而後行，猶懼獨見未能盡善，每令羣臣集議，庶幾無過舉也。」是時，伐宋未罷兵，用度不足，百官未給全俸。京家人數百口，財用少，上聞之，賜金一百五十兩、重綵百端、絹五百匹。改西京留守，賜佩刀廄馬。

京到西京，京妻嘗召日者孫邦榮推京禄命。邦榮言留守官至太師，爵封王。京問：「此上更無否？」邦榮曰：「止於此。」京曰：「若止於此，所官何爲。」邦榮察其意，乃詐爲圖讖，作詩，中有「鶻魯爲」之語，以獻於京。京曰：「後誠如此乎。」遂受其詩，再使卜之。邦榮稱所得卦有獨權之兆。京復使邦榮推世宗當生年月。家人孫小哥妄作謡言誑惑京，如邦榮指，京信之。京妻公壽具知其事。大定五年三月，孫邦榮上變。詔刑部侍郎高德基、户部員外郎完顔兀古出往鞫之。京等皆款伏。獄成，還奏。上曰：「海陵無道，使光英在，朕亦保全之，況京等哉。」於是，京夫婦特免死，杖一百，除名，嵐州樓煩縣安置，以奴婢百口自隨，官給上田〔一八〕。遣兀古出、劉珫宣諭京，詔曰：「朕與汝皆太祖之孫。海陵失道，翦滅宗支，朕念兄弟無幾，於汝尤爲親愛，汝亦自知之，何爲而懷此心。朕念骨肉，不忍盡法。汝若尚不思過，朕雖不加誅，天地豈能容汝也。」十年四月，詔于樓煩縣，爲京作第一區，月給節度廩俸。

十二年，兄德州防禦使文謀反。上問皇太子、趙王允中及宰臣曰：「京謀不軌，朕特免死，今復當緣坐，何如。」宰臣或言京圖逆，今不除之，恐爲後患。上曰：「天下大器歸於有德，海陵失道，朕乃得之。但務修德，餘何足慮。」太子曰：「誠如聖訓。」乃遣使宣諭京，詔曰：「卿兄文，舊封國公，不任職事，朕進封王爵，委以大藩。頃在大名，以贓得罪，止削左遷，不知恩幸，乃蓄怨心，謀不軌，罪及兄弟。朕念宋王，皆免緣坐。文之家產應沒入者，盡與卿兄子僘住。卿宜悉此意。」

二十年十一月，上問宰臣曰：「京之罪始於其妻，妄卜休咎。太祖諸孫存者無幾，朕欲召置左右，不使任職，但廩給之，卿等以爲何如？」皆曰：「置之近密，臣等以爲非宜。」上曰：「朕若修德，何必豫懷疑忌。」久之，上復欲召京，宰臣曰：「京，不赦之罪也，赦之以爲至幸矣，豈可復。」上默良久，乃止。

文本名胡剌。皇統間，授世襲謀克，加奉國上將軍，居中京。海陵篡立，賜錢二萬貫。是時，左淵爲中京轉運使，市中有穢術敲仙者，文與淵皆與之游。海陵還中京，聞，召敲仙詰問，窮竟本末。既而殺之于市，責讓文、淵。貞元元年，除祕書監〔一九〕，坐與靈壽縣主阿里虎有姦，杖二百，除名。俄復爲祕書監，封王。正隆例封鄖國公，以喪去官。起復翰林學士承旨、同判大宗正事、昌武軍節度使。

大定初，改武定軍，留京師，奉朝請。三年，賜上常御條服佩刀而遣之。謂文曰：「朕無兄弟，見卿往外郡，惻然傷懷。卿頗自放，宜加檢束。」除廣寧尹，召爲判大宗正事，封英王。是時，弟京得罪，上謂文曰：「朕待京不薄，乃包藏禍心，圖不軌，不忍刑及骨肉，遂從輕典。卿亦驕縱無度。宋王有社稷功。武靈封太祖諸孫爲王，卿獨不封。朕即位，封卿兄弟爲王。自今懲咎悔過，赤心事朕，無患朕不知也。」除真定尹，賜以衣帶。改大名尹，徙封荆王。

文到大名，多取猛安謀克良馬，或以駑馬易之，買民物與價不盡其直。尋常占役弓手四十餘人，詭納税草十六萬束。公用闕，取民錢一萬九千餘貫。坐是奪爵，降德州防禦使，僚佐皆坐不矯正解職。監察御史董師中按文事失糾察，已除尚書省都事，降沁南軍節度副使。詔曰：「自今長官不法，僚佐不矯正，又不言上，並嚴行懲斷。」

文既失職，居常怏怏，日與家奴石抹合住、忽里者爲怨言。合住揣知其意，因言南京路猛安阿古合住、謀克頗里、銀术可與大王厚善，果欲舉大事，彼皆願從。文信其言。乃召日者康洪占休咎，密以謀告洪。洪言來歲甚吉。文厚謝洪，使家僮剛哥等往南京以書幣遺阿古等〔二〇〕。剛哥問合住何以知阿古等必從。合住曰：「阿古等與大王善，以此意其必從耳。」剛哥到南京，見阿古等，不言其本來之事。及還，紿文曰：「阿古從大王矣。」文乃造兵仗，使家奴斡敵畫陣圖。家奴重喜詣河北東路上變，府遣總管判官孛特馳往德州捕文。孛特至德州，日已晚。會文出獵，召防禦判官酬越謀就獵所執之。酬越言：「文兵衛甚衆，且暮夜，明日文生日，可就會上執之。」孛特乃止。是夜，文知本府使至，意其事覺，乃與合住、忽里者等俱亡去。河間府使奏文事，詔遣右司郎中紇石烈哲典、翰林修撰阿不罕訛里也往德州鞫問。

上聞文亡命，謂宰臣曰：「海陵翦滅宗室殆盡，朕念太祖孫存者無幾人，曲爲寬假，而文曾不知幸，尚懷異圖，何狂悖如此。」上恐文久不獲，詿誤者多，督所在捕之。詔募獲文者遷官五階，賜錢三千貫。文以大定十二年九月事覺，亡命凡四月，至十二月被獲，伏誅。康洪論死，餘皆坐如律。詔釋其妻朮實懶。孛特、酬越不即捕，致文亡去，孛特杖二百，除名，酬越杖一百，削兩階。詔曰：「德州防禦使文、北京曹貴、鄜州李方皆因術士妄談祿命，陷于大戮。凡術士多務苟得，肆爲異說。自今宗室、宗女有屬籍者及官職三品者，除占問嫁娶、修造、葬事，不得推筭相命，違者徒二年，重者從重。」上以文家財産賜其故兄特進齊之子斂住，并以西京留守京没入家産賜之。

贊曰：宗望啓行平州，戰勝白河，席卷而南，風行電舉，兵無留難，再閱月而汴京圍矣。所謂敵不能與校者耶。既取信德，留兵守之，以爲後距，此豈輕者耶。管子曰：「徑於絕地，攻於恃固，獨出獨入，而莫之能止。」其宗望之謂乎。

校勘記

〔一〕宗翰本名粘罕子斜哥　按，本書卷五九宗室表及本傳傳文稱斜哥爲宗翰孫。

〔二〕耿守忠以兵五千來救　「五千」，本書卷七三宗雄傳稱耿守忠兵「七千」。

〔三〕天會四年降定諸縣及威勝軍　「天會四年」四字原脱。按，下文「八月」無年可繫，今據本書卷三太宗紀補。

〔四〕五年四月　「五年」二字原脱。按，本書卷三太宗紀，天會五年四月，「宗翰、宗望以宋二帝歸」。今據補。

〔五〕天會十四年薨　本書卷四熙宗紀記宗翰薨於天會十五年。

〔六〕謚桓忠　按，大金國志卷二七粘罕傳稱「謚曰忠獻」。

〔七〕都統杲已克中京　「中京」，原作「中都」。按，本書卷七六杲傳，天輔六年正月，杲「克高、恩、回紇三城，進至中京。遼兵皆不戰而潰，遂克中京」。卷七二銀术可傳稱「從都統杲克中京」。卷七六太宗諸子宗磐傳稱「都統杲取中京」。卷八九移剌子敬傳稱「都統杲克中京」。本卷宗翰傳亦有「既克中京」之語。今據改。

〔八〕追及遼主于石輦驛　「石輦驛」，本書卷二太祖紀、卷六六始祖以下諸子勗傳、卷八二蕭仲宣傳、遼史卷一〇一耶律阿息保傳、卷一一四逆臣傳下蕭特烈傳皆作「石輦鐸」。唯遼史卷二九天祚皇帝紀三、卷七〇屬國表作「石輦驛」。讀史方輿紀要卷四四山西六稱石輦鐸在大同府西北塞外。續通志卷四二二稱「驛」字蓋傳寫之訛。本書卷二太祖紀亦有烏里質鐸。此地似以作「石輦鐸」爲是。

〔九〕惟梁王雅里及其長女乘軍亂亡去　「梁王」，原作「寧王」。按，遼梁王雅里見本書卷七二習古迺傳。遼史卷二九天祚皇帝紀三，保大三年夏四月「戊戌，金兵圍輜重于青塚，硬寨太保特母哥竊梁王雅里以遁，秦王、許王、諸妃、公主、從臣皆陷没。庚子，梁宋大長公主特里亡歸」。所記與此略同。今據改。

〔一〇〕而照里特末　「特末」，原作「特未」，據南監本、北監本、殿本、永樂大典卷六七六五「王」字韻下宗室封王二十九「宋王」條下引宗望傳改。

〔一一〕是夜姚平仲兵四十萬來襲　「四十萬」，宋史卷三五八李綱傳上、要録卷一記此事作「萬人」。

〔一二〕五年四月　「五年」二字原脱，今補。參見本卷校勘記〔四〕。

〔一三〕是月宗望薨　「是月」，承上文即四月。按，本書卷三太宗紀，天會五年六月「庚辰，右副元帥宗望薨」。則「是月」當作「六月」爲是。

〔一四〕謚桓肅　大金國志卷二七斡离不傳稱「後謚曰忠武」。

〔一五〕子齊京文　「京文」，局本作「文京」。按，本卷京傳曰「兄德州防禦使文謀反」，且詔稱「卿兄文」，文傳曰「弟京得罪」，知文爲京之兄。依文例當作「文京」。

〔一六〕都統杲使阿鄰護送得里底和尚雅里斯等入京師　「得里底」，原脱「里」字，據南監本、北監本、殿本、永樂大典卷六七六五「王」字韻下宗室封王二十九「宋王」條下引宗望傳及本卷下文補。

〔一七〕弟京弟文皆以謀反誅　「弟京弟文」，局本作「弟文弟京」，疑是。參見本卷校勘記〔一五〕。又按下文，文以謀反「伏誅」，京未誅，此處記事或有誤。

〔一八〕官給上田　「上田」，永樂大典卷六七六五「王」字韻下宗室封王二十九「壽王」條下引京傳作「土田」。

〔一九〕貞元元年除祕書監　「監」字原脱。按，本書卷六三后妃傳上海陵后徒單氏傳附海陵諸嬖傳，「及藥師奴既以匿定哥姦事被杖，後與祕書監文俱與靈壽縣主有姦，文杖二百除名」。下文亦言完顏文「俄復爲祕書監，封王」。今據補。

〔二〇〕以書幣遺阿古等　「遺」，原作「遣」，據北監本、殿本、局本、永樂大典卷六七六四「王」字韻下宗室封王二十八「英王」條下引文傳改。

金史卷七十五

列傳第十三

盧彦倫 子璣 孫亨嗣　毛子廉　李三錫　孔敬宗　李師夔　沈璋　左企弓　虞仲文 曹勇義 康公弼附　左泌 弟淵 姪光慶

盧彦倫，臨潢人。遼天慶初，蕭貞一留守上京，置爲吏，以材幹稱。是時，臨潢之境多盜，而城中兵無統屬者，府以彦倫爲材，薦之於朝，即授殿直、勾當兵馬公事。遼兵敗於出河店，還至臨潢，散居民家，令給養之，而軍士縱恣侵擾，無所不至，百姓殊厭苦之。留守耶律赤狗兒不能禁戢，乃召軍民諭之曰：「契丹、漢人久爲一家，今邊方有警，國用不足，致使兵士久溷父老間，有侵擾亦當相容。」衆皆無敢言者。彦倫獨曰：「兵興以來，民間財力困竭，今復使之養士，以國家多故，義固不敢辭。而此輩恣爲强暴，人不能堪。且番、漢之民皆赤子也，奪此與彼，謂何。」

初取臨潢，軍中有辛訛特刺者，舊爲臨潢驛吏，與彦倫善，使往招諭，彦倫殺之。遼授彦倫團練使、勾當留守司公事。

天輔四年，彦倫從留守撻不野出降。授夏州觀察使，權發遣上京留守事。師還，撻不野以城叛，彦倫乃率所部逐撻不野，盡殺城中契丹，遣使來報。未幾，遼將耶律馬哥以兵取臨潢，彦倫拒守者七月。會援兵至，敵解圍去，因赴闕。

天會二年，知新城事。城邑初建，彦倫爲經畫，民居、公宇皆有法。改靜江軍節度留後，知咸州煙火事。未幾，遷靜江軍節度使。天眷初，行少府監兼都水使者，充提點京城大内所，改利涉軍節度使。未閲月，還，復爲提點大内所。彦倫性機巧，能迎合悼后意，由是頗見寵用。歲餘，遷侍衛親軍馬步軍都指揮使，爲宋國歲元使。改禮部尚書，加特進，封郇國公。天德二年，出爲大名尹。明年，詔彦倫營造燕京宫室，以疾卒，年六十九。子璣。

璣字正甫，以蔭補閤門祗候，累遷客省使，兼東上閤門使，改提點太醫、教坊、司天，充大定十五年宋主生日副使〔一〕，遷同知宣徽院事。丁母憂，起復太府監，改開遠軍節度使，入爲右宣徽使。章宗即位，轉左宣徽使，致仕。明昌四年，起復左宣徽使，改定武軍節度使，復爲左宣徽使。

是時，璣年已七十，詔許朝參得坐於廊下。復致仕。泰和初，詔璣天壽節預宴。二年，元妃李氏生皇子，滿三月，章宗以璣老而康强，命以所策杖爲洗兒禮物。章宗幸玉泉山，詔璣與致仕宰相俱會食，許策杖給扶。後預天壽節，上命璣與大臣握槊戲，璣獲勝焉。從上秋山，賜名馬。上曰：「酬卿博直。」其眷遇如此。泰和六年卒，年八十。子亨嗣。

亨嗣字繼祖，以廕補閤門祗候，内供奉。調同監平涼府醋務，改同監天山鹽場。丁母憂，服闋，監萊州酒課，累調監豐州、任丘、汲縣、東平酒務。課最，遷白登縣令。明昌四年，行六部差規措軍前糧料，入爲典給直長，改西京户籍判官，歷官西京、中都太倉使，中都户籍判官，尚醖署丞。丁父憂。大安初，復爲典給署丞兼太子家令。崇慶元年，遷同知順天軍節度使事。是時，兵興，徵調煩急，亨嗣以辦最，遷定遠大將軍，入爲户部員外郎。貞祐二年，遷莒州刺史。三年，山東宣撫司討楊安兒，亨嗣行六部，兵罷，還州。興定二年，卒，年六十一。

亨嗣與弟亨益，盡友愛之道。亨嗣初以祖廕得官，大定十六年，父璣爲同知宣徽院事，當廕子，亨嗣以讓弟亨益。亨益早卒，子㤿。㤿幼稚，亨嗣盡以舊業田宅奴畜財物與之。

毛子廉本名八十，臨潢長泰人，材勇善射。遼季羣盜起，募勇士，子廉應募。遼主召見，賜甲仗，率百人，會所在官兵捕盜。以功授東頭供奉官，賜良馬。

天輔四年，遣謀克辛斡特剌、移剌窟斜招諭臨潢，子廉率户二千六百來歸〔二〕。令就領其衆，佩銀牌，招未降軍民。盧彦倫怒子廉先降，殺子廉妻及二子，使騎兵二千伺取子廉。子廉與窟斜經險阻中，騎兵圍之，兩騎突出直犯子廉。子廉引弓斃其一人，其一人挺槍幾中子廉腋。子廉避其槍，與搏戰，生擒之，乃彦倫健將孫延壽也。餘衆潰去。

天會三年，除上京副留守。久之，兼鹽鐵事。天眷中，除燕京麴院都監。遼王宗幹問宰相曰：「子廉有功，何爲下遷。」宰相以例對。宗幹曰：「盧彦倫何不除此職？子廉之功十倍彦倫，在臨潢十餘年，吏民畏愛如一日，誰能及此。」是時盧彦倫已以少府監除節度使，故宗幹引以爲比。除寧昌軍節度使。海陵弑熙宗，子廉聞之，歎曰：「曾不念國王定策之功耶。」乃致仕。大定二年，卒。

李三錫字懷邦，錦州安昌人，以貲得官。遼季，盜攻錦州，州人推三錫主兵事，設機應變，城賴以完。録功授左承制。遼主走天德，劉彥宗辟三錫將兵保白雲山。

金兵次來州〔三〕，三錫以其衆降。攝臨海軍節度副使，參預元帥府軍事，改知嚴州。宗望伐宋，三錫領行軍猛安，敗郭藥師軍於白河。進官安州防禦使〔四〕。再克汴京，三錫從闍母護宋二主北歸。復知嚴州，改歸德軍節度副使。詔廢齊國，擇吏三十人與俱行，三錫在選中。還爲慶州刺史，三遷武勝軍節度使。察廉第一，遷三階，改安國軍節度使，除河北西路轉運使，致仕。

三錫政事强明，所至稱治。世宗舊聞其名，大定初，起爲北京路都轉運使。制下，而三錫已卒。

孔敬宗字仲先，其先東垣人，石晉末，徙遼陽。遼季，敬宗爲寧昌劉宏幕官。斡魯古兵至境上，敬宗勸劉宏迎降，遂以敬宗爲鄉導，拔顯州，以功補順安令。天輔二年，詔敬宗與劉宏率懿州民徙內地，授世襲猛安，知安州事。將兵千人從宗望伐宋。汴京平，宗望命敬宗守汴。嘗自汴馳驛至河北，還至河上，會日暮無舟，敬宗策馬亂流，遂達南岸。遷靜江軍節度使，歷石、辰、信、磁四州刺史，階光祿大夫。

海陵問張浩曰：「卿識孔敬宗否，何階高職下也。」浩對曰：「國初，敬宗勸劉宏以懿州効順，其後從軍積勞，有司不知，故一概常調耳。」明日，除寧昌軍節度使。徙歸德軍，致仕。大定二年，卒。

李師夔字賢佐，奉聖永興人。少倜儻，有大志。以廕入仕，爲本州麴監。天輔六年，太祖襲遼主于鴛鴦濼，郡守委城遁去，衆無所屬，相與叩門請師夔主郡事。師夔許之，乃搜卒治兵。

迪古乃兵至奉聖州，師夔與其故人沈璋密謀出降，曰：「一城之命懸於此舉。」璋曰：「君言是矣。如軍民不從，奈何。」師夔即率親信十數輩詰旦出城，見余睹，與之約曰：「今已服從，願無以兵入城及俘掠境內。」余睹許諾。詔以師夔領節度，以璋佐之。賜師夔駿馬二，俾招未附者，許以便宜從事。明年，加左監門衛大將軍。

劇賊張勝以萬人逼城，師夔度衆寡不敵，乃僞與之和，日致饋給，勝信之。師夔乘其不備，使人刺勝，殺之。以其首徇曰：「汝輩皆良民，脅從至此，今元惡已誅，可棄兵歸復其所。」賊衆大驚，皆散去。別賊焦望天、尹智穆率兵數千來寇。師夔以兵臨之，設伏歸路，使人反間之。智穆果疑，望天先引去。智穆勢孤，亦還，遇伏而敗，遂執斬之。是後賊衆不敢入境。以勞遷靜江軍節度留後，累遷武平軍節度使，改東京路轉運使，徙陝西東路轉運使。致仕，封任國公。卒，年八十五。

沈璋字之達，奉聖州永興人也。學進士業。迪古乃軍至上谷，璋與李師夔謀，開門迎降。明日，擇可爲守者，衆皆推璋，璋固稱李師夔，於是授師夔武定軍節度使，以璋副之。授太常少卿，遷鴻臚卿。丁母憂，起復山西路都轉運副使，加衞尉卿。從伐宋。汴京平，衆爭趨貲貨，璋獨無所取，惟載書數千卷而還。

太行賊陷潞州，殺其守姚璠，官軍討平之，命璋權知州事。璋至，招復逋逃，賑養困餓，收其横屍葬之。未幾，民頗安輯。初，賊黨據城，潞之軍卒當緣坐者七百人，帥府牒璋盡誅之，璋不從。帥府聞之，大怒，召璋呵責，且欲殺璋，左右震恐，璋顔色不動，從容對曰：「招亡撫存，璋之職也。此輩初無叛心，蓋爲賊所脅，有不得已者，故招之復來。今欲殺之，是殺降也。苟利於衆，璋死何憾。」少頃，怒解。因召潞軍曰：「吾始命戮汝，今汝使君活爾矣。」皆感泣而去。朝廷聞而嘉之，拜左諫議大夫，知潞州事。百姓爲之立祠。移知忻州，改同知太原尹，加尚書禮部侍郎。

時介休人張覺聚黨亡命山谷，鈔掠邑縣，招之不肯降，曰：「前嘗有降者，皆殺之。今以好言誘我，是欲殺我耳。獨得侍郎沈公一言，我乃無疑。」於是，命璋往招之，覺即日降。

轉尚書吏部侍郎、西京副留守、同知平陽尹，遷利涉軍節度使，爲東京路都轉運使，改鎮西軍節度使。天德元年，以病致仕。卒，年六十。

子宜中，天德三年，賜楊建中牓及第。

贊曰：危難之際，兩軍方爭，專城之將，國家之輕重繫焉。李師夔非有君命，爲衆所推，又能全活其人，猶有說也。盧彥倫之降，雖云城潰，初志不確，何尤乎毛子廉。至如子廉不仕海陵，沈璋以片言降張覺，一善足稱，何可掩也。

左企弓字君材。八世祖皓，後唐棣州刺史，以行軍司馬戍燕，遼取燕，使守薊，因家焉。企弓讀書，通左氏春秋。中進士，再遷來州觀察判官〔五〕。蕭英弼賊昭懷太子，窮治黨與，多連引。企弓辨析其冤，免者甚衆。自御史知雜事，出爲中京副留守，按刑遼陽。有獄本輕而入之重者，已奏待報，企弓釋之以聞。累遷知三司使事。天慶末，拜廣陵軍節度使，同中書門下平章事、知樞密院事。

金兵已拔上京，北樞密院恐忤旨，不以時奏。遼故事，軍政皆關決北樞密院，然後奏御。企弓以聞。遼主曰：「兵事無乃非卿職邪？」對曰：「國勢如此，豈敢循例爲自容計。」因陳守備之策。拜中書侍郎平章事，監脩國史。時遼主聞金已克中京，將西幸以避之。企弓諫不聽。

遼主自鴛鴦濼亡保陰山。秦晉國王耶律捍里自立于燕，廢遼主爲湘陰王，改元德興〔六〕。企弓守司徒，封燕國公。虞仲文參知政事，領西京留守、同中書門下平章事、内外諸軍都統。曹勇義中書侍郎平章事、樞密使、燕國公。康公弼參知政事、簽樞密院事，賜號「忠烈翊聖功臣」。德妃攝政，企弓加侍中。宋兵襲燕，奄至城中，已而敗走。或疑有内應者，欲根株之，企弓爭之，乃止。

太祖至居庸關，蕭妃自古北口遯去。都監高六等送款于太祖，太祖徑至城下。高六等開門待之。太祖入城受降，企弓等猶不知。太祖駐蹕燕京城南，企弓等奉表降，太祖俾復舊職，皆受金牌。企弓守太傅、中書令，仲文樞密使、侍中、秦國公，勇義以舊官守司空，公弼同中書門下平章事、樞密副使權知院事、簽中書省，封陳國公。遼致仕宰相張琳進上降表，詔曰：「燕京應琳田宅財物並給還之。」琳年高，不能入見，止令其子弟來。

太祖既定燕，從初約，以與宋人。企弓獻詩，略曰：「君王莫聽捐燕議，一寸山河一寸金。」太祖不聽。

是時，置樞密院于廣寧府。企弓等將赴廣寧，張覺在平州有異志，太祖欲以兵送之。企弓等辭兵曰：「如此，是促之亂也。」及過平州，舍于栗林下，張覺使人殺之。企弓年七十三，謚恭烈。天會七年，贈守太師，遣使致奠。正隆二年，改贈特進、濟國公。

虞仲文字質夫，武州寧遠人也。七歲知作詩，十歲能屬文，日記千言，刻苦學問。第進士，累仕州縣，以廉能稱。舉賢良方正，對策優等。擢起居郎、史館修撰，三遷至太常少卿。宰相有左降，仲文獨出餞之。或指以爲黨，仲文乃求養親。久之，召復前職。宰相薦文行第一，權知制誥，除中書舍人。討平白霫，拜樞密直學士，權翰林學士，爲翰林侍講學士。年五十五，卒，謚文正。天會七年，贈兼中書令。正隆二年，改贈特進、濮國公。

曹勇義，廣寧人。第進士，除長春令。樞府辟令史。上書陳時政，累擢館閣，遷樞密副都承旨〔七〕，權燕京三司使，加給事中。召爲樞密副使，加太子少保。與大公鼎、虞仲文、龔誼友善。與虞仲文同在樞密，羣小擠之。復出爲三司使，加宣政殿大學士。卒，謚文莊。天會七年，贈守太保。正隆二年，改贈特進、定國公。

康公弼字伯迪，其先應州人。曾祖胤，遼保寧間以戰功授誓券，家于燕之宛平。公弼好學，年二十三中進士，除著作郎、武州軍事判官。辟樞府令史，求外補，出爲寧遠令。縣中隕霜殺禾稼，漕司督賦急，繫之獄。公弼上書，朝廷乃釋之，因免縣中租賦，縣人爲立生祠。監平州錢帛庫，調役糧于川州。大盜侯槩陷川州，使護送公弼出境，曰：「良吏也。」權乾州節度使。卒，謚忠肅。天會七年，贈侍中。正隆二年，改贈特進、道國公。

企弓子泌、瀛、淵。

泌字長源，企弓長子也。仕遼，官至棣州刺史。太祖平燕，泌從企弓歸朝。既而東遷至平州，企弓爲張覺所害，泌復還燕。是時，以燕與宋，宣撫司遣至汴，泌以平州仇人在是，乃間道奔還。朝廷嘉之，擢西上閤門使。從宋王宗望南伐，破真定有功，知祁州，歷刺澤、隰等州。貞元初，爲濬州防禦使，遷陝西路轉運使，封戴國公。

泌性夷澹，好讀莊、老，年六十一，即請致仕。親友或以爲早，泌嘆曰：「予年三十秉旄鉞，侵尋仕路又三十年，名遂身退，可矣。」時人高之。卒年七十四。

淵累官燕京副留守、中京路都轉運使，歷河北東路、中都路都轉運使。淵貪鄙，三任漕事，務以錢穀自營。在中都凡八年，不求遷。與李通、許霖交關賄賂，詭納漕司諸物，規取財利。世宗即位，淵使其子貽慶詣東京上表，特賜貽慶任忠傑牓第三甲進士，授從仕郎。貽慶還中都，世宗詔淵曰：「凡殿位張設悉依舊，毋增益。不得役使一夫，以擾百姓。謹宮禁出入而已。」大定二年，改沁南軍節度使。世宗素知其爲人，戒之曰：「卿宰相子，練習朝政，前爲漕司，朕甚鄙之。毋或刻削百姓，若復敢爾，勿思再用。」淵到懷州未幾，坐前爲中都轉運嘗盜用官材木，除名。子光慶。

光慶字君錫，幼穎悟，沉厚少言。淵嘗謂所親曰：「世吾家者，此子也。」以廕，補閤門祗候，遷西上閤門副使。丁父憂，起復東上閤門副使，再轉西上、東上閤門使，兼太廟署令。

光慶好古，讀書識大義，喜爲詩，善篆隸，尤工大字。世宗行郊禮，受尊號，及受命寶，皆光慶篆。凡宮廟牓署經光慶書者，人稱其有法。典領原廟、坤厚陵、壽安宮工役，不爲苛峻，使勞逸相均。身兼數職，勤慎周密，未嘗自伐，世宗獨察之。

初，御史大夫璋請製大金受命寶，有司以秦璽文進，上命以「大金受命萬世之寶」爲文。徑四寸八分，厚一寸四分，蟠龍紐，高厚各四寸六分有半〔八〕。禮部尚書張景仁、少府監張僅言典領工事，詔光慶篆之。遷同知宣徽院事，改少府監。丁母憂，起復右宣徽使。世宗幸上京，光慶往上京治儀仗制度，時人以爲得宜。

二十五年，卒，年五十一。上遣使致祭，賻銀三百兩、重綵十端、絹百匹。平時喜爲善言，蓄善藥，號「善善道人」。晚信浮屠法，自作真贊，語皆任達云。

贊曰：左企弓、虞仲文、曹勇義、康公弼四子者，皆有才識之士，其事遼主數有論建。及其受爵僭位，委質二君，隕身逆黨，三者胥失之，哀哉。

校勘記

〔一〕累遷客省使兼東上閤門使改提點太醫教坊司天充大定十五年宋主生日副使　按，本書卷六一交聘表中，大定十五年「閏九月，以歸德尹完顏王祥、客省使兼東上閤門使盧璣爲賀宋生日使」，其記盧璣出使在「改提點太醫、教坊、司天」之前。

〔二〕「天輔四年」至「子廉率户二千六百來歸」　按，本書卷二太祖紀，天輔六年七月「乙丑，上京漢人毛八十率二千餘户降，因命領之」。遼史卷二九天祚皇帝紀三記此事亦在天輔六年。

〔三〕金兵次來州　「來州」，原作「萊州」，據局本改。按，本書卷二五地理志中，萊州屬山東東路，非遼及金初兵力所及。卷二四地理志上，瑞州「本來州」，屬北京路。

〔四〕進官安州防禦使　「安州」，南監本、北監本、殿本、局本作「汝州」。按，本書卷二四地理志上，中都路，「安州，下，刺史」，非防禦。又卷二五地理志中，南京路，「汝州，上，刺史」，「貞祐三年八月升爲防禦」。疑「安州」爲「汝州」之誤。

〔五〕再遷來州觀察判官　「來州」，原作「萊州」，據局本、本書卷二四地理志上改。參見本卷校勘記〔三〕。

〔六〕改元德興　按，遼史卷二九天祚皇帝紀三，保大二年三月，「秦晉國王淳守燕」，「自稱天錫皇帝，改元建福，降封天祚爲湘陰王」，「六月，淳寢疾」，「已而淳死，衆乃議立其妻蕭氏爲皇太后，主軍國事」，「太后遂稱制，改元德興」。此「德興」當是「建福」之誤。

〔七〕遷樞密副都承旨　「都承旨」，原作「都丞旨」，據南監本、北監本、殿本、局本、遼史卷四七百官志三改。

〔八〕蟠龍紐高厚各四寸六分有半　按，本書卷三一禮志四陳設寶玉作「盤龍紐高厚各四寸六分」。

金史卷七十六

列傳第十四

太宗諸子

宗磐本名蒲魯虎〔一〕 宗固本名胡魯 宗本本名阿魯 蕭玉附

杲本名斜也 宗義本名孛吉 宗幹本名斡本 充本名神土懣 子檀奴等

永元本名元奴 兗本名梧桐 襄本名永慶 衮本名蒲甲

太宗子十四人：蒲魯虎、胡魯、斛魯補、阿魯帶、阿魯補、斛沙虎、阿鄰、阿魯、鶻懶、胡里甲、神土門、斛孛束、斡烈、鶻沙。

宗磐本名蒲魯虎。天輔五年，都統杲取中京，宗磐與斡魯、宗翰、宗幹皆爲之副。天會十年，爲國論忽魯勃極烈。熙宗即位，爲尚書令，封宋國王。未幾，拜太師，與宗幹、宗翰並領三省事。

熙宗優禮宗室，宗翰沒後，宗磐日益跋扈。嘗與宗幹爭論於上前，即上表求退。烏野奏曰：「陛下富於春秋，而大臣不協，恐非國家之福。」熙宗因爲兩解。宗磐愈驕恣。其後於熙宗前持刀向宗幹，都點檢蕭仲恭呵止之。

既而左副元帥撻懶、東京留守宗雋入朝，宗磐陰相黨與，而宗雋遂爲右丞相〔二〕，用事。撻懶屬尊，功多，先薦劉豫，立爲齊帝，至是唱議以河南、陝西與宋，使稱臣。熙宗命羣臣議，宗室大臣言其不可。宗磐、宗雋助之，卒以與宋。其後宗磐、宗雋、撻懶謀作亂，宗幹、希尹發其事，熙宗下詔誅之。坐與宴飲者，皆貶削決責有差。赦其弟斛魯補等九人，并赦撻懶，出爲行臺左丞相。

皇后生日，宰相諸王妃主命婦入賀。熙宗命去樂，曰：「宗磐等皆近屬，輒搆逆謀，情不能樂也。」以黃金合及兩銀鼎獻明德宮太皇太后，并以金合、銀鼎賜宗幹、希尹焉。

宗固本名胡魯。天會十五年爲燕京留守，封豳王。宗雅本名斛魯補，封代王。宗偉本名阿魯補，封虞王。宗英本名斛沙虎，封滕王。宗懿本名阿鄰，封薛王。宗本本名阿魯，封原王。鶻懶封翼王。宗美本名胡里甲，封豐王。神土門封鄆王。斛孛束封霍王。

斡列封蔡王。宗哲本名鶻沙，封畢王。皆天眷元年受封。宗順本名阿魯帶，天會二年薨，皇統五年贈金紫光祿大夫，後封徐王。

宗磐既誅，熙宗使宗固子京往燕京慰諭宗固。既而翼王鶻懶復與行臺左丞相撻懶謀反伏誅。詔曰：「燕京留守豳王宗固等或謂當絕屬籍，朕所不忍。宗固等但不得稱皇叔，其母妻封號從而降者，審依舊典。」皇統二年，復封宗雅爲代王。宗固爲判大宗正，六年，爲太保、右丞相兼中書令〔三〕。是歲，薨〔四〕。

海陵在熙宗時，見太宗諸子勢彊，而宗磐尤跋扈，與鶻懶相繼皆以逆誅，心忌之。熙宗厚於宗室，禮遇不衰。海陵嘗與秉德、唐括辯私議，主上不宜寵遇太宗諸子太甚。及篡立，謁奠太廟。韓王亨素號材武，使攝右衛將軍〔五〕，密諭之曰：「爾勿以此職爲輕，朕疑太宗諸子太彊，得卿衛左右，可無慮耳。」遂與祕書監蕭裕謀去宗本兄弟。太宗子孫於是焉盡，語在宗本傳中。

宗本本名阿魯。皇統九年，爲右丞相兼中書令〔六〕，進太保，領三省事。海陵篡立，進太傅，領三省事。

初，宗幹謀誅宗磐〔七〕，故海陵心忌太宗諸子。熙宗時，海陵私議宗本等勢强，主上不宜優寵太甚。及篡立，猜忌益深，遂與祕書監蕭裕謀殺太宗諸子。誣以秉德出領行臺，與宗本別，因會飲，約內外相應。使尚書省令史蕭玉告宗本親謂玉言〔八〕：「以汝於我故舊，必無它意，可布腹心事。領省臨行，言彼在外諭說軍民，無以外患爲慮。若太傅爲內應，何事不成。」又云：「長子鎖里虎當大貴，因是不令見主上。」宗本又言：「左丞相於我及我妃處，稱主上近日見之輒不喜，故心常恐懼，若太傅一日得大位，此心方安。」唐括辯謂宗本言：「內侍張彥善相，相太傅有天子分。」宗本答曰：「宗本有兄東京留守在，宗本何能爲。」是時宗美言「太傅正是太宗主家子，秖太傅便合爲」。北京留守卞臨行與宗本言「事不可遲」。宗本與玉言「大計只於日近圍場內予決」。宗本因以馬一匹、袍一領與玉，充表識物。玉恐圍場日近，身縻於外，不能親奏，遂以告祕書監蕭裕。裕具以聞。

蕭玉出入宗本家，親信如家人。海陵既與蕭裕謀殺宗本、秉德，詔天下，恐天下以宗本、秉德輩皆懿親大臣，本無反狀，裕搆成其事，而蕭玉與宗本厚，人所共知，使玉上變，庶可示信。於是使人召宗本等擊鞠，海陵先登樓，命左衞將軍徒單特思及蕭裕妹壻近侍局副使耶律闢离剌小底密伺宗本及判大宗正事宗美，至，即殺之。宗美本名胡里甲，臨死神色不變。

宗本已死，蕭裕使人召蕭玉。是日，玉送客出城，醉酒，露髮披衣，以車載至裕弟點檢蕭祚家。逮日暮，玉酒醒，見軍士圍守之，意爲人所累得罪，故至此。以頭觸屋壁，號咷曰：「臣未嘗犯罪，老母年七十，願哀憐之。」裕附耳告之曰：「主上以宗本諸人不可留，已誅之矣，欲加以反罪，令汝主告其事。今書汝告款已具，上即問汝，汝但言宗本輩反如狀，勿復異詞，恐禍及汝家也。」裕乃以巾服與玉，引見海陵。海陵問玉。玉言宗本反，具如裕所教。

海陵遣使殺東京留守宗懿、北京留守卞。及遷益都尹畢王宗哲、平陽尹禀、左宣徽使京等，家屬分置別所，止聽各以奴婢五人自隨。既而使人要之於路，并其子男無少長皆殺之。而中京留守宗雅喜事佛，世稱「善大王」，海陵知其無能，將存之以奉太宗。後召至闕，不數日，竟殺之。太宗子孫死者七十餘人，太宗後遂絶。卞本名可喜。禀本名胡离改。京，宗固子，本名胡石賚。

蕭玉既如蕭裕教對海陵，海陵遂以宗本、秉德等罪詔天下，以玉上變賞之。

海陵使太府監完顏馮六籍宗本諸家，戒之曰：「珠玉金帛入於官，什器吾將分賜諸臣。」馮六以此不復拘籍什器，往往爲人持去，馮六家童亦取其檀木屏風。少監劉景前爲監丞時，太府監失火，案牘盡焚毁，數月方取諸司簿帳補之，監吏坐是稽緩，當得罪。景爲吏，倒署年月。太倉都監焦子忠與景有舊，坐逋負，久不得調，景爲盡力出之。久之，馮六與景就宮中相忿爭，馮六言景倒署年月及出焦子忠事。御史劾奏景，景黨誘馮六家奴發盜屏事。馮六自陳於尚書省。海陵使御史大夫趙資福、大理少卿許竑雜治。資福等奏馮六非自盜，又嘗自首。海陵素惡馮六與宗室游從，謂宰臣曰：「馮六嘗用所盜物，其自首不及此。法，盜宮中物者死，諸物已籍入官，與宮中物何異。」謂馮六曰：「太府掌宮中財賄，汝當防制姦欺，而自用盜物。」於是，馮六棄市，資福、竑坐鞫獄不盡，決杖有差。景亦伏受焦子忠賂金。海陵曰：「受金事無左驗，景倒署年月，以免吏罪，是不可恕。」遂殺之。

大定二年，追封宗固魯王、宗雅曹王、宗順隋王、宗懿鄭王、宗美衛王、宗哲韓王、宗本潞王、神土門豳王、斛孛束瀋王、斡烈鄂王，胡里改、胡什賚、可喜並贈金吾衞上將軍，惟宗磐、阿魯補、斛沙虎、鶻懶四人不復加封。

蕭玉，奚人。既從蕭裕誣宗本罪，海陵喜甚，自尚書省令史爲禮部尚書加特進，賜錢二千萬、馬五百匹、牛五百頭、羊千口，數月爲參知政事。丁母憂，以參政起復，俄授猛安，子尚公主。海陵謂玉曰：「朕始得天下，常患太宗諸子方强，賴社稷之靈，卿發其姦。朕無以報此功，使朕女爲卿男婦，代朕事卿也。」賜第一區，分宗本家貲賜之。頃之，代張浩爲尚書右丞，拜平章政事，進拜右丞相，封陳國公。

文思署令閻拱與太子詹事張安妻坐姦事，獄具，不應訊而訊之。海陵怒，玉與左丞蔡松年、右丞耶律安禮、御史中丞馬諷決杖有差。玉等入謝罪。海陵曰：「爲人臣以己意愛憎，妄作威福，使人畏之。如唐魏徵、狄仁傑、姚崇、宋璟，豈肯立威使人畏哉，楊國忠之徒乃立威使人畏耳。」顧謂左司郎中吾帶、右司郎中梁球曰〔九〕：「往者德宗爲相，蕭斛律爲左司郎中，趙德恭爲右司郎中，除吏議法，多用己意。汝等能不以己意愛憎爲予奪輕重，不亦善乎。朕信任汝等，有過則決責之，亦非得已。古者大臣有罪，貶謫數千里外，往來疲於奔走，有死道路者。朕則不然，有過則杖之，已杖則任之如初。如有不可恕，或處之死，亦未可知。汝等自勉。」

正隆三年，拜司徒，判大宗正事。五年，玉以司徒兼御史大夫。使參知政事李通諭旨曰：「判宗正之職固重，御史大夫尤難其人。朕將行幸南京，官吏多不法受賕，卿宜專糾劾，細務非所責也。御史大夫與宰執不相遠，朕至南京，徐當思之。」繼以司徒判大興尹，玉固辭司徒。海陵曰：「朕將南巡，京師地重，非大臣不能鎮撫，留卿居守，無爲多讓。」海陵至南京，以玉爲尚書左丞相，進封吴國公〔一〇〕。

海陵將伐宋，因賜羣臣宴，顧謂玉曰：「卿嘗讀書否？」對曰：「亦嘗觀之。」中宴，海陵起，即召玉至内閣，因以漢書一册示玉。既而擲之曰：「此非所問也，朕欲與卿議事。朕今欲伐江南，卿以爲如何？」玉對曰：「不可。」海陵曰：「朕視宋國猶掌握間耳，何爲不可？」玉曰：「天以長江限南北，舟楫非我所長。苻堅百萬伐晉，不能以一騎渡，以是知其不可。」海陵怒，叱之使出。及張浩因周福兒附奏，海陵杖張浩，并杖玉。因謂羣臣曰：「浩大臣，不面奏，因人達語，輕易如此。玉以苻堅比朕，朕欲斷其舌，釘而磔之，以玉有功，隱忍至今。大臣決責，痛及爾體，如在朕躬，有不能已者，汝等悉之。」

及海陵自將發南京，玉與張浩留治省事。世宗即位，降奉國上將軍，放歸田里，奪所賜家產。久之，起爲孟州防禦使。世宗戒之曰：「昔海陵欲殺太宗子孫，借汝爲證，遂被進用。朕思海陵肆虐，先殺宗本諸人，然後用汝質成其事，豈得專罪汝等。今復用汝，當思改過。若謂嘗居要地，以今日爲不足，必罰無赦。」轉定海軍節度使，改太原尹，與少尹烏古論掃喝互訟不公事，各削一官，解職，尋卒。

子德用。大定二十四年，尚書省奏玉子德用當升除，上曰：「海陵假口于玉以快其毒，玉子豈可升除邪。」

贊曰：宗磐嘗從斜也取中京，不可謂無勞伐者，世禄鮮禮，自古有之，在國家善爲保全之道耳。熙宗殺宗盤而存恤其母后，雖云矯情，猶畏物論。海陵造謀，殺宗本兄弟不遺餘力。太宗舉宋而有中原，金百世不遷之廟也，再傳而無噍類，於是太祖之美意無復幾微存者。春秋之世，宋公舍與夷而立其弟，禍延數世，害及五國，誠足爲後世監乎。

杲本名斜也，世祖第五子，太祖母弟。收國元年，太宗爲諳班勃極烈，杲爲國論昃勃極烈〔一二〕。天輔元年，杲以兵一萬攻泰州，下金山縣，女固、脾室四部及渤海人皆來降，遂克泰州。城中積粟轉致烏林野，賑先降諸部，因徙之內地。

天輔五年，爲忽魯勃極烈，都統內外諸軍，取中京實北京也，蒲家奴、宗翰、宗幹、宗磐副之，宗峻領合扎猛安，皆受金牌，耶律余睹爲鄉導。詔曰：「遼政不綱，人神共棄。今欲中外一統，故命汝率大軍，以行討伐。爾其慎重兵事，擇用善謀。賞罰必行，糧餉必繼。勿擾降服，勿縱俘掠。見可而進，無淹師期。事有從權，毋煩奏稟。」復詔曰：「若克中京，所得禮樂圖書文籍，並先次津發赴闕。」

當是時，遼人守中京者，聞知師期，焚芻糧，欲徙居民遯去。奚王霞末則欲視我兵少則迎戰，若不敵則退保山西。杲知遼人無鬬志，乃委輜重，以輕兵擊之。六年正月，克高、恩、回紇三城，進至中京。遼兵皆不戰而潰，遂克中京。獲馬一千二百、牛五百、駝一百七十、羊四萬七千、車三百五十兩。乃分兵屯守要害之地。駐兵中京，使使奏捷、獻俘。詔曰：「汝等提兵于外，克副所任，攻下城邑，撫安人民，朕甚嘉之。分遣將士招降山前諸部，計已撫定。山後若未可往，即營田牧，俟秋大舉，更當熟議，見可則行。如欲益兵，具數來上。無恃一戰之勝，輒自弛慢。善撫存降附，宣諭將士，使知朕意。」

完顏歡都游兵出中京南，遇騎兵三十餘紿曰：「乞明旦來降于此。」杲信之，使溫迪痕阿里出、納合鈍恩、蒲察婆羅偎、諸甲拔剔隣往迎之。奚王霞末兵圍阿里出等。遂據坂去馬，皆殊死戰，敗霞末兵，追殺至暮而還。是役，納合鈍恩功爲多。

宗翰降北安州，希尹獲遼護衛習泥烈，言遼主在鴛鴦濼畋獵，可襲取之。宗翰移書于杲，請進兵。使者再往，曰：「一失機會，事難圖矣。」杲意尚未決。宗幹勸杲當從宗翰策，杲乃約宗翰會奚王嶺。既會，始定議，杲出青嶺，宗翰出瓢嶺，期羊城濼會軍。時遼主在草濼，使宗翰與宗幹率精兵六千襲之。遼主西走，其都統馬哥趨擣里〔一三〕。宗翰遣撻懶以兵一千往擊之。撻懶請益兵于都統杲，而獲遼樞密使得里底父子。

西京已降復叛，杲使招之不從，遂攻之。留守蕭察剌踰城降。四月，復取西京。杲率大軍趨白水濼，分遣諸將招撫未降州郡及諸部族。於是，遼秦晉國王耶律捏里自立于燕京。山西諸城雖降，而人心未固，杲遣宗望奏事，仍請上臨軍。耶律坦招西南招討司及所屬諸部，西至夏境皆降，耶律佛頂亦降于坦。金肅、西平二郡漢軍四千叛去，坦與阿沙兀野、撻不野簡料新降丁壯，追夜襲之。詰旦，戰于河上，大敗其衆，皆委仗就擒。

耶律捏里移書于杲請和，杲復書，責以不先禀命上國，輒稱大號，若能自歸，當以燕京留守處之。捏里復以書來，其略曰：「昨即位時，在兩國絶聘交兵之際。奚王與文武百官同心推戴，何暇請命。今諸軍已集，儻欲加兵，未能束手待斃也。昔我先世，未嘗殘害大金人民，寵以位號，日益强大。今忘此施，欲絶我宗祀，於義何如也。儻蒙惠顧，則感戴恩德，何有窮已。」杲復書曰：「閤下向爲元帥，總統諸軍，任非不重，竟無尺寸之功。欲據一城，以抗國兵，不亦難乎。所任用者，前既不能死國，今誰肯爲閤下用者。而云主辱臣死，欲恃此以成功，計亦疎矣。幕府奉詔，歸者官之，逆者討之。若執迷不從，期于殄滅而後已。」捏里乃遣使請于太祖。賜捏里詔曰：「汝，遼之近屬，位居將相，不能與國存亡，乃竊據孤城，僭稱大號，若不降附，將有後悔。」

六月，上發京師，詔都統曰：「汝等欲朕親征，已於今月朔日啓行。遼主今定何在，何計可以取之，其具以聞。」杲使馬和尚奉迎太祖于撻魯河。斡魯、婁室敗夏將李良輔〔一三〕，杲使完顏希尹等奏捷，且請徙西南招討司諸部于内地。希尹等見上于大濼西南，上嘉賞之。上至鴛鴦濼，杲上謁。上追遼主至回离畛川，南伐燕京，次奉聖州。詔曰：「自今諸訴訟書付都統杲決遣。若有大疑，即令聞奏。」太祖定燕京，還次鴛鴦濼，以宗翰爲都統，杲從上還京師。

太宗即位，杲爲諳班勃極烈，與宗幹俱治國政。天會三年伐宋，杲領都元帥，居京師。宗翰、宗望分道進兵。四年，再伐宋，獲宋二主以歸。

天會八年，薨。皇統三年，追封遼越國王。天德二年，配享太祖廟庭。正隆例封遼王。大定十五年，謚曰智烈。子孛吉。

宗義本名孛吉，斜也之第九子。天德間，爲平章政事。

海陵已殺太宗子孫，尤忌斜也諸子盛强，欲盡除宗室動舊大臣。是時，左副元帥撒离喝在汴京與撻不野有隙，撻不野女爲海陵妃，海陵陰使撻不野圖撒离喝。於是都元帥府令史遥設迎合風指，詐爲撒离喝與其子宗安家書，宗安誤遺宫外，遥設因拾得之，以上變。其書契丹小字，其封題已開。其中白帋一幅，有白字隱約，狀若經水浸，致字畫可讀者，上有撒离喝手署及某王印。書辭云：「阿渾，汝安樂否。早晚到闕下。前者走馬來時，曾議論我教汝阿渾平章、謀里野阿渾等處覘事勢再通往來，緩急圖謀，知汝已嘗備細言之。謀里野阿渾所言噭是，只殺撻不野則南路無憂慮矣。」詳略互見撒离喝傳中。女直謂子「阿渾」。前「阿渾」謂撒离喝子，其子宗安。後「阿渾平章」指宗義，宗義本宗室子，猶有舊稱。以是殺宗義、謀里野，并殺宗安及太祖妃蕭氏、任王隈喝及魏王斡帶孫活里甲。遥設詐書無活里甲，海陵見其坦率善脩飾，惡之。大臣以無罪爲請，海陵曰：「第殺之，無復言也。」殺斜也子孫百餘人，謀里野子孫二十餘人。謀里野，景祖孫，謾都訶次子。

斜也有幼子阿虎里，其妻撻不野女，海陵妃大氏女兄〔一四〕。將殺阿虎里，使者不忍見其面，以衾覆而縊之，當其頤，久不死，及去被再縊之，海陵遣使赦其死，遂得免。後封爲王，授世襲千户。

大定初，追復宗義官爵，贈特進。弟蒲馬、孛論出、阿魯、隈喝並贈龍虎衞上將軍。

宗幹本名斡本，太祖庶長子。太祖伐遼，遼人來禦，遇于境上。使宗幹率衆先往填塹，士卒畢度。渤海軍馳突而前，左翼七謀克少却，遂犯中軍。杲輒出戰，太祖曰：「遇大敵不可易也。」使宗幹止杲。宗幹馳出杲前，控止導騎哲垤之馬，杲乃還。達魯古城之戰，宗幹以中軍爲疑兵。太祖既攻下黄龍府，即欲取春州。遼主聞黄龍不守，大懼，即自將，籍宗戚豪右少年與四方勇士及能言兵者，皆隸軍中。宗幹勸太祖毋攻春州，休息士卒。太祖以爲然，遂班師。

宗幹得降人，言春、泰州無守備，可取。於是斜也取春、泰州，宗雄、宗幹等下金山縣。宗雄即以兵三千屬宗幹，招集未降諸部。宗幹擇士人之材幹者，以詔書諭之。於是女固、脾室四部及渤海人皆降。

太祖克臨潢府，至沃黑河。宗幹諫曰：「地遠時暑，士罷馬乏，若深入敵境，糧餫不繼，恐有後艱。」上從之，遂班師。從都統杲取中京。宗翰自北安州移書于杲。是時，希尹獲遼人，知遼主在鴛鴦濼，可襲取之。杲不能決。宗翰使再至。宗幹謂杲曰：「移賚勃極烈灼見事機，再使來請，彼必不輕舉。且彼已發兵，不可中止，請從其策。」再三言之，杲乃報宗翰會奚王嶺。當時無宗幹，杲終無進兵意。既會軍于羊城濼，杲使宗幹與宗翰以精兵六千襲遼至五院司。遼主已遁去，與遼將耿守忠戰于西京城東四十里。守忠敗走。

太宗即位，宗幹爲國論勃極烈，與斜也同輔政。天會三年，獲遼主于應州西余睹谷。始議禮制度，正官名，定服色，興庠序，設選舉，治曆明時，皆自宗幹啓之。四年，官制行，詔中外。

十年，熙宗爲諳班勃極烈，宗幹爲國論左勃極烈。熙宗即位，拜太傅，與宗翰等並領三省事。天眷二年，進太師，封梁宋國王，入朝不拜，策杖上殿，仍以杖賜之。宗幹有足疾，詔設坐奏事。無何，監修國史。皇統元年，賜宗幹輦輿上殿，制詔不名。

上幸燕京，宗幹從。有疾，上親臨問。自燕京還，至野狐嶺，宗幹疾亟不行，上親臨問，語及軍國事，上悲泣不已。明日，上及后同往視，后親與宗幹饋食，至暮而還。因赦罪囚，與宗幹禳疾。居數日，薨。上哭之慟，輟朝七日。大臣死輟朝，自宗幹始。上致祭，是日庚戌，太史奏戌亥不宜哭，上不聽曰：「朕幼沖時，太師有保傅之力，安得不哭。」哭之慟。上生日不舉樂。上還上京，幸其第視殯事。及喪至上京，上臨哭之。及葬，臨視之。

海陵篡立，追謚憲古弘道文昭武烈章孝睿明皇帝，廟號德宗，以故第爲興聖宮。大定二年，除去廟號，改謚明肅皇帝。及海陵廢爲庶人，二十二年，皇太子允恭奏，略曰：「追惟熙宗世嫡統緒，海陵無道，弑帝自立，崇正昭穆，削其煬王，俾齒庶人之列。瘞之閑曠，不封不樹，既已申大義而明至公矣。海陵追崇其親，逆配於廟。今海陵既廢爲庶人，而明肅猶竊帝尊之名，列廟祧之數。海陵大逆，正名定罪，明肅亦當緣坐。是時明肅已殂，不與於亂，臣以謂當削去明肅帝號，止從舊爵。或從太祖諸王有功例，加以官封，明詔中外，俾知大義。」書奏，世宗嘉納，下尚書省議。於是追削明肅帝號，封爲皇伯、太師、遼王，謚忠烈，妻子諸孫皆從降。明昌四年，配享太祖廟庭。

子充、亮、兗、襄、袞。亮，是爲海陵庶人。

充本名神土懣。母李氏，徒單氏以爲己子。熙宗初，加光禄大夫。天眷間，爲汴京留守。皇統間，封淄國公，爲吏部尚書，進封代王，遷同判大宗正事。九年，拜左丞相〔一五〕。是歲，薨。追封鄭王。大定二十二年，追降儀同三司、左丞相。子檀奴、元奴、耶補兒、阿里白。

檀奴，爲歸德軍節度使。阿里白，定遠大將軍、和魯忽土猛安忽鄰河謀克。海陵弒徒單氏，以充嘗爲徒單養子，因并殺檀奴及阿里白。元奴、耶補兒逃歸于世宗。檀奴贈榮禄大夫，阿里白輔國上將軍。詔有司改葬。世宗時，元奴爲宗正丞〔一六〕，耶補兒爲鎮國上將軍，後爲同知濟南尹事。

永元字惇禮，本名元奴。幼聰敏，日誦千言。皇統元年，試宗室子作詩，永元中格。善左氏春秋，通其大義。天德初，授百女山世襲謀克。海陵伐宋，已渡淮，軍士多亡歸而契丹叛，由是疑宗室益甚。已殺永元弟檀奴、阿里白〔一七〕，永元與弟耶補兒逃匿得免。

世宗即位于遼陽，與耶補兒俱來歸，上慰勞甚厚。授宗正丞，改符寶郎，爲灤州刺史。授世襲猛安，乞以謀克與耶補兒，詔許之。轉棣州防禦使。泰寧軍節度使張弘信通檢山東，專以多得民間物力爲功，督責苛急。永元面責弘信曰：「朝廷以差調不均，立通檢法。今使者所至，以殘酷妄加農民田產，箠擊百姓有至死者。市肆賈販貿易有贏虧，田園屋宇利入有多寡，故官子孫閉門自守，使與商賈同處上役，豈立法本意哉。」弘信無以對。於是棣州賦稅得以實自占。遷震武軍節度使。

大定六年，丁母憂，起復崇義軍節度使，徙順義軍。朔州西境多盜，而猾吏大姓蠹獄訟，督亂賦役，永元剔其宿姦，百姓安之。坐賣馬與驛人取贏利，及濬州防禦使斡論坐縱孳畜踐民田，俱解職。頃之，永元起爲保大軍節度使，歷昭義、絳陽、震武軍，遷濟南尹、北京副留守。

寧國家婢醜底與咸平人化胡有姦，醜底於主印處紿取印署空紙與化胡，遂寫作永元、寧國生日時辰，誣告永元、寧國謀逆。詔有司鞫問，乃醜底意望爲良，使化胡爲之。上曰：「化胡與醜底有姦，造作惡言，誣害宗室，化胡斬，醜底處死。」改興中尹，爲彰德軍節度使。卒官，年五十一。喪過中都，遣使致祭，賻銀三百兩、綵十端、絹百匹。

永元歷典大藩，多知民間利害，所至稱治，相、棣、順義政迹尤著，其民並爲立祠。

兗本名梧桐。皇統七年，爲左副點檢，轉都點檢。九年，爲會寧牧，改左宣徽使。海陵簒立，兗使宋還，拜司徒兼都元帥，領三省事，進拜太尉〔一八〕。及殺太祖妃蕭氏，盡以其財産賜兗。罷都元帥府，立樞密院，兗爲樞密使，太尉、領三省事如故。天德四年十二月晦，薨。明日，貞元元年元旦，海陵爲兗輟朝，不受賀。宋、夏、高麗、回鶻賀正旦使，命有司受其貢獻。追進兗王爵。大定二十二年，追降特進。

兗妻烏延氏，正隆六年坐與奴有姦，海陵殺之。其弟南京兵馬副都指揮使習泥烈私于族弟屋謀魯之妻，屋謀魯之奴謀欲執習泥烈，習泥烈乃殺其奴。海陵聞之，遂殺習泥烈。

兗子阿合，大定中爲符寶祇候，俄遷同知定武軍節度使。上曰：「汝歲秩未滿，朕念乃祖乃父爲汝遷官，勿爲不善，當盡心學之。」

襄本名永慶，海陵母弟。爲輔國上將軍。卒，天德二年，追封衛王，再贈司徒。大定二十二年，追降銀青光禄大夫。

子和尚封應國公，賜名樂善。左宣徽使許霖之子知彰與和尚鬭爭，其母妃命家奴捽入凌辱之，使人曳霖至第毆詈之。明日，霖訴于朝。詔大興尹蕭玉、左丞良弼、權御史大夫張忠輔、左司員外郎王全雜治[一九]，妃杖一百，殺其家奴爲首者，餘決杖有差。霖嘗跪于妃前，失大臣體，及所訴有妄，笞二十。

大定間，家奴小僧、月一妄言和尚熟寢之次有異徵，襄妃僧酷以爲信然，召日者李端卜之。端云當爲天子，司天張友直亦云當大貴。家奴李添壽上變。僧酷、和尚下吏驗問有狀，皆伏誅。上曰：「朕嘗痛海陵翦滅宗族。今和尚所爲如此，欲貸其罪，則妖妄誤惑愚民者，便以爲真，不可不滅。朕於此子，蓋不得已也。」傷閔者久之。

衮本名蒲甲，亦作蒲家，桀驁强悍。海陵不喜其爲人。初爲輔國上將軍。天德初，加特進，封王，爲吏部尚書，判大宗正事。坐語禁中起居狀，兵部侍郎蕭恭首問，護衛張九具言之。海陵親問。恭奪官解職，張九對不以實，特處死，衮與翰林學士承旨宗秀、護衛麻吉、小底王之章皆決杖有差。海陵自是愈忌之。未幾，授猛安。

及遷中都，道中以蒲家爲西京留守。西京兵馬完顏謨盧瓦與蒲家有舊，同在西京，遂相往來。蒲家嘗以玉帶遺之。蒲家稱謨盧瓦驍勇不減尉遲敬德。編修官圓福奴之妻與蒲家姻戚，圓福奴嘗戒蒲家曰：「大王名太彰著，宜少謙晦。」蒲家心知海陵忌之，嘗召日者問休咎。家奴喝里知海陵疑蒲家，乃上變告之，言與謨盧瓦等謀反，嘗召日者問天命。御史大夫高楨、刑部侍郎耶律慎須呂就西京鞫之，無狀。海陵怒，使使者往械蒲家等至中都，不復究問，斬之于市。謨盧瓦、圓福奴并日者皆凌遲處死。

贊曰：金議禮制度，班爵祿，正刑法，治曆明時，行天子之事，成一代之典，杲、宗幹經始之功多矣。杲子宗義爲海陵所殺，宗幹之後又不幸而有海陵，故其子孫之昌熾既鮮，而亦不免於僇辱焉。秦、漢而下，宗臣世家與國匹休者，何其少歟。君子於此，可以觀世變矣。

校勘記

〔一〕宗磐本名蒲魯虎　「宗磐」，原作「宗盤」，據南監本、北監本、殿本改，與本卷傳文統一。本書他卷「宗磐」、「宗盤」互見，不另出校。又「蒲魯虎」，原作「蒲盧虎」，同音異譯，今亦與傳文統一。

〔二〕而宗雋遂爲右丞相　「右丞相」，疑當作「左丞相」。按，本書卷四熙宗紀，天眷元年十月「癸酉，以東京留守宗雋爲尚書左丞相兼侍中」。卷六九太祖諸子宗雋傳「天眷元年，入朝」，「俄爲尚書左丞相」。卷七九王倫傳「天眷元年，撻懶與東京留守宗雋俱入朝，熙宗以宗雋爲左丞相」。皆謂宗雋入朝爲「左丞相」。

〔三〕六年爲太保右丞相兼中書令　「六年」，原作「三年」。按，本書卷四熙宗紀，皇統六年「四月庚子朔，上至自春水。以同判大宗正事宗固爲太保、右丞相兼中書令」。今據改。

〔四〕是歲薨　「是歲」，承上文當是六年。按，本書卷四熙宗紀記宗固薨於皇統七年。則「是歲」當作「七年」爲是。

〔五〕使攝右衞將軍　「衞」字原脱。按，本書卷七七亨傳，「海陵忌太宗諸子，將謁太廟，以亨爲右衞將軍」。今據補。

〔六〕爲右丞相兼中書令　「右丞相」，本書卷五九宗室表稱宗本爲「左丞相」。

〔七〕宗幹謀誅宗磐　「宗磐」，原作「宗兗」，據局本改。按，金宗室無「宗兗」。本書卷四熙宗紀，天眷二年「七月辛巳，宋國王宗磐、兗國王宗雋謀反，伏誅」。卷七三完顔希尹傳載，希尹「與宗幹共誅宗盤、宗雋」。本卷宗磐傳稱「宗磐、宗雋、撻懶謀作亂，宗幹、希尹發其事，熙宗下詔誅之」。均稱宗幹謀誅者爲宗磐、宗雋。

〔八〕使尚書省令史蕭玉告宗本親謂玉言　「令史」，本書卷五海陵紀作「譯史」。

〔九〕右司郎中梁球曰　「梁球」，本書卷五海陵紀正隆元年十一月己巳朔、卷六〇交聘表上正隆元年十一月己巳朔、卷八二郭藥師傳附子郭安國傳皆作「梁銶」。

〔一〇〕以玉爲尚書左丞相進封吴國公　「吴國公」疑有誤。前文稱蕭玉海陵初「封陳國公」，據集禮卷九親王所載天眷元年所定國封等第，陳居大國封號第十九位，而吴居次國封號第五位。蕭玉進封，依理不應低於陳國公。

〔一一〕杲爲國論昃勃極烈　「國論」二字原脱，據永樂大典卷六七六四「王」字韻下宗室封王二十八「遼王」條下引杲傳補。按，本書卷二太祖紀，天輔元年正月，「國論昃勃極烈斜也（杲）以兵一萬取泰州」。卷七〇撒改傳稱「杲國論昃勃極烈」。

〔一二〕其都統馬哥趨擣里　「擣里」，原作「擣里撻」。按，本書卷七七撻懶傳，「遼都統馬哥奔擣里，撻懶收其羣牧」。知「撻」字係誤入，今删。

〔一三〕斡魯婁室敗夏將李良輔　「斡魯」，原作「幹魯」，據局本、永樂大典卷六七六四「王」字韻下宗室封王二十八「遼王」條下引杲傳改。

〔一四〕阿虎里其妻撻不野女海陵妃大氏女兄　按，本書卷六三后妃傳上海陵后徒單氏傳附海陵諸嬖傳稱「同判大宗正阿虎里妻蒲速碗，元妃之妹」，與此異。

〔一五〕拜左丞相　「左丞相」，原作「右丞相」。按，本書卷四熙宗紀，皇統九年正月戊戌，「同判大宗正事充爲尚書左丞相」，「壬寅，左丞相充薨」。卷五九宗室表記載同。今據改。

〔一六〕元奴爲宗正丞　「宗正丞」，本書除本卷以外，均作「大宗正丞」。卷五五百官志一大宗正府下載有「大宗正丞二員，從四品」。下同。

〔一七〕已殺永元弟檀奴阿里白　按，本卷充傳，「子檀奴、元奴、耶補兒、阿里白」。上文云，永元「本名元奴」。則檀奴爲其兄，阿里白爲其弟。此處「弟」上當有「兄」字。

〔一八〕領三省事進拜太尉　按，本書卷一二九佞幸蕭裕傳，「海陵弟太師兗領三省事」，「太尉」作「太師」。下文「兗爲樞密使，太尉、領三省事如故」同。

〔一九〕左司員外郎王全　本書卷一〇五劉樞傳、卷一二九佞幸李通傳稱王全爲「右司員外郎」。